Clarice Lispector e a encenação da escritura em *A via crucis do corpo*

NILZE MARIA DE AZEREDO
REGUERA

CLARICE LISPECTOR E A ENCENAÇÃO DA ESCRITURA EM *A VIA CRUCIS DO CORPO*

Editora UNESP

Direitos de publicação reservados à:
Fundação Editora da UNESP (FEU)

Praça da Sé, 108
01001-900 – São Paulo – SP
Tel.: (0xx11) 3242-7171
Fax: (0xx11) 3242-7172
www.editoraunesp.com.br
feu@editora.unesp.br

CIP – Brasil. Catalogação na fonte
Sindicato Nacional dos Editores de Livros, RJ

R269c

Reguera, Nilze Maria de Azeredo
Clarice Lispector e a encenação da escritura em *A via crucis do corpo* / Nilze Maria de Azeredo Reguera. São Paulo: Editora UNESP, 2006

Inclui bibliografia
ISBN 85-7139-696-5

1. Lispector, Clarice, 1925-1977. A via crucis do corpo. 2. Literatura brasileira - História e crítica. I. Título.

06-2184. CDD 869.93
CDU 821.134.3(81)-3

Este livro é publicado pelo *Programa de Publicação de Melhores Teses ou Dissertações na Área de Humanas* – Pró-Reitoria de Pós-Graduação da UNESP (PROPG)/Fundação Editora da UNESP (FEU)

Editora afiliada:

Asociación de Editoriales Universitarias de América Latina y el Caribe

Associação Brasileira de Editoras Universitárias

Cópia não autorizada é crime – ABDR – Associação Brasileira de Direitos Reprográficos – Respeite o direito autoral

A *Lauro, Nilda* e *José,* autores/atores do
espetáculo maior: Amor.

Agradecimentos

Ao professor Sérgio Vicente Motta, pela orientação sempre atenta e amiga.

Aos professores Arnaldo Franco Junior e Nádia Battella Gotlib, pelo debate crítico enriquecedor.

Autopsicografia

O poeta é um fingidor.
Finge tão completamente
Que chega a fingir que é dor
A dor que deveras sente.

E os que lêem o que escreve,
Na dor lida sentem bem,
Não as duas que ele teve,
Mas só a que eles não tem.

E assim nas calhas de roda
Gira, a entreter a razão,
Esse comboio de corda
Que se chama coração
(Pessoa, 1980, p.104)

Pois é. Sei lá se esse livro vai acrescentar alguma coisa à minha obra. Minha obra que se dane. Não sei por que as pessoas dão tanta importância à literatura. E quanto ao meu nome? que se dane, tenho mais em que pensar. (Lispector, 1974, p.65)

SUMÁRIO

Prefácio

Ao apresentar, em forma de livro, o texto *Clarice Lispector e a encenação da escritura em* A via crucis do corpo, composto como dissertação de mestrado e premiado com esta publicação, por meio de uma seleção de trabalhos destacados na área de humanas da UNESP, Nilze Maria de Azeredo Reguera completa um círculo ideal, que perfaz a trajetória almejada pelos estudos de pós-graduação: uma pesquisa séria e original que, além de espelhar a formação da autora, contribui para o avanço dos estudos literários. No primeiro aspecto, destacam-se a seleção, correção e pertinência do instrumental teórico adotado como suporte do trabalho analítico, além de uma revisão bastante completa e atualizada da bibliografia da escritora. No segundo, como resultado das análises, desvenda-se um mecanismo de encenação escritural, que revaloriza a obra estudada de Clarice Lispector, por redimensionar o seu alcance poético e apresentar aspectos novos no processo de composição da escritora, apontando um promissor direcionamento de sua fortuna crítica.

Nilze Reguera realiza uma leitura inovadora do livro de contos *A via crucis do corpo*, demonstrando um processo de encenação na sua construção e escritura. Falamos em construção porque a sua estratégia fundamental de leitura foi incorporar ao corpo da ficção, composto por treze contos, o texto "Explicação", que se apresenta aparentemente como um prefácio. Nessa reconfiguração, totalizam-se quatorze textos, o que gera uma correspondência estrutural com o percurso da *via crucis* de Cristo, uma das trilhas temáticas exploradas pelo procedimento paródico, mobilizador do processo de encenação que comanda o livro. Aproximando-se da "*via crucis* do corpo textual", a autora direciona as lentes de sua análise às partes do corpo, desde a estrutura de composição à escritura de cada texto, para chegar à desmontagem do mecanismo geral de simulação e dissimulação que rege o seu processo irônico-paródico.

Quanto à estrutura de composição, o que a leitura realça não é tanto a paródia bíblica, mesmo porque essa temática é indiciada como mais uma armadilha da simulação, mas o caráter ambíguo do texto "Explicação", que se apresenta como prefácio e se metamorfoseia em ficção. Por essa via de leitura, a autora identifica o corpo textual em que a escritora opera seu rito escritural, que a aproxima de pelo menos mais dois bruxos da linguagem na Literatura Brasileira: Machado de Assis e Guimarães Rosa.

Nesse sentido, não podemos nos esquecer da grande representação realizada anteriormente por Machado e protagonizada por Brás Cubas, no livro *Memórias Póstumas*, quando o personagem-narrador, depois de morto e renascido como escritor, sai do corpo da ficção e assina o prólogo "Ao Leitor", na segunda edição, fazendo ficção da ficção. Esse caráter metaficcional não pára aí; na edição seguinte, Machado comenta as dificuldades expressas pela crítica sobre a recepção do texto e assina o "Prólogo à terceira edição", mas repete, ironicamente, as palavras do defunto Brás Cubas enunciadas no prólogo anterior.

Guimarães Rosa, em *Tutaméia: terceiras estórias* (1967), contemporâneo ao *A via crucis do corpo*, de 1974, também se utiliza desse artifício da duplicação, quando propõe, no início do livro, um índice em que todos os textos se apresentam como ficção e nos surpreende, no final, com um "índice de releitura", em que quatro dos textos ficcionais são destacados como prefácios.

São três casos de duplicidade em que textos metalingüísticos metamorfoseiam-se em ficção ou vice-versa, construindo-se as bases de um processo engendrador de simulacros. Clarice se inscreve nesse círculo, que a autora deste livro captou, não nesse diálogo entre escritores, mas num outro, gerado no livro e dentro da obra da escritora, no texto denominado "Romance", em que a encenação é metaforizada na relação entre a moldura e o quadro. Aí Clarice é irônica tanto quanto no texto "Explicação": "É perfeitamente lícito tornar atraente, só que há o perigo de um quadro se tornar quadro porque a moldura o fez quadro".

A relação entre a moldura e o quadro, vista do avesso pelo espelho da ironia, explica o jogo discursivo entre o prefácio e a ficção. Trata-se do mecanismo da duplicidade, cuja metamorfose faz com que um texto se reconheça no corpo de outro. É esse o procedimento que se instala na estrutura e se desdobra na escritura, ela mesma flagrada em constantes reduplicações, como em "A língua do 'p'" ou nesse processo de desdobramento "Miss Algrave" / "missal grave", para ficarmos só no plano dos títulos e no nível lingüístico.

Voltando ao texto "Explicação", queremos realçar, ao lado do fio mítico e o seu contraponto, o motivo do erotismo, mais duas referências temporais, "o dia das mães e da libertação dos escravos", que compõem outras partes do prefácio vestidas com o tecido da ficção. São núcleos desencadeadores dos fios temáticos, que vão suscitar as bases de discussão da encenação e desencadear as relações de paralelismo entre os contos, o que possibilita diversos modos de arranjos no jogo de duplicidade instaurado.

A autora deste livro propõe um percurso em vários atos, com a linguagem ocupando sempre o centro do palco. Assim, a encenação vai se fazendo, desmascarando-se seus bastidores, como é o caso dos atores tradicionais, figurativizados nos papéis de sujeito (autor, narrador, texto), escrita e história, que estão aí representando um espetáculo em múltiplas vozes. Desse canto polifônico entoado em quatro contos, passa-se ao canto paralelo da paródia em mais dois contos, no trajeto do primeiro para o segundo ato. No terceiro, sob a perspectiva de um "narrar calculado", desnudam-se os corpos das demais histórias, para se demonstrar, no mascaramento do erotismo, a encenação de um "realismo transbordado", que leva ao desnudamento da falácia da representação da linguagem. Com a linguagem atuando como personagem principal, o que assistimos nos percursos desses atos é a "encenação de uma escritura", por meio de uma linguagem que se veste e se despe enquanto se transmuta em múltiplas faces para encenar um corpo poético.

Trata-se, portanto, de um espetáculo escritural, em que desponta um processo de metamorfose da linguagem variando os seus cantos sagrado, erótico, grotesco e profano, em contos poéticos, que Nilze Reguera soube captar, ordenar e analisar no livro que nos apresenta.

Ao empreender a sua *via crucis* por esse corpo textual, a autora explorou os principais suportes do espetáculo, desde o jogo autoral à representação promocional, analisando a "encomenda" do texto, sua plasmação mascarada, os processos editoriais e, até mesmo, as variações das capas. Flagrando a ficção simulada em uma "literatura menor", Nilze Azeredo Reguera desfia as tramas desse mecanismo de travestimento, apontando, no resultado das análises, um dissimulado projeto estético arquitetado em um consistente enredamento poético.

Assim, a sua leitura redime a obra *A via crucis do corpo* dos falsos juízos críticos e, conseqüentemente, a própria crítica que a julgou pela superfície, pois ambas foram vítimas da mesma armadilha da ficção de Clarice.

A leitura deste livro, por sua vez, nos faz retornar ao espetáculo montado por Clarice Lispector com um prazer redobrado, pois ele nos permite desvendar o processo de encenação de que somos partícipes, fruindo o jogo duplicado de sua linguagem poética.

Sérgio Vicente Motta

Apresentação
Pela via da encenação

Se observarmos o volume substancioso de textos que compõem a fortuna crítica de Clarice Lispector, fica patente a concentração de abordagens em alguns pontos dessa produção. Ganham realce alguns dos seus romances, sobretudo o primeiro, *Perto do coração selvagem*, o quinto, *A paixão segundo G. H.*, e o último publicado em vida, *A hora da estrela*. E alguns volumes de contos, como *Laços de família* e *A legião estrangeira*.

As crônicas que integram alguns volumes, como a segunda parte de *A legião estrangeira*, que na sua primeira edição ganha o título de "Fundo de gaveta", e os volumes publicados em meados dos anos 1970, *Onde estiveste de noite* e *A via crucis do corpo*, em 1974, e *Visão do esplendor*, em 1975, não tiveram até o presente momento o destaque que merecem no campo da crítica.

Este livro de Nilze Maria de Azeredo Reguera, *Clarice Lispector e a encenação da escritura em A via crucis do corpo*, vem colaborar para que melhor se compreenda esse território ainda não suficientemente explorado pelos críticos.

Apresentado como dissertação de mestrado na Universidade Estadual Paulista de São José do Rio Preto, o estudo cumpre uma função importante não só por levar ao público a leitura de um dos significativos livros da escritora, até certo ponto singular, por razões que ela própria explicita, ao longo do livro, mas também por ensaiar uma leitura inovadora, enfrentando a questão complexa inerente ao próprio ato da criação artística, a da *encenação*.

De fato, esse princípio ativo de organização da leitura lhe permite enfrentar, logo de saída, uma das questões fundamentais que o livro incita, a questão do fingimento poético, que a autora desenvolve a partir da seleção de duas propostas, em constante processo de embate: *simulação/dissimulação*.

Sob este aspecto, a epígrafe, extraída de Fernando Pessoa, é a cortina que abre, bem propriamente, esse espetáculo. E que dialoga com uma segunda epígrafe, esta, da própria Clarice, em que registra – ou encena – um certo desprendimento, ou mais que isso, um certo desprezo em relação ao próprio caráter institucional da autoria (de seu nome) e da literatura (de sua obra).

Portanto, o pórtico do livro encenado pela soma de tais epígrafes traduz bem o território em que serão problematizadas as questões levantadas pela leitora Nilze: as margens nem sempre bem definidas entre o ficcional e o não-ficcional, já que um pode se reverter no outro, e assim, sucessivamente; e, acoplado ao dilema da opção por se fazer ficção ou não ficção, o intuito, pelo menos aparente (já que estamos no universo do jogo artístico), de se desconsiderar o caráter institucionalizado do trabalho de autoria ficcional.

Estas seriam, pois, duas linhas de ação assumidas pela autora, ao examinar as vias lúdicas do jogo literário, cujas margens parece que se perdem, ou, dissimuladamente, perdem-se, enquanto são sistematicamente questionadas pela crítica auto-reflexiva e desmitificadora da escritora Clarice Lispector.

No entanto, embalada pelo seu intento de não fazer caso dessa coisa – a literatura –, nem de si mesma como autora, paradoxalmente a escritora acaba alertando para os dois ingredientes de que se compõe a massa difusa de sua obra, alimentada tanto por dados de ordem biográfica quanto pela sua elaboração ficcional. E, ao rejeitar a legitimidade de seu trabalho profissional (em alguns momentos rejeita o seu possível papel de intelectual), acaba alertando para o cenário mais propriamente institucional dessa mesma atividade literária a que parece estar indissoluvelmente ligada.

A investigação sobre a montagem desse complexo espetáculo artístico é bem arquitetada pela autora Nilze, ao definir as regras de organização da sua matéria.

Em linguagem precisa e clara, a autora figurativamente recupera a imagem que observa no seu objeto de análise: iniciado o espetáculo, com as epígrafes, passa a encenar sua própria leitura inserindo capítulo que chama de "Explicação", mesmo título do curioso e decisivo capítulo que anuncia o volume *A via crucis do corpo*, aliás, decisivo na medida em que dá a primeira cartada para a definição das regras do jogo ficcional a ser desenvolvido ao longo dos treze contos do volume pela contista Clarice Lispector.

E na seqüência do texto introdutório, em que enfoca "uma escritura perturbadora", a autora procura contextualizar a produção da escritora num cenário nacional e no cenário mais restrito da recepção crítica, enfrentando a questão do "cânon" e do gosto – ou do que seria boa e má literatura, tônica das prévias considerações da contista no seu capítulo introdutório. Bom início de exposição, para quem tem a intenção de desvendar certos movimentos internos da obra em torno dos motivos que acionam a escrita deste livro: por dinheiro, ao aceitar uma encomenda de contos sobre sexo; de outro lado, por simples e natural vocação artística.

No entanto, são muitos os críticos aí arrolados. Detecta, por exemplo, certos parâmetros de leitura que vêm sendo repetidos nas últimas décadas, como o de classificar a escritora como metafísica e espiritualista, o que leva à consideração desse conjunto de contos como um desvio em relação aos seus outros textos. E afirma sua posição de aceitar esses contos como produto de um propósito típico de Clarice, em que estrategicamente a ficcionista simula uma narrativa realista, ainda que como um novo projeto, que implica novos procedimentos. Assim sendo, a autora Nilze procura desvendar esse projeto de retorno subversivo e transgressor ao discurso realista e moralista já como contravenção irônica e crítica.

Se, por um lado, o elenco de críticos selecionados mostra leitura volumosa, por outro, o esforço em montar um conjunto por vezes atenua certas diferenças de postura, que são responsáveis, no final das contas, pelo avanço no sentido da determinação de uma tradição de leitura da obra de Clarice. Considere-se, contudo, que essa plataforma de base constrói a sustentação para um vôo próprio, que acontece na medida em que os capítulos se abrem para as considerações subseqüentes, em que a autora mantém a figura calcada no conceito de *cena/encenar/encenação*.

Nessa segunda parte, a autora não trata mais de cenário em nível nacional da produção literária e crítica, mas divide sua leitura de *A via crucis do corpo* em "atos de uma encenação", no intuito de aí detectar os modos pelos quais tal escrita desarticula princípios tradicionais e se afirma como obra marginal no sistema literário brasileiro.

E questões de interesse surgem, a cada passo desse percurso, em que se apresenta "o palco do espetáculo", em que se desvenda a "confusão das escrituras", antes entendidas na sua polaridade, mediante opostos irreconciliáveis, como literatura enquanto "lixo" e "não lixo".

Na trilha da proposta do dialogismo segundo Bakhtin e, a partir daí, da consideração do "drama" da linguagem segundo Benedito Nunes, a autora examina, num primeiro ato, a desconstrução do *sujeito*, produto polifônico de um jogo de interação de múltiplas vozes, que se desdobram em autor/narrador/personagem, mediante análise do tempo, espaço e pessoa. Num segundo ato, analisa a desconstrução da própria *escrita*, mediante uso de certas figurações, como a da repetição, do jogo lúdico, da paródia, ironia como instrumento que lhe permite quebrar o enredamento realista e instituir um "realismo às avessas". E num terceiro ato, volta-se para a desconstrução da *história*, mediante a análise de personagens, e do corpo como espaço da fusão entre o sagrado e o profano, que levam ao estudo do erotismo e do grotesco e à análise do enredamento entre o dizer e o fazer.

Para demonstrar as propostas, divide os contos em blocos, segundo o critério dessas novas áreas de abordagem, estratégia que lhe permite uma economia dos meios argumentativos, na medida em que se detém em cada um dos contos de modo prático, sem se estender em detalhes alheios a uma intenção previamente determinada.

O campo de leitura de certa forma se amplifica nas referências que a autora faz a outros textos de Clarice Lispector, no sentido de melhor situar os contos em questão num território ficcional mais vasto. E se complementa na recorrência a outros gêneros de escrita, sobretudo na referência à correspondência trocada entre Clarice Lispector e seu amigo de muitos anos, Fernando Sabino, esclarecedora, do ponto de vista da história da produção e da troca fértil de pontos de vista sobre as respectivas obras ficcionais.

Paralelamente, desvenda novas frentes de ação crítica. Aponta certas ocorrências gráficas e determinadas formatações dos volumes, que acusam interferências do editor, no seu propósito de encaminhar e dirigir a recepção por parte do seu público leitor. Eis um dos filões de leitura da obra que também está a merecer maior atenção por parte dos estudiosos: a relação entre o objeto livro e o mercado a que se destina. Neste caso específico, a consideração do público torna-se elemento inerente à própria construção narrativa, já que é utilizado pela autora como um dos argumentos – até que ponto ficcionais? – que justificam a própria escrita dos contos aí inseridos.

E, a partir de tais considerações, alerta para a necessidade de edições cuidadas da obra de Clarice, observando ocorrência de variantes que constituem base para a elaboração de uma boa edição. E levanta a sugestão de um possível e interessante paralelo entre os passos da via sacra e os contos do volume.

Assumindo um compromisso didático, sem, contudo, recair no simplismo redutor, a autora retoma os pontos desenvolvidos ao longo dos capítulos, num capítulo final. Fecho que reforça suas propostas, num retorno a determinados nós de argumentação disseminados nos pontos estratégicos de sua exposição, estas páginas finais selam seu trabalho analítico com a simplicidade despretensiosa, mas arguta, que manteve nas várias etapas de sua exposição, reforçando sua proposta de que neste conjunto de contos persiste uma das constantes da literatura de Clarice: sua desestabilizadora veia crítica.

Esse livro de Nilze Reguera tem, pois, o firme propósito de levar ao seu leitor uma discussão séria sobre o trabalho ficcional de Clarice, que lhe permite ampliar o horizonte de considerações a partir da necessária reavaliação desse conjunto de contos que aí aparece integrado ao horizonte de expectativas da literatura contundentemente desmitificatória de Clarice.

Boa leitura a cada um dos leitores – ou espectadores? – dessa eficiente e oportuna encenação crítica.

Nádia Battella Gotlib

Explicação

Muito já se discutiu, já se escreveu a respeito de Clarice Lispector e de sua ficção. Após mais de 25 anos de seu falecimento, seu trabalho suscita, ainda, variadas leituras, embasadas em diversas fontes teóricas. Todavia, atualmente, ainda há textos de Lispector que não tiveram ampla discussão crítica. É o caso de *A via crucis do corpo*.

Nosso interesse em relação ao livro, lançado em 1974, deve-se, num primeiro momento, ao fato de ele ter sido considerado uma "obra menor", um "desvio" ou, até mesmo, um "lixo", quando comparado às demais publicações da autora, por ter sido escrito "por encomenda", "às pressas", num período em que a escritora passava por dificuldades financeiras.

Buscando suscitar elementos que permitam a (re)avaliação dessa visão, apresentamos uma leitura de *A via crucis do corpo* sob a perspectiva da encenação, considerando como a simulação ("parecer" e "não-ser") e a dissimulação ("não-parecer" e "ser") se entrelaçam na obra. Discorrer acerca do "lugar" destinado ao livro tanto na produção de Clarice quanto na literatura nacional é, sobretudo, discorrer acerca do *modo de se ler* uma obra e dos sistemas de produção e de recepção de um texto.

Tendo esse propósito, em "A produção de Clarice Lispector no cenário nacional" e em "A ficção clariciana no cenário dos estudos literários: a recepção crítica de *A via crucis do corpo*", nos capítulos iniciais deste estudo crítico, abordaremos, respectivamente, a recepção da produção de Lispector e de *A via crucis do corpo*, de modo que elucide como na fortuna crítica contemplam-se perspectivas interpretativas que, de certa forma, fomentam uma visão cristalizada, até mesmo negativa, em relação ao livro. Serão analisadas leituras de alguns estudiosos que se destacaram na interpretação da produção clariciana, desde a estréia da autora, até os dias atuais, de modo que trace um panorama crítico da recepção das obras de Clarice Lispector, em especial de *A via crucis do corpo*. Ao tecer nossa leitura, destacaremos autores que abordaram especificamente o livro, cotejando as leituras propostas por eles com a nossa e apresentando um panorama crítico tanto em relação ao livro como aos pressupostos que orientam essas leituras.

Nossa argumentação irá se direcionar, inicialmente, para a discussão de noções como "boa" e "má" literaturas e a investigação dos pressupostos que influenciam a instauração de um processo de canonização em nosso sistema literário, em especial na produção de Clarice Lispector. Buscando problematizar essas noções e seus desdobramentos em *A via crucis do corpo* – como, por exemplo, o "escrever por dinheiro" e "por encomenda" em face do "escrever por vocação" –, discorreremos, no terceiro capítulo, "A atuação da escritora e da escritura: uma 'Explicação'", acerca do modo como Clarice Lispector empreende, tanto em seus textos quanto nas referências à sua vida pessoal, um processo de mascaramento, de travestimento, que se utiliza das noções vigentes no sistema literário para melhor desconstruí-las. Nesse ponto de nosso estudo, por meio do cotejo da apresentação do editor Álvaro Pacheco de *A via crucis do corpo*, veiculada na edição de 1974, com o texto "Explicação", considerado, comumente, o prefácio da obra, observaremos de que modo o texto de Clarice constrói, concomitantemente, a simulação e a dissimulação. Estas caracterizam um ambivalente processo de travestimento ou de (dis)simulação: ao mesmo tempo que a autora parece sucumbir às exigências do editor e do mercado, ela se coloca criticamente perante estes, escrevendo/inscrevendo uma escritura encenada.

Buscando elucidar o modo pelo qual o texto de Lispector se constrói por meio da disseminação de sentidos, problematizaremos a perspectiva que considera "Explicação" um prefácio, oferecendo outras possibilidades interpretativas que indiciam a atuação de Clarice Lispector tanto na divulgação de sua imagem junto ao público-leitor quanto em seus textos, exercendo, assim, um trabalho *com a* linguagem. A fim de que esse percurso de fingimento, de (dis)simulação seja elucidado, além de "Explicação" e do texto de Álvaro Pacheco, abordaremos fragmentos de correspondências trocadas por Fernando Sabino e Clarice Lispector (2001), bem como trechos de outras obras da autora. Destacaremos, ainda, o papel do editor na concepção e na divulgação da obra, numa tentativa de desvendamento da atuação de Clarice e de seu texto.

Em "Maneiras de (se) ler e de (se) escrever: as edições de *A via crucis do corpo*", focalizaremos a maneira pela qual o editor, as editoras e o público leitor, ou seja, as instâncias de divulgação e de recepção da produção de Lispector, abarcaram o texto apresentado pela autora, fazendo, inclusive, "modificações" nele. Considerando os questionamentos suscitados no capítulo anterior, observaremos como a produção e esse livro de Clarice são lidos e, assim, autenticados no mercado literário sob "rotulações" específicas. Além disso, destacaremos as formatações gráficas de *A via crucis do corpo* realizadas por distintas editoras, que, segundo nossa perspectiva, consolidaram uma visão tradicional em relação à autora e à sua prosa.

Com base nesses elementos, ao longo de "Uma escritura perturbadora", na primeira parte desta investigação, procuraremos elucidar a tensão oriunda do jogo de simulação e de dissimulação, considerando tanto a imagem de Clarice Lispector como "grande autora" e "escritora voltada para as questões do espírito", quanto os procedimentos usados pela escritora em outras obras e, sobretudo, em *A via crucis do corpo*. Acreditamos que esses procedimentos caracterizam essa obra como um projeto literário singular, no qual as convenções do sistema literário relativas à sua prosa e à sua imagem são reapresentadas e rearticuladas, instaurando um discurso híbrido em que se tem a (dis)simulação.

Em "Atos de uma encenação", iremos "tecer" a nossa leitura, tendo como base a reflexão de Lucia Helena (1997), que ilumina o princípio constitutivo responsável pela desestabilização na obra de Clarice Lispector: a problematização das tradicionais noções de "sujeito", "escrita" e "história". Essas noções são (des)articuladas no texto de Lispector, em especial em *A via crucis do corpo*, por meio da (dis)simulação. Nessa segunda etapa, apresentaremos quatro capítulos, focalizando o modo como a simulação e a dissimulação propiciam a desestabilização dessas noções tradicionais, bem como da posição marginal de *A via crucis do corpo* no sistema literário. Em "O palco do espetáculo", observaremos em que medida *A via crucis do corpo* instala(-se em) um ponto de tensão na produção clariciana e na literatura nacional, ao se mostrar, ao mesmo tempo, "sagrada" e "profana", "sublime" e "banal", "boa" e "má" literaturas, "não-lixo" e "lixo". Esse ponto de tensão corresponde, pois, à intersecção de pólos que, na tradição logocêntrica, são tidos como opostos e irreconciliáveis, instaurando, por meio do hibridismo e da repetição com diferença, a "confusão de escrituras". É nesse sentido que podemos discorrer acerca de textos de *A via crucis do corpo*, publicados por Clarice em outros meios (livros, jornais e revistas), e acerca de textos que trazem referências explícitas à *Bíblia Sagrada*, à tradição judaico-cristã.

A partir da elucidação desses elementos, observaremos, ainda, em que medida o texto de Clarice Lispector articula, de acordo com Nádia Battella Gotlib (1988b), a "consciência do narrar", a "questão da linguagem". Ao colocar a própria linguagem em questão, o texto clariciano empreende um percurso de (des)construção dos próprios elementos que o constituem – sobretudo sujeito, escrita e história – por meio do processo de (dis)simulação, de encenação, ou seja, da tensão entre o *dizer* e o *fazer*. No "Primeiro Ato: a (des)construção do sujeito", analisaremos como o texto de Lispector desestabiliza a tradicional concepção de "sujeito", ao serem articuladas distintas vozes, posições enunciativas, tendo como objeto de estudo os textos "Explicação", "O homem que apareceu", "Por enquanto" e "Dia após dia". Essa construção polifônica constrói-se na/por meio da desestabilização da fronteira entre "literatura" e "realidade" e do modo como o narrador mostra-se, *atua* na narrativa, suscitando uma pluralidade de vozes e de perspectivas: autor empírico, autor textual, narrador-escritor, narrador-personagem, personagem e, inclusive, leitor.

Em "Segundo Ato: a (des)construção da escrita", discutiremos em que medida *A via crucis do corpo* apresenta procedimentos condizentes à e recorrentes na produção clariciana. Destacaremos como o "narrar calculado" é articulado pela repetição e pelo ludismo, tendo como objeto de estudo os textos "Antes da ponte Rio-Niterói" e "A língua do 'p'". Argumentaremos que esses textos, bem como a obra, instalam(-se em) uma "confusão de escrituras", em que se evidencia uma construção paródica (Hutcheon, 1985), tendo-se o "outro" e o "mesmo" ao mesmo tempo. A repetição com diferença (paródia) e o ludismo caracterizam tanto um trabalho *com a* linguagem (o "narrar calculado"), empreendido por Clarice Lispector, quanto um trabalho *da* própria linguagem, que, em seu percurso de significação, indicia a ambivalência que a concatena – o espetáculo escritural.

O "narrar calculado", aliado à atuação do narrador e à construção paródica, propicia a investigação do modo como a história é construída nessa obra de Lispector. Essa investigação direciona o "Terceiro Ato: a (des)construção da história", em que analisaremos as epígrafes, bem como os demais textos da obra: "Miss Algrave", "O corpo", "Via crucis", "Ele me bebeu", "Ruído de passos", "Praça Mauá", "Melhor do que arder" e "Mas vai chover". Nessa etapa, discorreremos acerca do modo como a história nos é apresentada, considerando a tensão oriunda da (dis)simulação, isto é, do modo como o *dizer* e o *fazer* são enredados nos textos. Investigaremos, assim, como a atuação do narrador e o "narrar calculado" fomentam a encenação de um "realismo transbordado", que, na focalização em relação às personagens, ressalta os elementos grotescos (Bakhtin, 1987). A esse realismo encenado relaciona-se a noção de "erotismo" que, em *A via crucis do corpo*, constitui-se, segundo nossa perspectiva, num recurso expressivo que coloca a linguagem e, com ela, o sistema de representação em questão. Investigaremos, ainda, em que medida a "consciência do narrar" e a "questão da linguagem" são direcionadas a uma problematização da linguagem como instrumento de apreensão do real, aludindo, por conseqüência, à falácia da representação da linguagem e, assim, à (im)possibilidade de (se) narrar/escrever.

Com base nas questões suscitadas, discorremos acerca da necessidade de reavaliação de posições interpretativas que relacionam a prosa clariciana a um parâmetro estático de recepção. Buscando evidenciar a ambivalência constitutiva da obra, observaremos em que medida a interpretação de *A via crucis do corpo*, sob a perspectiva da encenação, propicia a observação de procedimentos narrativos de Clarice em outras produções e do modo como esses mesmos procedimentos são (re)organizados em favor de uma construção textual híbrida, ambivalente.

Dada esta "explicação", resta o convite para que você, leitor, participe do processo de (des)construção dessa encenação, observando, ao mesmo tempo, como são operados alguns mecanismos de construção da encenação de um espetáculo escritural – a sagrada-profana-erótica-poética escritura de Clarice Lispector.

Parte I

"Uma escritura perturbadora"

1

A PRODUÇÃO DE CLARICE LISPECTOR NO CENÁRIO NACIONAL

A divulgação e a recepção das obras de Clarice Lispector, desde a sua estréia até o presente momento, podem ser abordadas por meio de diferentes parâmetros, considerando:

a) a posição da crítica em geral, que, embasada por concepções distintas de texto e de gênero literários, ora elogia, ora repudia as suas obras, principalmente as primeiras e as publicadas em meados da década de 1970;

b) os estudos críticos, uma vertente acadêmica especializada do parâmetro anterior, que, além de se firmarem como representantes de uma abordagem crítico-analítica das obras literárias, propiciaram o surgimento e a conseqüente divulgação de uma variedade de ensaios, sobretudo a respeito de algumas de suas produções;

c) o público leitor, que, especialmente no final dos anos 1960 e na década de 1970, intensificou a aclamação de seus livros, fomentando o processo de "santificação" da autora e a decorrente canonização de parte de sua produção;

d) os divulgadores da produção clariciana, em especial os editores e as editoras que, na maioria dos casos, abordaram a sua ficção, em meio às influências do mercado editorial, como um objeto comercial. Isto é, como um produto altamente vendável, muitas vezes publicando, inadvertidamente, coletâneas ou "mutilando" textos (suprimindo partes, alterando a ordem) etc.;

e) e, por fim, a própria posição de Clarice Lispector, ao longo de trinta e cinco anos de trabalho, em relação a essas instâncias de recepção e de divulgação de sua obra. Estas, em certa medida, legitimaram a sua produção em meio ao contexto literário brasileiro do século XX; e, ainda, a maneira pela qual a autora manifesta, ou "deixa ver" em seus textos, as suas opiniões acerca do embate entre essas vozes.

Inicialmente, focalizaremos esses diferentes parâmetros, para elucidar a dinâmica de divulgação e de recepção da produção clariciana, em especial de *A via crucis do corpo*, objeto de nosso estudo, bem como a posição de Clarice, via linguagem, em relação a essas instâncias.

Considerando a receptividade dos leitores brasileiros em relação à ficção de Lispector, Benedito Nunes, em "Clarice Lispector ou o naufrágio da introspecção" (1989), postula três fases distintas. A primeira fase, em que a autora "era conhecida apenas por críticos e escritores", iniciou-se com a obra de estréia, *Perto do coração selvagem*, em 1943, e se estendeu até por volta de 1959, com *Laços de família*. Antonio Candido (1988), em "No começo era de fato o verbo", ao dimensionar o que possivelmente significou a estréia de Clarice no cenário da literatura brasileira do século XX, afirma, já com o distanciamento avaliativo condizente com sua posição crítica, que a autora, assim como Guimarães Rosa, naquele momento, "retomaram o esforço de invenção da linguagem". Ambos, de certo modo, levaram o leitor a perceber que "o texto não é um farrapo do mundo imitado pelo verbo, mas uma construção verbal que traz o mundo em seu bojo". Para Candido (1988, p.XVIII), com esses dois escritores, "a palavra literária readquiria na prosa o seu status soberano".

Já em sua obra de estréia, ao colocar a palavra em questão, ou seja, o próprio discurso literário, Clarice "indiciou" a necessidade de mudança do instrumental avaliativo utilizado em sua recepção, pois ela "estava trazendo uma posição nova, diferente do sólido naturalismo ainda reinante ... Diferente, também, do romance psicológico e, ainda, da prosa experimental dos modernistas" (Candido, 1988, p.XVIII).

Diante da "experiência nova" instituída pela literatura de Clarice Lispector no "esforço de invenção da linguagem" (Candido, 1988), o parâmetro de abordagem crítica foi sendo, lenta e gradativamente, transformado, propiciando, sobretudo após a publicação de *Laços de família*, maior receptividade da produção clariciana. Despertava, também, o interesse do público e da crítica em relação às obras publicadas anteriormente. É nessa segunda fase de recepção que foram lançadas *A legião estrangeira* e *A paixão segundo G. H.*, ambas em 1964, quando Clarice também atuou como cronista no *Jornal do Brasil*. Para Benedito Nunes (1989), a figura humana da ficcionista também influenciou na recepção de suas obras, sendo um dos elementos que levaram muitos leitores-admiradores a se "encantar" com seus textos. Nessa relação, fomentada, de certa forma, pelos anseios do pólo receptivo, o interesse pelas obras de Lispector acentuou-se, então, em meio a uma curiosidade acerca da autora como figura pública e de sua vida pessoal, que parece ter sido suscitada pelo jogo de papéis assumidos por Clarice num mercado editorial em expansão, circundado pela opressão e pela repressão de um sistema político ditatorial: Clarice-escritora, Clarice-cronista, Clarice-crítica-de-si-mesma, Clarice-mãe etc. Nessa época, os leitores de Clarice Lispector eram, conforme destacaram Abdala Junior e Campedelli (1988), aqueles que também tinham predileção por literatura de vanguarda, sendo, muitas vezes, de nível universitário.

Em meio ao crescimento tímido, embora gradativo, da divulgação, da recepção de sua ficção, Clarice passou a se destacar tanto no meio acadêmico quanto junto ao grande público, ao mesmo tempo que, por meio de sua escrita, foi atuando nos meandros do sistema literário vigente e foi questionando as bases que o sustentavam. Segundo Nádia Battella Gotlib (1988b):

> Pode-se afirmar que os textos de Clarice Lispector refletem, de modo mais ou menos direto, estas questões que fizeram a nossa história nos

> anos 60. Afinal, o tema da *repressão* está implícito ao dos *limites* das condições de vida, sobretudo da mulher, que a escritora aborda.
>
> Sua literatura traz, ainda, as marcas de uma passagem consciente pelos problemas de seu país, na medida em que se mostra sempre alerta à condição humana da sua gente, desde os textos dos anos 40 aos últimos, dos anos 70.
>
> Sua literatura manifesta-se, pois, como um exercício de liberdade, projeto de restauração de energias abafadas por um complô mantido por diversos agentes repressores, prova de resistência contra o instituído, só possível, naturalmente, por uma nova linguagem, que subverta também as ordens de seu próprio sistema de representação. (p.162, grifo da autora)

Todo questionamento acerca da sociedade e, sobretudo, das ordens de um tradicional sistema de divulgação e de recepção literárias ecoou, por exemplo, nas obras publicadas nessa fase, já que "a esta altura, Clarice já conta com seis volumes publicados e 24 anos de atividade literária" (Gotlib, 1988b, p.173). Em *A paixão segundo G. H.*:

> Podemos estabelecer algumas correspondências ao nível da práxis. Se a sociedade brasileira se esbatia politicamente na força coercitiva do Estado e seus lugares-comuns tradicionalistas, *a escritora lutava também contra esses estereótipos que se materializavam em linguagem.* Era contra a palavra petrificada que ela lutava. Sua *atitude*, embora num plano de superfície não fosse política, correspondia, na verdade, a um modelo de comportamento que ultrapassava sua individualidade e, dessa forma, ligava-a a uma práxis social mais abrangente. *Caminham igualmente juntas a aventura da enunciação, que procurava sua plenitude entrevista nas palavras, e a aventura da criação literária, ela também emparedada, a se estabelecer por sobre as brechas do sistema cultural estabelecido.* (Abdala Junior & Campedelli, 1988, p.202, grifo nosso)

A atitude da escritora em enveredar, via criação literária, nos meandros do sistema estabelecido repercutiu na elaboração de *A paixão segundo G. H.* e, a nosso ver, na elaboração das obras dessa segunda fase de recepção, que culminou com as que foram publicadas nos anos 1970, período a que pertence *A via crucis do corpo*. *A paixão segundo G. H.* constitui-se, conforme foi apresentado, em um "marco" na literatura brasileira e na produção de Clarice Lispector, pelo fato de os leitores, inicialmente representados pela crítica acadêmica, reconhecerem o projeto literário da autora, que vinha sendo construído desde a sua obra de estréia: o trabalho com a linguagem, a "valorização do texto enquanto construção artística" (Abdala Junior & Campedelli, 1988, p.202). Com a repercussão desse romance nos meios acadêmicos – que intensificou a mudança de abordagem dos próprios críticos diante da ficção clariciana – e, posteriormente, junto ao público em geral, iniciou-se, de maneira evidente, a aclamação da escritora. Conseqüentemente, esboçou-se, entre o final da década de 1960 e o início da década de 1970, um outro momento de recepção da produção clariciana, que ocorreu num período em que se destacava o movimento feminista. "Clarice é, então, assunto freqüente em jornais, revistas, televisão, o que contribuiu para tornar mais conhecida sua personalidade estranha e cativante" (ibidem, p.197).

Com a crescente aclamação da escritora e a divulgação de suas obras, iniciou-se, então, a última fase de recepção da produção de Lispector, que se impulsionou, de acordo com Nunes (1989), com a publicação de *A hora da estrela*, em 1977, meses antes do falecimento da escritora, e com o lançamento póstumo de outras obras. Principalmente a partir dessa fase, a prosa da autora e a sua imagem como figura pública foram efetivamente aclamadas pela Academia, pelos críticos ensaístas e pelo público em geral. Isso intensificou o processo de canonização (de parte) da sua produção e consolidou sua inserção como grande autora na literatura brasileira do século XX.

A recepção crítica, nessa terceira fase, também se encontrou num momento distinto, pois até *A hora da estrela*,

> voltou-se para enfoques que enfatizavam a linguagem artística e a temática existencial. A partir dessa narrativa, agrega-se a essas perspectivas de estudos a ênfase no ponto de vista feminino. Sua escrita e suas temáticas passam a ser identificadas agora como um grande "olhar

> feminino" sobre a própria condição feminina, que produz o efeito de "choque" inclusive na crítica estrangeira. (Abdala Junior & Campedelli, 1988, p.200)

Por conseqüência, até mesmo no exterior a autora foi aclamada, sobretudo pelos críticos. O nome "Clarice Lispector" e a ficção clariciana passaram a possuir, de fato, representatividade em nosso sistema literário, sendo inseridos num processo de aclamação e de canonização – o qual, atualmente, encontra-se consolidado –, levando a autora a ser "reconhecida internacionalmente como um dos maiores nomes da literatura brasileira do século 20" (Rosenbaum, 2002, contracapa).

Como foi observado na discussão desses três momentos de recepção, e de conseqüente aceitação e legitimação da ficção clariciana no cenário de nossa literatura, a Academia teve papel de destaque. Os critérios postulados pelos críticos, estudiosos representantes de uma tradição dos estudos literários, orientaram a recepção crítica da produção clariciana e, de certo modo, a sua divulgação junto ao grande público. Contudo, num primeiro momento, o parâmetro de análise de grande parte da recepção foi direcionado pelo apego às características do "romance oitocentista europeu" (Santiago, 1997, p.12). Notamos tal fato em grande parte das resenhas, dos estudos críticos veiculados principalmente a respeito das primeiras obras de Lispector, em meados dos anos 1940. A produção inicial da escritora foi muitas vezes abordada sob esse prisma, privilegiando certos elementos de textos urdidos nessa trama: ato narrativo demarcado, com princípio, meio e fim, e com um narrador que apresenta metodicamente as personagens, descrevendo-as, coordenando as ações que nos serão apresentadas, do início ao seu desfecho. De acordo com Silviano Santiago (1997, p.12), no primeiro momento da recepção de sua produção, Clarice deparou-se com a análise sob os moldes da "trama novelesca oitocentista", em que os críticos buscavam uma construção linear e fechada. É exemplar dessa perspectiva de interpretação uma série de ensaios e resenhas publicados nos anos 1940, por ocasião da estréia dessa "jovem desconhecida".

Desse período, destaca-se um texto de Álvaro Lins, em que o crítico, após relacionar a prosa de Clarice à de autores como James Joyce e Virginia Woolf, afirma que *Perto do coração selvagem* caracteriza-se por uma estruturação "incompleta e inacabada":

> Ao que estou informado, a autora é ainda muito jovem, uma quase adolescente. É uma circunstância que torna ainda mais excepcional a experiência de ficção tentada no seu livro, e não devemos por isso falar dele com os cuidados que usamos para os principiantes. Coube-lhe, vamos repetir, o papel de escrever o nosso primeiro romance dentro do espírito e da técnica de Joyce e Virginia Woolf. E, pela novidade, este livro provoca desde logo uma *surpresa perturbadora*. A surpresa das coisas que são realmente novas e originais.
>
> A surpresa, porém, não deve levar a sua perturbação até o limite em que se perde o senso crítico. Há, neste livro, além da experiência que representa, dois aspectos a fixar: a personalidade da sua autora e a realidade da sua obra. Li o romance duas vezes, e ao terminar só havia uma impressão: a de que ele não estava realizado, a de que estava incompleta e inacabada a sua estrutura como obra de ficção. (Lins, 1946, p.111, grifo nosso)

As palavras de Álvaro Lins são representativas do modo de recepção pelo qual o texto clariciano e, inclusive, a própria autora eram lidos: sob uma perspectiva tradicional. Lins, um dos primeiros a se pronunciar perante a estréia de Clarice, ao relacionar a jovem estreante a Joyce e Woolf, utilizou-se de uma associação que seria retomada na fortuna crítica clariciana, por meio de distintas ênfases. Não obstante essa relação, a perspectiva interpretativa de Álvaro Lins destaca-se pelo apego aos parâmetros característicos do romance oitocentista. Isso o levou a defender que a dificuldade principal de Clarice teria sido a "solução do problema de tempo e espaço, o qual se acha no centro da forma de romance por ela preferido" (Lins, 1946, p.113-4). Para o crítico, "faltam-lhe, como romance, a criação de um ambiente mais definido e estruturado e a existência de personagens como seres vivos". No livro, "só um personagem, Joana, tem uma existência real" (Lins, 1946, p.113-4).

A posição de Álvaro Lins permite que, de nossa posição, visualizemos, ainda que brevemente, a trajetória de recepção do texto clariciano, iniciada a partir de um abalo no pólo receptivo. A desestabilização que a prosa de Lispector provocou pode ser observada, de outra maneira, com base no texto "No raiar de Clarice Lispector", de Antonio Candido, veiculado em 1943, em que o crítico concilia tanto o estranhamento e a surpresa perante a linguagem da autora quanto uma certa parcimônia em se dimensionar o efeito da prosa clariciana em face dos moldes literários vigentes.

Apesar de se posicionar cuidadosamente perante a escritora estreante, esse texto de Candido parece adquirir, até mesmo, um caráter "premonitório", na medida em que destaca procedimentos que, posteriormente, serão salientados por outros estudiosos, acerca de outras obras da autora, como, por exemplo: "o problema do estilo e da expressão". É pela perspectiva do trabalho com a linguagem que Candido procurou abordar *Perto do coração selvagem*, ressaltando, ainda, que os "vocábulos são obrigados a perder o seu sentido coerente para se amoldarem às necessidades de uma expressão sutil e tensa, de tal modo que a língua adquire o mesmo caráter dramático que o entrecho" (Candido, 1970, p.128-9). Desse modo, Candido procurou enfatizar o que então significou a prosa clariciana: uma ruptura dos parâmetros de produção e de recepção então constituídos.

É curioso, ainda, observarmos, em relação aos textos de Candido (1970) e de Álvaro Lins (1946), os parâmetros de leitura reiterados pelos críticos. Torna-se significativo o fato de Lins, de modo contundente, aludir a *Perto do coração selvagem* como uma obra "inacabada e incompleta", e de Candido, de modo cauteloso, afirmar que teve um "choque" (p.127) ao se deparar com a obra da jovem estreante, afirmando, em relação ao livro: "Se deixarmos de lado as possíveis fontes estrangeiras de inspiração, permanece o fato de que, dentro de nossa literatura, é performance da melhor qualidade" (Candido, 1970, 128-9).

Se compararmos os textos de Lins e de Candido, podemos intuir o "impacto" provocado pela estréia de Clarice Lispector no cenário da literatura nacional, tendo-se duas posições perante a prosa da escritora: a de Lins, veemente, emoldurada pela urdidura oitocentista, e a de Candido, atenta e parcimoniosa.

Nota-se, como também apontou Sá (1979, p.225-6), que a produção lispectoriana foi recebida em meio a um paradigma estático de recepção, emoldurado pelo romance regionalista de 1930 e/ou pelo romance intimista. Portanto, uma recepção que indicava a "distância estética" entre a obra que era apresentada e os parâmetros pelos quais era lida. Se Antonio Candido, por um lado, considera que a prosa da autora instaurou uma renovação em relação a esses moldes, por outro lado, ele também revela seu cuidado ao dimensionar a prosa da jovem autora, colocando-se perante a obra com certa resistência avaliativa: "Original não sei até que ponto será" (Candido, 1970, p.129). Entretanto, mesmo destacando as supostas "dificuldades" na construção da obra, o crítico é um dos primeiros a reconhecer e legitimar a estréia de Clarice, na medida em que destaca o propósito da autora em explorar as múltiplas potencialidades da palavra. Por conseqüência, nesse momento, instaurou-se uma grande expectativa acerca de Clarice Lispector e de sua literatura.

Ao engendrar "a aventura da expressão" (Sá, 1979), a prosa clariciana, segundo Silviano Santiago (1997, p.12), "é um rio que funda o seu próprio curso na prosa brasileira" e que, "inaugura tardiamente a possibilidade de uma ficção que, sem depender do desenvolvimento circunstanciado ... de uma trama novelesca oitocentista, consegue alcançar a condição de excelência atribuída pelos especialistas".

Essa "possibilidade de ficção" corresponde à ruptura dos parâmetros de produção e de recepção estabelecidos pelo romance de estrutura fechada do século XIX, nos quais também se apoiaram, cada qual à sua maneira, o romance regionalista de 1930 e o romance intimista, conforme afirmou Sá (1979). Para isso, em termos de produção, ou seja, de elaboração e construção da obra literária, a prosa de Lispector instaura um processo de *travestimento*, de investigação das múltiplas potencialidades da palavra, segundo Santiago (1997). Esse *travestir(-se)* dá-se pelo/no processo de significação, em que se engenha a "capacidade que tem a palavra de se suceder a uma outra palavra, sem a necessidade de buscar um suporte alheio ao corpo das próprias palavras que se sucedem em espaçamento" (Santiago, 1997, p.12). Desse modo,

> *Clarice inaugura uma tradição sem fortuna, desafortunada, feminina e, por ricochete, subalterna. Para que alcançasse a plena condição de excelência, no auge da "ingenuidade naturalista" dos anos 30 e 40, a proposta subalterna, tardia e solitária da escrita ficcional de Clarice teve de se travestir, três décadas mais tarde, pelo que ela negava.*
>
> Em vida da autora, seu romance mais famoso acabou sendo "A hora da estrela". Hoje, ele pode ser lido ... como a mais alta traição ao que a autora tinha inaugurado na literatura brasileira, mas pode também ser dado como uma gargalhada na cara da tradição afortunada, gargalhada que diz: "Eu também posso fazer o que vocês fazem, basta mascarar-me com o rosto masculino do narrador Rodrigo S. M.". (Santiago, 1997, p.12, grifo nosso)

O mascaramento, isto é, o processo de (se) travestir é um procedimento típico da linguagem, da tessitura literária de Lispector. Ao mesmo tempo que a autora rompe com determinados paradigmas de produção e de recepção, ela também os reproduz: é a partir da (aparente) repetição que Clarice desconstrói, desestabiliza o sistema literário. É nesse sentido que se pode afirmar que *A hora da estrela* pode ser lido, como destacou Santiago (1997), "como a mais alta traição ao que a autora tinha inaugurado na literatura brasileira, mas pode ser também dado como uma gargalhada na cara da tradição afortunada". E esse prisma pode ser observado, também, em *A via crucis do corpo*, por exemplo, na relação entre escrever "por encomenda" e escrever "por impulso", entre escrever de acordo com o pedido de seu editor e as necessidades de um mercado editorial, e escrever "por vocação", conforme os próprios propósitos. Ao longo desta investigação, por meio da análise dos textos de *A via crucis do corpo*, destacaremos elementos de construção do texto de Lispector, procedimentos típicos de/em sua prosa, que permitam a visualização do percurso da elaboração poética da autora, bem como a do percurso de recepção crítica do livro em questão.

A prosa de Clarice Lispector, uma "ficção lucidamente zombeteira", como sugeriu Santiago (1997, p.12), requer um leitor *lúcido*, isto é, liberto dos moldes de interpretação influenciados pelo "cânone realista imposto pelo romance oitocentista europeu", para estar atento aos procedimentos criados em seu processo de significação, sua estruturação, seu encadeamento narrativo. Como foi observado, a recepção da obra de Lispector, sobretudo em sua primeira fase, pautou-se pelo embate entre os parâmetros tradicionais de produção e de recepção e a "perturbação" desses parâmetros.[1] É curioso e não menos significativo notar que, após as críticas sobre as primeiras obras, Clarice lança, em 1949, seu terceiro romance, *A cidade sitiada*, um livro propositalmente "fechado",[2] ou seja, um livro aparentemente pautado pela concepção de romance oitocentista. Contudo, na prosa clariciana, esse travestimento não é gratuito: é um processo de mascaramento que se faz significativo, concatenando sentidos, enredando a construção do texto. De certo modo, as ações de Clarice perante o mercado editorial, os críticos, o público em geral, também se constituem num processo de mascaramento. É a partir da (aparente) aceitação/repetição daquilo a que foi imposta, quando imersa nas exigências do sistema literário, que ela critica as convenções desse mesmo sistema. Observemos as seguintes palavras acerca de *A cidade sitiada*:

---

1 Utilizamos o termo "perturbação" considerando o "impacto" provocado pelo surgimento de Clarice no cenário de nossa literatura, visível nas palavras de Álvaro Lins (1946). Além dessa referência, o termo acentua, em nossa argumentação, o "descompasso" entre o que significava a produção de Lispector e o modo como boa parte da crítica abordou o seu texto e a sua imagem como escritora. Acreditamos, pois, que o termo "perturbação" e seus derivados remetem ao processo de elaboração poética de Lispector e ao seu efeito em nosso sistema literário.

2 Como afirmou Santiago Dantas (apud Gotlib, 1995, p.263).

> *Clarice conta, mais tarde, como foi escrever esse romance: "Foi o que me deu mais trabalho, levei três anos e fiz mais de vinte cópias.* Rosa ficava escandalizada com o monte de originais; um dia me disse que achava melhor ser cozinheira, porque, se pusesse sal demais na comida, não havia mais remédio".
>
> ... Ao confirmar as dificuldades que experimentou ao escrever esse livro, "o mais difícil de escrever", tenta encontrar uma explicação: "*Porque existe uma exegese que eu não sou capaz de fazer. É um livro... eu estava perseguindo uma coisa e não tinha quem me dissesse o que é que eu estava perseguindo*". (Gotlib, 1995, p.264, grifo nosso)

O que foi visto pelos críticos como um livro "fechado", estruturalmente coerente com a tradicional perspectiva de romance – e que, por ter essa aparente estrutura, foi criticado –, parece ser fruto da "lucidez zombeteira" da escritora. Com base nos moldes erigidos, Clarice desestabiliza o próprio sistema no qual se inseriu e foi inserida: escreve um livro *aparentemente* fechado, um romance nos moldes oitocentistas, com estrutura e encadeamento narrativo lineares. E a "lucidez zombeteira" também se faz presente no momento em que a escritora se coloca num determinado papel social, "mascarando-se" em seu depoimento, na entrevista comentada por Gotlib (1995). Em relação ao livro, destaca-se que:

> Sua estrutura, basicamente alegórica, propicia o trabalho de decifração para a constatação das equivalências. Mas surge daí uma narrativa estranha, às vezes desfocada, descentrada, tal como a visão da própria personagem, segundo a narradora, que "imita mal", ciente da distância que separa o objeto, referenciado, da matéria narrativa criadora, matéria de linguagem feita invenção. Assim, essa distorção não seria propriamente um "defeito de construção", mas a marca visível de mais um material de construção exposto na superfície da obra e exibindo os bastidores e as amarras, por vezes débeis, de sustentação da obra em relação a uma suposta e ilusória "verdade" da representação. (Gotlib, 1995, p.264)

A cidade sitiada é, ao que nos parece, um livro propositalmente inscrito no sistema literário sob a moldura de um romance fechado e, a partir dessa inserção, "desinscrito" do cenário de nossa literatura por meio de uma tensa relação entre o *dizer* e o *fazer*, ou seja, entre o que Clarice simula realizar e o que, de fato, ela realiza. Desse modo,

> O drama da linguagem, conceito que Benedito Nunes desenvolve e consolida a partir da leitura de *A maçã no escuro* (1961), já está claramente delineado, cremos, em *A cidade sitiada*. A concepção de escrita como *encenação*, um dos mais importantes traços característicos da poética de Clarice Lispector ... já se dá a ver com clareza na estrutura, na concepção e na linguagem deste romance ... É preciso ler na construção das personagens e na notação de humor irônico que se instala como fator de distanciamento entre o narrador e Lucrécia Neves uma evidência do projeto literário clariciano que concebe a escrita como processo performático, e o escritor como um encenador. Tal concepção atinge os planos do enunciado e da enunciação e, em obras posteriores, incluirá entre seus alvos a *persona* pública do escritor.
>
> O que, na pauta do romance bem acabado de trama novelesca oitocentista, é lido como deficiência, passa a ser, na perspectiva de uma estratégia de alegorização ambiciosa, um modo de apreender, no conflito entre o *dentro* e o *fora* das personagens e da cidade (traduzido em termos de conflito entre o *centro* e a *periferia*), a fluidez característica do sujeito como núcleo de uma experiência avessa à petrificação imposta pela vida em sociedade. (Franco Junior, 1999, p.120, grifo do autor)

Como pretendemos elucidar com a análise dos textos de *A via crucis do corpo*, "a escrita como processo performático" e "o escritor como encenador" – ou o mascaramento, o travestir(-se) – são procedimentos típicos da prosa de Lispector e direcionam a elaboração de suas obras e a posição da própria autora como figura pública.

Os três momentos de recepção postulados por Nunes (1989), bem como os comentários dos demais autores apresentados, permitem a visualização, em linhas gerais, dos modos de divulgação e de recepção da produção clariciana, incluindo a "*persona* pública" da escritora. Em *A cidade sitiada*, por exemplo, percebemos que a autora utilizou a concepção de romance oitocentista para, por meio da tensão entre o *dizer* e o *fazer*, colocar-se perante o sistema no qual estava se inserindo. Nesse sentido, "a distinção entre *falar* e *dizer* é, segundo Lúcia Helena, característica do trabalho literário de Clarice Lispector e marca um compromisso da escritora com a desautomatização" (Franco Junior, 1999, p.200).

A "desautomatização" constitui-se, portanto, um procedimento reiterado na escritura clariciana e encenado em obras distintas. Em *A via crucis do corpo*, esse procedimento se dá por meio da desestabilização dos parâmetros impostos pelo editor, pelo mercado, pelos críticos, pela opinião pública e, até mesmo, pela visão da escritora de sua *persona* pública. Isso resulta num amálgama dos elementos ficcionais e biográficos, das instâncias de produção e de recepção de sua obra no mercado literário brasileiro.

Desse modo, considerando os parâmetros de divulgação e de recepção das obras claricianas anteriormente mencionados, abordaremos, no próximo capítulo, os que se referem a *A via crucis do corpo*, discutindo os processos de mascaramento, de travestimento da linguagem clariciana, bem como outros procedimentos a ela atribuídos. Para tanto, selecionaremos certos textos da fortuna crítica clariciana que, segundo nossa perspectiva de interpretação, propiciam melhor discussão dos elementos em questão.

2

A FICÇÃO CLARICIANA NO CENÁRIO DOS ESTUDOS LITERÁRIOS: A RECEPÇÃO CRÍTICA DE *A VIA CRUCIS DO CORPO*

No artigo "Vozes da crítica" (1988), anteriormente comentado, Benjamin Abdala Junior e Samira Campedelli discorrem acerca da recepção crítica da produção clariciana, em especial de *A paixão segundo G. H.*, afirmando que "no curso de 30 anos de sucessivas leituras e de um ativo debate crítico, Clarice Lispector criou um público identificado não apenas com sua obra, mas também com os procedimentos literários que a singularizam" (p.196).

Atualmente, quando se completaram mais de 25 anos do falecimento de Lispector, notamos que seu nome e sua ficção têm efetiva representatividade em nossa literatura. Por um lado, a divulgação de sua produção por meio de agentes culturais e do grande público contribuiu para que se consolidasse a imagem pública de Clarice como "monstro sagrado" (Santos, 1999, p.141). Por outro, a posição da crítica universitária em face da ficção clariciana contribuiu para o estudo dos procedimentos narrativos recorrentes em sua obra, com base em fundamentos teóricos distintos. Tanto em nosso país quanto no exterior, a literatura de Clarice Lispector ecoa por meio de diferentes vozes, de distintos parâmetros interpretativos, em meios diversos. Nas universidades, destacam-se os ensaios, as dissertações, as teses, que, geralmente, são transformados em livros. Estes (re)visitam muitos conceitos e leituras relacionados à sua obra, desde sua estréia até o presente momento. Na divulgação feita por editoras e livrarias, as resenhas têm papel fundamental, sendo escritas por estudiosos, representantes do meio acadêmico (professores universitários, mestrandos, doutorandos), ou no caso dos meios eletrônicos, em especial da *internet*, por admiradores da (produção da) autora, pertencentes a diferentes áreas.

Entretanto, se observarmos especificamente a fortuna crítica relativa às obras de Lispector, vamos nos deparar, por um lado, com a existência de inúmeros estudos, fomentados por perspectivas variadas, acerca de obras, como *Laços de família*, *A paixão segundo G. H.*, *A hora da estrela*, entre outras. Por outro lado, com a relativa escassez de leituras analítico-interpretativas que abordem obras como *A via crucis do corpo* ou *Onde estivestes de noite*, por exemplo. Essa disposição dos estudos parece ser resultante do sistema de crítica literária vigente em nosso país, que se alicerça em modos de veiculação – por parte de autores, editores, editoras – e de recepção de obras – sobretudo pela academia institucionalizada, representada por universidades, revistas de divulgação da produção científica, revistas temáticas, resenhas etc. O engendramento desses modos pode ser exemplificado por essa constituição dos textos da fortuna crítica de Clarice Lispector, os quais se apóiam em parâmetros avaliativos e interpretativos que parecem "induzir" à escolha de certas produções. Procurando desvendar os moldes que impulsionam a efetivação desse sistema de recepção e de divulgação das produções claricianas, torna-se fundamental discutir as diferentes visões acerca das obras de Lispector, em especial das pouco estudadas.

Nesse sentido, as leituras de *A via crucis do corpo*, veiculadas desde o seu lançamento em 1974, são representativas da relação entre os modos de recepção e de divulgação das obras da escritora, sobretudo por grande parte dessas leituras afirmar que esse livro seria um "desvio", uma "obra menor" em comparação com outras produções da autora. Mas de que maneira essa visão tem sido erigida? Quais são os parâmetros avaliativos e interpretativos que a sustentam?

Em boa parte dos textos acerca de *A via crucis do corpo*, a relação entre a vida pessoal da autora e a publicação do livro mostrou-se, num primeiro momento, fundamental para que essa caracterização ou esse panorama crítico fossem estabelecidos. A argumentação que se construiu em torno da publicação da obra apoiou-se, inicialmente, no contexto biográfico, isto é, no fato de Clarice se encontrar em dificuldades financeiras e ter escrito, provavelmente em decorrência disso, um livro por encomenda, a pedido de seu editor, Álvaro Pacheco. Nessa perspectiva, a realidade biográfica e a ficcional relacionam-se diretamente para fomentar essa caracterização de *A via crucis do corpo* como um livro produzido nessa situação específica, de acordo com um parâmetro preestabelecido.

A maioria dos estudos focaliza diretamente o pedido do editor e o contexto de vida da autora, a fim de justificar o processo de escrita, a "feitura" do livro e as suas decorrentes características de construção. São exemplares dessa perspectiva as palavras de Emanuel de Moraes, veiculadas na época da publicação de *A via crucis do corpo*. Para o crítico, no livro o "anedótico é supliciado, conforme o título sugere". Acrescenta que "é um dos livros que não deveriam ter sido escritos. Não se tratasse de uma autora já consagrada pelas suas realizações anteriores, ele passaria despercebido no entulho das más edições". Conclui seu texto afirmando que, com exceção de "Antes da ponte Rio-Niterói", "o resto é lixo. E lixo literário nada acrescenta" (Moraes, 1974).

A recepção crítica de *A via crucis do corpo*, conforme indicou Sá (1979, p.243), não se pautou por uma única diretriz interpretativa. Ao contrário, explicitou posições divergentes, de modo que acirrou a "polêmica" que se construiu em relação a esse livro e à posição de Clarice diante dele. As palavras de Emanuel de Moraes (1974) são representativas de um parâmetro de abordagem do livro que se enraizou em boa parte da fortuna crítica, caracterizando uma visão negativa em relação a ele: "Lixo literário nada acrescenta". A perspectiva de *A via crucis do corpo* como "lixo literário", ou, em outras palavras, como um desvio ou um mau momento na produção clariciana, baseou-se, entre outros fatores, em uma visão "determinista", que postula uma relação direta entre "vida" e "obra", "realidade" e "ficção". Alguns comentários de Moraes revelam, de certa maneira, essa relação, ao focalizarem negativamente o trabalho realizado pela autora, já que "faltaram-lhe, como é natural, os meios de expressão e a filosofia de vida necessária a esse tipo de literatura". O crítico ainda acrescenta: "Melhor seria não ter publicado o livro, a ver-se obrigada a se defender com esse simulacro de desprezo por si mesmo como escritora, diante do reconhecimento do fracasso da realização" (Moraes, 1974).

A "defesa" que, na visão de Moraes, Clarice apresenta refere-se ao texto "Explicação", que é comumente abordado como o prefácio da obra, no qual a autora se justificaria diante da elaboração de um livro de contos eróticos, escrito por encomenda. A abordagem desse texto como um prefácio reitera a visão determinista, na medida em que a escritora parece se defender de possíveis críticas. A noção de "desvio" também se faz presente nas palavras de Olga de Sá (1979), porém, de maneira menos enfática. A estudiosa, mesmo não sendo tão veemente quanto Moraes (1974), vale-se de uma posição interpretativa que caracteriza *A via crucis do corpo* como um desvio, "Explicação" como um prefácio, abstendo-se de questionar, claramente, a posição do crítico.

Todavia, é nosso intuito focalizar os pressupostos teóricos e os "juízos de valor" que permeiam a posição desses críticos. Se, por um lado, essa "mudança" indiciaria os outros possíveis caminhos trilhados por Clarice Lispector, por outro, de acordo com a visão tradicional, esse mesmo "desvio" em seu estilo – que seria decorrente do contexto biográfico da autora – ocasionaria, até mesmo, uma "perda de qualidade", isto é, a produção de uma obra cujo valor estético-literário seria inferior se comparado ao das outras obras de Clarice. Essa visão reflete-se, sobretudo, nas considerações de Emanuel de Moraes, quando afirma que esse "novo" estilo de Clarice, o assunto do livro (um "livro pornográfico") e sua deficiente estruturação formal seriam os fatores que justificariam a caracterização de *A via crucis do corpo* como "lixo literário".

Hélio Pólvora, em "A arte de mexer no lixo", texto veiculado em 1974 e comentado por Ferreira (1999), também salienta uma "mudança" na retórica de Lispector. Referindo-se ao prefácio que a autora teria escrito ("Explicação") para se justificar por ter escrito "lixo", afirma que esse livro, bem como suas ficções, "nada têm de pornográfico se comparadas às ousadias da permissividade absorvida também pela literatura". Podemos questionar, com base nas afirmações anteriores, se *A via crucis do corpo* se caracteriza, de fato, como "agressividade" em relação à literatura, sendo um "lixo literário", ou, ainda, como "experimentação". Segundo essa perspectiva, o livro corporificaria um desvio na prosa clariciana, já anunciado por *Onde estivestes de noite*. Todavia, tanto Pólvora (1974) quanto Ferreira (1999) salientam a posição da autora em se justificar perante a feitura do livro, já que ambos não apresentam uma efetiva indagação em relação ao que nele é apresentado, sobretudo em relação ao texto "Explicação". Este é visto como mera justificativa da escritora diante do polêmico assunto dos contos. "Explicação" constitui-se, nas palavras de Pólvora (1974), em um "atestado libatório" que justificaria a experimentação de uma linguagem "mais direta, explícita e agressiva". Assim, autentica-se *A via crucis do corpo* como obra em que o "lixo" é permitido e as "buscas" são permitidas e homologadas por meio da própria fala (escrita) da autora no texto "Explicação".

Em meio aos elogios de Pólvora (1974), referentes à capacidade de mudança de Clarice, ao instaurar uma "nova retórica da narrativa", camufla-se a crença na capacidade de se fixar os limites entre o que seria "boa" e "má" literatura, ou seja, os limites da literariedade. "Explicação" mostra-se, para esse crítico, como o passaporte que homologa a transposição dessas fronteiras. O fato de Clarice justificar-se – e de supostamente inscrever "C. L." como sua assinatura – autenticaria o desvio em sua prosa, tornando-o "permitido" no livro, mas com a ressalva de a escritora não se enveredar pelo "território dos livros pequenos". Assim, o crítico parece se tornar, contraditoriamente, um "autenticador" das fronteiras do literário: ao mesmo tempo que louva a retórica clariciana em *A via crucis do corpo*, que seria "mais direta, explícita e agressiva", confere a essa o caráter de "desvio", que se mostra justificável, por ser uma busca. *A via crucis do corpo* constitui, nessa visão, o espaço, o lugar da experimentação literária.

Nádia B. Gotlib (1995) alude ao contexto de produção de *A via crucis do corpo* nos textos "Sexo e mais sexo" (p.415-21) e "Clarice-mãe e Clarice-ângela" (p.421-4), nos quais aborda detalhadamente tanto a vida pessoal de Clarice na época de publicação de *A via crucis do corpo* quanto o "novo rumo" da prosa clariciana, inaugurado, segundo a estudiosa, por meio dessa obra e de *Onde estivestes de noite*. Em "Sexo e mais sexo", texto em que *A via crucis do corpo* é privilegiado, Gotlib (1995) afirma que:

> a linguagem, que desliza em fluxo contínuo em cada um dos fragmentos justapostos na construção de *Água Viva*, contrasta com o seu inverso: textos com enredo excessivamente forte, em linguagem concretíssima, numa volta ao figurativo, marcas dos dois volumes de contos publicados em 1974: *A via crucis do corpo* e *Onde estivestes de noite*.
>
> Esse novo rumo da sua prosa surge em momentos difíceis. Logo no início de 1974, Clarice é, segundo sua interpretação, "expulsa" do *JB*, sem explicações.
>
> ... É em meio a essas dificuldades e à urgência de publicar para ganhar dinheiro, que surge uma nova safra de contos curtos, alguns por encomenda, escritos numa linguagem mais enxuta e direta, que realça a face grotesca das personagens, envolvidas em situações tanto ligadas ao sexo quanto à magia. E em que predomina um tema a que Clarice Lispector se mostra mais sensível, e por isso talvez seja ele recorrente, nessa época em que ultrapassara os seus cinqüenta anos de vida: o da velhice.
>
> A autora, não só escreve por encomenda um volume todo, como também mistura textos anteriormente publicados em livros ou em jornal a outros contos, formando um novo conjunto em volume.
>
> Por encomenda, escreveu *A via crucis do corpo*. E incluiu uma "explicação", logo no início do volume, que vem com as marcas da autoria – C. L. –, e em cujo texto, de certa forma, tenta se justificar diante de duas realidades que lhe são difíceis: a necessidade de ganhar dinheiro e a aceitação da proposta de escrever sobre sexo. (p.415-6)

A estudiosa, ao elucidar o contexto de produção de *A via crucis do corpo*, destaca um procedimento utilizado por Clarice ao construir a obra: a "mistura [de] textos anteriormente publicados em livro ou em jornal a outros contos, formando um novo conjunto em volume". Essa heterogeneidade constitui-se num dos principais recursos empregados por Lispector não somente em *A via crucis do corpo*, mas também em outros textos, instaurando um espaço híbrido de produção, de elaboração poética. Esse procedimento de construção da obra permite que o texto clariciano instaure (-se em) um espaço discursivo híbrido e paródico, em que se constrói a "mistura" de gêneros e de registros discursivos.

Gotlib (1995) também ressalta a temática (que corresponderia predominantemente a "situações ligadas ao sexo e à magia"; ou, ainda, à velhice) e a tessitura da obra, já que esses textos foram escritos "numa linguagem mais enxuta e direta, que realça a face grotesca das personagens". Nesses comentários, toca num ponto muitas vezes controverso na fortuna crítica clariciana: a linguagem de *A via crucis do corpo*. Como observamos nas palavras de Moraes (1974), *A via crucis do corpo* é considerado um "lixo literário", por não corresponder ao que se esperaria de um texto de Lispector ou, ainda, de um "texto erótico" escrito por uma grande autora. Observar o modo como se apresenta o texto de Lispector é fundamental para a compreensão do projeto literário engendrado em *A via crucis do corpo* e, assim, para a (re)avaliação da visão tradicional acerca da prosa clariciana.

Mesmo salientando o contexto de produção da obra, Gotlib (1995) não caracteriza *A via crucis do corpo* de acordo com a perspectiva determinista, pois focaliza o modo como se apresenta o texto de Lispector, ressaltando tanto a heterogeneidade quanto a roupagem realista que caracteriza o livro. A visão dessa obra como representativa de uma linguagem "figurativa" é, algumas vezes, presente na fortuna crítica clariciana sob diferentes perspectivas, sendo até mesmo relacionada a uma linguagem realista-naturalista. É a essa tendência "realista revisitada" que Lúcia Helena alude em *Nem musa, nem medusa*, discorrendo, em relação à elaboração de *A via crucis do corpo*, que Clarice, ao aceitar escrever "um livro de contos eróticos", narra, "com eles, a via crucis por onde faz transitar o corpo desejante de sua linguagem. Com os lucros obtidos, pouco fartos, provavelmente compra alimento para o corpo concreto de seu corpo" (Helena, 1997, p.19).

Gotlib (1995) e Helena (1997), mesmo aludindo a elementos da vida pessoal da escritora, transcendem a relação direta vida/obra, que, num primeiro momento, pode ser estabelecida entre a elaboração de *A via crucis do corpo* e o contexto de vida de Clarice. Assim, para a compreensão do projeto literário que corporifica o livro, é necessário lançarmo-nos à investigação do modo como o texto clariciano se *traveste* de uma linguagem realista, e de como, a partir deste travestimento, são intensificadas e perturbadas, entre outras, as relações entre "realidade" e "ficção", entre escrever "por encomenda" e escrever "por vocação". Conseqüentemente, a relação vida/obra não seria o fator determinante para a interpretação do livro, mas sim um dos elementos de construção que tecem o texto clariciano.

A elaboração e a divulgação de *A via crucis do corpo* foram, de fato, influenciadas pela posição de Clarice, uma autora então canonizada, diante das exigências do editor, do mercado e do público-leitor. Todavia, o modo como esses elementos constituem-se em (matéria de) ficção caracteriza o livro como uma escritura ambivalente. Em *A via crucis do corpo*, os elementos da vida pessoal da autora, a sua posição no sistema literário, o pedido do editor são enredados de modo que atuem na produção de sentidos. E um dos procedimentos que engendram a tessitura do livro de Lispector é dado pela simulação de uma linguagem realista, ou seja, pelo travestimento. Lúcia Helena (1997), ao relacionar *A via crucis do corpo* e *A hora da estrela*, *Laços de família* e *Água viva*, adverte que Clarice *simula* um compromisso com o Naturalismo e que a temática realça um traçado realista revisitado, que impulsiona o encadeamento narrativo do livro. Destaca, assim, que a propulsão narrativa de *A via crucis do corpo* move-se por meio de uma tendência "realista revisitada", de modo que:

o detalhe "realista" sempre aparece, mesclado às repetições obsessivas e à criação de paradoxos, o que dá ao todo a configuração de algo poroso, não orgânico, quase volátil. Essa volatilidade é habilmente despistada nas obras de extração mais realista, como *Laços de família* e *A via crucis do corpo*... (Helena, 1997, p.91)

Helena (1997) ressalta um procedimento que, segundo nossa perspectiva, é fundamental para a compreensão do projeto literário de Clarice Lispector, engenhado, sobretudo, nas obras após *A paixão segundo G. H.*, em especial naquelas publicadas nos anos 1970: a problematização da linguagem por meio da simulação de um estilo que, paradoxalmente, oscila entre o "volátil", a "fluidez" e o "realista". Como afirmou Helena, em obras como *Laços de família* e *A via crucis do corpo*, "a forma compacta do conto ajuda a manter num nível menos elástico a tendência de espraiamento, dissociação e fluidez que se adensa muito mais nos romances". Assim, nos contos, essa oscilação da/na prosa clariciana seria engendrada pelo processo de travestimento em uma linguagem realista.

O que pretendemos questionar, por meio da análise dos textos de *A via crucis do corpo*, é: em que medida a aproximação a uma linguagem figurativa, o *travestimento* em uma linguagem realista, seria mais uma estratégia de Clarice. Ou seja, um procedimento de mascaramento de/em sua prosa, como reação às influências do mercado editorial, à crescente aclamação pela crítica e pelo público em geral? É por meio da *simulação* de uma nova linguagem que a autora coloca-se numa posição subversiva e transgressora perante essas instâncias. Essa posição, para levarmos em conta as palavras de Lins (1946), denominaremos "perturbadora".

Caso não se observe o procedimento de simulação e o conseqüente questionamento das convenções literárias, a análise do livro seria influenciada pela tradição dos estudos literários em relação à produção de Clarice Lispector. Esta tradição proclamaria como características "essenciais" de sua prosa a metáfora, a fluidez de seu engenho, a porosidade de seus sentidos, entre outras, que muitas vezes se pautam, na visão de sua obra, como, meramente, uma "prosa metafísica". Na influência dessa tradição, o travestimento em uma linguagem figurativa deixa de ser visto como elemento de construção do texto clariciano, e passa a ser enfocado como indício de um "desvio" na escrita da autora e, até mesmo, como "lixo literário". E essa visão acerca da prosa de Lispector foi – e ainda tem sido – amplamente divulgada na fortuna crítica.

Observamos, portanto, que se enraizou, desde o surgimento de Clarice Lispector no cenário de nossa literatura, um gradativo processo de abordagem de sua produção sob o rótulo da "ficção metafísica". É Clarice a autora voltada para as "questões do espírito" ou para a "experiência existencial", conforme também destacou Bosi (1994, p.424), ao afirmar, focalizando *A paixão segundo G. H.*, que na ficção clariciana tem-se "um salto do psicológico para o metafísico".

Muitos dos textos que relacionam o livro a um desvio – como os de Moraes (1974), Sá (1979), Ferreira (1999), e, indiretamente, Bosi (1994) – revelam um parâmetro cristalizado, por meio do qual boa parte dos estudiosos focalizou a linguagem da escritora: Clarice-metafísica, Clarice voltada para as questões do espírito.

Buscando reavaliar essa posição interpretativa, sobretudo em relação a *A via crucis do corpo*, é necessário enfocarmos o livro tendo como referência a trajetória poética de Lispector, ou seja, a sua produção, que foi tecida por meio de certos procedimentos de construção recorrentes, dentre os quais destacamos a encenação, o processo de travestimento.

Benedito Nunes foi um dos primeiros estudiosos a identificar o processo performático da/na escrita clariciana. Em *Leitura de Clarice Lispector* (1973), Nunes já esboça a concepção de linguagem como encenação, que seria retomada e desenvolvida em *O drama da linguagem*, obra publicada em 1989. Nesta obra, apresenta uma leitura singular, destacando, em *A maçã no escuro*, o que nomeou como "drama da linguagem":

> Está o personagem, portanto, submetido do princípio ao fim de seu itinerário, à provação e à provocação da linguagem. Pelo silêncio a que

> recua, foge à força aliciante do dizer, à exorbitância do símbolo sobre a realidade, mas perde a sua individualidade numa vida sensitiva e animalesca; pela readmissão do dizer, as palavras que o pessoalizam, investem-no de uma *persona*, de uma máscara verbal – identidade evasiva que lhe propicia a fuga de si mesmo...
>
> São as palavras que o formam e que o deformam, revelando-o e ocultando-o, fazendo-o ser uma pessoa e desapossando-o de sua identidade.
>
> Esse conflito do personagem, que define o caráter problemático de sua experiência interna, e que tematiza a linguagem no romance, é um conflito dramático, que se estende à própria forma narrativa de *A maçã no escuro*, sobre a qual pende o perigo de simulação e de ocultamento – o risco do discurso que cria a sua matéria e que não pode mostrar sem inventar. A contingência do narrar, transformada numa necessidade cautelosa que perpassa o romance, é a contingência desse conflito dramático, desse *drama da linguagem* que se incorpora à forma narrativa, minando-a internamente. (Nunes, 1995, p.52-3, grifo do autor)

Acreditamos, com base em Nunes (1995), que *A via crucis do corpo* corporifica a trajetória da linguagem em direção à problematização do narrar e, assim, de sua própria representação. Como apresentaremos nos capítulos seguintes, à trajetória das personagens em cada texto relaciona-se a trajetória da linguagem, que, no/a partir do (des)compasso entre *dizer* e *fazer*, indicia a obra como uma construção verbal (dis)simulada: a encenação de um livro de contos eróticos.

O procedimento de (dis)simulação permite que interpretemos *A via crucis do corpo* sob a perspectiva do "drama da linguagem", ou seja, da encenação, que, em sua construção auto-referencial, denuncia a narrativa como representação e reapresentação da realidade. Nessa re(a)presentação, a relação entre escrever "por vocação", "por impulso" e escrever "por dinheiro", "por encomenda" perpassa a construção dos textos, levando à desestabilização das fronteiras entre "realidade" e "ficção". É, pois, a partir dessa relação tensa e performática que devemos abordar a posição de Clarice Lispector em relação à Academia, ao mercado e ao grande público e, assim, *A via crucis do corpo* como um projeto literário singular.

Além da visão tradicional, tão divulgada na fortuna crítica clariciana, deparamo-nos com uma outra possibilidade de interpretação de *A via crucis do corpo*, que apresenta uma analogia com o episódio da cultura judaico-cristã referente à "Paixão de Cristo". Possibilidade que, embora de maneira breve, é aclamada por Vieira (1989), ao salientar que, juntamente com o texto inicial da obra, "Explicação", os treze contos restantes poderiam aludir à *via crucis* de Cristo, composta tradicionalmente de quatorze etapas. Vieira (1989) destaca a possível relação entre os textos desta e a *via sacra*, primeiro, sob o viés de uma analogia entre as etapas de sofrimento por que Cristo passa e as "etapas" pelas quais passam as personagens femininas, em busca dos "aspectos de sua identidade". Identidade que, segundo o estudioso, é almejada pelas mulheres, cuja saga é "dramatizada como uma *via sacra*, ou como um caminho da cruz/do corpo" (Vieira, 1989, p.74).

A relação com a "Paixão de Cristo" parece, então, dar lugar à referência ao feminino, pois o papel sociocultural da mulher – a qual percorre "dramaticamente" o seu "caminho da cruz" na busca por sua identidade – mostra-se o elemento fundamental em sua argumentação. Por conseguinte, esse autor não privilegia essa relação de sentidos, ao eleger "a referência a um corpo feminino", como é salientado:

> Embora seja possível estabelecer, de imediato, algumas analogias entre certas histórias e o simbolismo da respectiva *via sacra*, Clarice Lispector não desejava criar uma estrutura tão rígida. Entretanto, a referência ao corpo, a um corpo de mulher, é o fio temático que subjaz a todas as narrativas e será esse *motif* por meio do qual ela promoverá alguns de seus mais vigorosos relatos sobre os papéis desempenhados pelas mulheres na sociedade. Temas afins como a paixão carnal e a divina, a morte e o Calvário, conferem a esses contos, tão curtos, uma atmosfera de *Via Dolosaesque*, uma peregrinação simbólica em que a própria natureza breve, célere, de cada narrativa impulsiona o leitor à próxima. Como um exercício ininterrupto de meditação, essas histórias, a exemplo das catorze Estações da Cruz, exortam o leitor a prosseguir de um conto ao outro, até que o livro esteja concluído. A ênfase dada ao movimento

prospectivo envolve o conjunto dos textos como um todo, influenciando o fluxo rítmico de cada história em particular. (Vieira, 1989, p.74)

Ao afirmar que "Clarice Lispector não desejou criar uma estrutura rígida" de interpretação baseada no simbolismo das estações sacras da "Paixão de Cristo", Vieira (1989) focaliza, de um lado, qual seria a temática da obra – o corpo de mulher, e, em certo sentido, o papel das mulheres na sociedade – e, de outro, reflexões acerca da natureza "breve", "rápida", de cada texto narrativo, que, segundo ele, "impulsionaria" a leitura do livro "como um todo", "conto após conto". Assim, ao mesmo tempo que parece minimizar a analogia com o episódio bíblico, retoma-a no momento em que entrevê essa mesma estruturação simbólica como um provável elemento direcionador da leitura do livro.

Todavia, acentuando ou não a possibilidade de relação dos textos de *A via crucis do corpo* com a "Paixão de Cristo", o estudioso, analisando a estruturação dos contos, a relação entre eles, e a temática da obra, afirma que "ainda que seja injusto considerar a obra como destituída de poética, este estilo parece manifestar-se menos nessa obra". Isso ocorreria, provavelmente, por este estilo se relacionar a características, como a ação cronologicamente seqüenciada e um certo uso da linguagem realista. Essas afirmações levam-nos, por conseqüência, a questionar: o que seria, então, "poético" em um texto literário? Ou, ainda, o que seria o poético em um texto de Clarice Lispector? Embora Vieira (1989) identifique um uso singular da linguagem realista em *A via crucis do corpo*, relacionando-a a um caráter "inconspícuo", não privilegia esse elemento em sua análise, destacando, por sua vez, o papel da mulher e a figura do corpo.

Com base nas considerações dos autores focalizados, certamente percebemos que não há uma única e exclusiva leitura crítica de *A via crucis do corpo*, embora se manifeste, basicamente, a predominância de três posicionamentos perante a obra. Um, que enfatiza a noção de desvio, de modo que classifique a obra negativamente sob o viés da "baixa literatura", da inferiorização do valor estético-artístico, do "não-literário", do "lixo", conforme salientado sobretudo por

Moraes (1974). Um outro posicionamento que corresponde à caracterização da obra como um "desvio" na produção lispectoriana e que ressalta o intuito da escritora ao se enveredar por essas desconhecidas trilhas, provavelmente motivada pelo contexto pessoal. Essa visão mostra-se, sob diferentes ênfases, nas palavras de Pólvora (1974), de Sá (1979), por exemplo. Mesmo divergindo na atribuição de um valor artístico ou literário, as visões desses críticos se encontram relacionadas uma vez que entrevêem *A via crucis do corpo* como um "desvio" em relação ao que é visto como a "linguagem clariciana", embora alguns o vejam positivamente e outros, negativamente. Vieira (1989) parece enquadrar-se, de certo modo, neste parâmetro. Entretanto, ele identifica um recurso de construção no texto de Lispector, mesmo que não o explore abertamente. Este recurso se refere ao modo como o estilo realista é empregado no texto em questão. Vieira não atribui um caráter negativo ao livro, identificando em *A via crucis do corpo* temas também presentes em outras obras da autora, como é o caso do papel da mulher, da focalização do corpo.

Há, ainda, um terceiro posicionamento que aborda *A via crucis do corpo* sob o prisma de um projeto literário, cujos procedimentos foram articulados, de diferentes maneiras, desde as primeiras produções da autora. É por meio desta perspectiva de leitura que podemos compreender a simulação de uma linguagem realista, como apontaram Gotlib (1995) e Helena (1997), bem como a problematização dos limites aos quais a autora foi submetida, conforme destacou Franco Junior (1999). A encenação, ou, em outras palavras, a (dis)simulação permite que visualizemos o modo como a linguagem e o encadeamento narrativo dos textos de *A via crucis do corpo* engendram, singularmente, características comumente atribuídas à prosa clariciana. É nesse parâmetro que nos enveredaremos no decorrer desta investigação.

Contudo, observando algumas considerações dos estudiosos apresentados, em especial as dos que defendem que *A via crucis do corpo* corresponderia a um negativo distanciamento em relação ao que se esperaria da linguagem clariciana, observamos uma certa "maneira de ler" o livro ou, ainda, uma posição em relação à criação literária. Esta se justificaria por uma suposta existência de características intrínsecas ao texto literário, ou seja, de uma certa tipologia da prosa de Lispector (Clarice, a metafísica). Características que, presentes na estruturação do próprio texto, determinariam que este fosse considerado "bom" ou "mau", isto é, "literário" ou "não-literário" e, conseqüentemente, "canônico" ou "não-canônico". Ao se considerar *A via crucis do corpo* uma obra "menos poética" e representativa da "mudança da prosa" de Lispector, ou, meramente, "sobre sexo", reitera-se uma visão da literatura atrelada exclusivamente a características que seriam intrínsecas ao texto. Segundo tal visão, o livro se destinaria ao paradigma das obras "menores", "não-canonizáveis", por supostamente não se enquadrar ao parâmetro estabelecido pelos sistemas de divulgação e de recepção de sua obra. De acordo com os autores que defendem esse posicionamento, *A via crucis do corpo* não possui essas mesmas qualidades dotadas (e capazes de dotar o texto) de literariedade, sendo uma obra com valor estético-artístico inferior, se comparada a outras produções da autora, como *Laços de família*, *A paixão segundo G. H.*, *A hora da estrela*, por exemplo. Conforme Reis (1992, p.71), "os defensores do cânon possivelmente argumentariam que as obras literárias possuem qualidades *intrínsecas*, estão dotadas de um valor estético – a sua literariedade". *A via crucis do corpo* seria, então, uma obra "inferior", representativa da "baixa" literatura, do "lixo", por ser mera tentativa de enveredamento pelas trilhas dos livros de "contos eróticos" e da temática apelativa?

Entretanto, ao relacionar *A via crucis do corpo* a um desvio em meio à produção de Lispector, os estudiosos utilizam, contraditoriamente, características supostamente "internas" ao texto, como a noção de literariedade, a atribuição de valor estético-artístico às obras. E elementos "externos" ao texto, como os dados biográficos da escritora, principalmente aqueles que envolveriam a produção e a publicação do livro.

Por conseqüência, essa mesma visão propala a existência de um cânon – ou seja, de um paradigma, de um parâmetro preestabelecido, tido como a "boa" literatura – e de um "desvio" desse, considerado, de maneira oposta, como a "má" literatura, ou como "o lixo". Sobretudo, implica a existência de um parâmetro atribuído à linguagem clariciana, que se engendraria por meio de características "essenciais", como o fluxo narrativo, a metáfora, o encadeamento epifânico do enredo, a quebra do tempo linear etc.

É válido questionar, então, se haveria uma canonização perpetuada, implícita e/ou explicitamente, por uma posição interpretativa acerca de *A via crucis do corpo*, e da produção da autora. Tal posição seria denunciada, entre outros fatores, por "qualificativos" utilizados em relação ao respectivo livro, pela defesa de suposta mudança em relação à prosa clariciana e, também, pela existência de um pequeno número de estudos e de citações existentes em relação à obra. Reis (1992), ao discutir o processo de canonização, adverte-nos de que:

> Necessário ainda averiguar de que forma o cânon é reproduzido e como circula na sociedade, investigando, para enumerar alguns meios de divulgação, jornais e suplementos literários, antologias e currículos escolares e universitários, resenha e crítica literária, comendas e prêmios, chás de Academia e noites de autógrafos, nomes de logradouros públicos e adaptações para outros mídia, como o cinema ou a televisão. É mediante tais veículos que se propaga e se perpetua o cânon. A indagação da literatura não deve, em suma, se resumir a pensar o que lemos, interpretando o livro ou o poema que temos diante de nós: é imperioso considerar quem lê e quem escreveu e em que circunstâncias históricas e sociais se deu o ato de leitura, sem deixar de ter em conta que tipos de textos são escritos e lidos e, neste último caso, por que leitores.
>
> Sob este prisma, o texto literário deixa de ser um objeto estático (e estético) e passa a se entrançar com o autor, o leitor, com o horizonte histórico que lhe é subjacente ou que lhe deixou pegadas, com outros textos, com o passado e o presente e o futuro, estabelecendo uma emaranhada rede de afiliações intertextuais. (p.74)

Percebemos que índices desse processo de canonização estão presentes em muitas leituras ao se abordar, sob o prisma de um contexto biográfico, a "feitura" de *A via crucis do corpo*: uma obra aparentemente feita por encomenda, na qual estariam presentes contos publicados em épocas diferentes, por canais de veiculação também distintos e que, aparentemente, revelariam aspectos "verídicos" da vida pessoal de Clarice Lispector. O caráter "menos poético" é relacionado ao contexto biográfico, permitindo a utilização de qualificativos como "por encomenda", "escrita às pressas", "por dinheiro".

Além da relação direta que parte da fortuna crítica tende a estabelecer entre a elaboração de *A via crucis do corpo* e o contexto de vida de Lispector, muitas vezes encarcerando a obra sob essa perspectiva determinista, destaca-se a posição da crítica em discorrer negativamente acerca da capacidade de Clarice em elaborar um "livro de contos eróticos", isto é, uma obra que aborde o tema "sexo" e seja escrita "por encomenda". Como observamos nas palavras de Moraes (1974), há leitores que criticaram a atitude de Clarice em aceitar o pedido de Pacheco e, sobretudo, a qualidade, o valor da obra em comparação às produções da autora e ao sistema literário vigente. Por outro lado, há leitores, como Pólvora (1974), que focalizaram o suposto desvio da prosa clariciana e, de certo modo, louvaram "a sua nova maneira de aceitar desafios", caracterizando *A via crucis do corpo* como um "atestado libatório", que "justifica[ria] buscas".

A via crucis do corpo, nessa perspectiva, compõe-se como uma obra cujos traços principais se moldam por meio de dois parâmetros, intimamente relacionados: um "textual" ou ficcional, que consideraria a "qualidade" do trabalho realizado por Lispector (um "livro de contos eróticos") e seria indicador de mudança na prosa da escritora, permitindo a convencionalização de qualificativos como "desvio" e, negativamente, como "literatura menor", "texto não-literário" ou "o lixo clariciano". O outro parâmetro, biográfico, seria associado à vida pessoal da autora, isto é, à sua dificuldade financeira, à urgência de publicação, reiterando, de certa maneira, o seu caráter de obra "menor", "encomendada", escrita a partir das exigências do mercado editorial.

Perante tal quadro, é nosso intuito questionar, inicialmente, a negativa leitura de *A via crucis do corpo,* que se justifica por supostas características inerentes, evidenciando outra possibilidade interpretativa. Ao reavaliarmos, inicialmente, o contexto lingüístico ou ficcional da obra, discutiremos cada conto sob o prisma de um "projeto construtivo", em que as convenções do sistema literário tradicional seriam revisitadas por meio de certos procedimentos. Desse modo, a noção de literariedade – vinculada à existência de elementos imanentes ao texto – seria, também, abordada ao direcionarmos nosso olhar para a literatura sob o prisma da prática discursiva. A literatura passa, então, a ser focalizada não como detentora de uma inerente especificidade, mas inserida na ordem do discurso e dependente da função que lhe for atribuída (Reis, 1992, p.72).

Uma obra, segundo essa perspectiva, não detém intrinsecamente propriedades "explicitáveis" e imutavelmente trazidas à tona por meio das leituras de leitores diversos, em épocas distintas. A leitura, por ser também interpretação, mostra-se influenciada por um olhar que procura "enxergar", isto é, "construir" as possíveis e plausíveis relações de um texto. O nosso olhar, diferentemente de certos posicionamentos de pesquisadores abordados, mostra-se direcionado pelo intuito de uma (re)construção dessa "trama" ao elegermos, dentre outros elementos, o encadeamento significativo engenhado nos textos da obra. Este é dado, sobretudo, pelo processo de travestimento ou de mascaramento da linguagem clariciana.

Ao trilharmos os possíveis percursos dessas indagações, as diferentes leituras dessa obra serão revisitadas, à medida que focalizarmos *A via crucis do corpo* como ("produto" de) uma "trama", (de) um projeto construtivo. Neste, a linguagem narrativa mostrar-se-ia "reinventada" por meio de um olhar que se projetaria pelos mecanismos narrativos de enunciação e se colocaria de maneira perturbadora perante as convenções da tradição literária e as necessidades de um mercado editorial em expansão. Procurando identificar o traçado dessa trama narrativa, as palavras de Motta (1998, p.10) alicerçam nossa construção interpretativa, ao caracterizarem o "Modernismo do século XX como um período de reinvenção da linguagem da narrativa a partir das convenções da tradição". Assim, essa "linguagem reinventada", mascarada, reescreveria um percurso de retorno, de maneira subversiva e transgressora, ao que é tido como convenção, tradição, nos moldes de um sistema de divulgação e de recepção literário então vigente.

Essa "(re)escritura" pautar-se-ia, então, pelas próprias relações enunciativas simbólicas e temáticas estabelecidas no (pelo) engenho do enredo dos textos que constituem o livro. "Desentranharia" os procedimentos de travestimento e de mascaramento da escritura de Lispector que, nas palavras de Sá (1979, p.169), tem a "metáfora estranhada" como "a mais evidente característica" de sua entoação. Um procedimento metafórico que, ao instaurar a desautomatização, corporificaria o corrente viés transgressor e irônico atribuído à linguagem clariciana. Tal viés se moldaria pela própria dinamicidade desta, como nos adverte, ainda, essa estudiosa

> Os textos de Clarice, trabalhados por uma ânsia de exprimir a gama extremamente diferenciada das sensações e da vida, submetem as palavras a uma constante compressão de sentido, não por força de agentes exteriores, mas pela própria dinamicidade interna de sua escritura (Sá, 1979, p.169).

Dessa maneira, procurando traçar o percurso de travestimento ou de mascaramento em *A via crucis do corpo*, analisaremos, inicialmente, o texto "Explicação".

3

A atuação da escritora e da escritura: uma "Explicação"

> [Clarice] não sei se você sabe que você tem um nome. (Sabino & Lispector, 2001, p.108)

> Quero apenas avisar que não escrevo por dinheiro e sim por impulso. (Lispector, 1974, p.10)

> Eu, que entendo o corpo. E suas cruéis exigências. Sempre conheci o corpo. O seu vórtice estonteante. O corpo grave. (Lispector, 1974, epígrafes)

Para a caracterização de *A via crucis do corpo*, de acordo com o sistema tradicional de recepção da produção clariciana, o texto de abertura, "Explicação", parece desempenhar uma função exemplar: a de ratificar o caráter de "desvio", de "obra menor". Nele, aparentemente, são apresentadas as razões para a elaboração e a publicação de *A via crucis do corpo*. "Explicação", comumente caracterizado como prefácio, uma nota introdutória, constitui-se, nessa perspectiva, a justificativa, a própria "explicação" para o fato de Clarice Lispector ter escrito um livro de contos eróticos por encomenda, a pedido de seu editor Álvaro Pacheco. E o papel desempenhado por

Pacheco, desde a edição inaugural da obra, contribuiu, de certa maneira, para a divulgação dessa caracterização, como exemplifica o comentário do próprio editor: "A criadora de 'Água viva', 'A imitação da rosa' e 'Onde estivestes de noite', numa espantosa atividade criadora, num período sem precedentes de fertilidade literária, aparece neste 'A via crucis do corpo' em uma nova dimensão" (Pacheco, 1974). Ao ressaltar que *A via crucis do corpo* é uma "nova ficção" e um "livro que não se pode deixar de ler", o editor parece se utilizar de uma estratégia para a divulgação do livro, focalizando-o como um produto comercial altamente vendável. Nesse sentido, Pacheco tem como função divulgar *A via crucis do corpo* no mercado literário, sendo, portanto, aquele que alude à palavra "vendida" e "encomendada". Lajolo & Zilberman (2001, p.96) salientam que, assim como a relação do escritor com o mercado pode "sofrer solavancos de toda ordem", também o sofre o "papel do editor, mediador essencial, em tempos modernos, do triângulo autor/obra/público que define um sistema literário".

O editor tem, portanto, papel essencial na divulgação da obra e da imagem do autor junto ao público. E, segundo Lajolo & Zilberman (2001, p.96), "talvez a sua invisibilidade se deva ao esforço em mascarar o caráter prioritariamente econômico de sua atividade". Mesmo o editor tendo papel considerável, relacionado ao aspecto econômico, são poucos os estudos que o consideram um dos elementos que promovem a dinâmica do processo de divulgação da obra literária e, nesse caso, em especial a da produção de Lispector. É de fundamental importância, cremos, a análise da dissonância entre as vozes da escritora e do editor, na medida em que *A via crucis do corpo* foi construído com base nessa dissonância, por meio da relação entre a palavra vendida e encomendada ("banal") e a palavra "sublime", conforme o comentário de Franco Junior (2000, p.15). Com base em correspondência enviada a Fernando Sabino, disponibilizada em *Cartas perto do coração* (2001), podemos afirmar que a autora parecia ter consciência dessa dinâmica e da posição ocupada por cada elemento. No diálogo com o escritor, ao longo da década de 1950, Clarice, muitas vezes, refere-se à relação com os editores, ao tempo de espera para a publicação do livro, aos parâmetros pelos quais era lida, enfim, à dinâmica do mercado:

> Washington, 14 de dezembro 1956, sexta-feira
>
> Fernando, recebi a carta de Rubem Braga e estou mandando para você cópia de um pedaço de minha resposta: "Não me surpreendeu a notícia do Ênio da Civilização 'não decidir' sobre a publicação do livro, eu já tinha adivinhado pela demora em responder que ele não queria. Quanto a José Olympio, em primeiro lugar ele está prometendo publicar, mas no escuro: ele não leu e é muito provável que depois de ler diga que não tem quando publicar pois as oficinas, etc., etc. Ora, me amola um pouco ficar implorando, pondo os outros em situação de ter que dar desculpas ou lutando por uma causa que não me é particularmente simpática, isto é, por um livro que não adoro, e oferecendo de editora em editora e esperando o veredicto, e depois encabulada por ver os outros terem prejuízo. Já passei por isso. (p.180)

> Rio, janeiro de 1957.
>
> Clarice, ... E por falar em seu livro: o Ênio Silveira me procurou para me dizer que está completamente "esmagado sob o impacto da leitura de Clarice Lispector", que ainda não terminou (me disse há poucos minutos pelo telefone). O entusiasmo dele pelo livro (já leu dois terços e prossegue, "absolutamente deslumbrado") é bem maior do que eu lhe poderia sugerir aqui. Disse que vai lhe escrever uma carta de puro leitor, de fã incondicional, etc... Anda se referindo a você assim: "Vai escrever bem na...", o que evidentemente é um pouco deselegante, mas a mais pura expressão da verdade.
>
> ... O Ênio acredita e afirma com segurança paulista que nenhum livro no Brasil e poucos no estrangeiro estão à altura do seu, é uma coisa absolutamente nova, é um impacto tremendo, etc. Coitado, era absolutamente inocente em assuntos claricianos. Também não está tão cético quanto à possibilidade de venda – acredita que venderá direitinho. (p.189-90)

> Rio, 16 de fevereiro de 1959.
>
> Clarice, ... O romance com o Ênio, você soube a onda que criou a ameaça de devolução: foi uma gota d'água que fez transbordar o ressen-

> timento dos escritores de modo geral contra o tratamento dispensado pelos editores. Estão em crise e a coisa foi para os jornais, movimentos de parte a parte em defesa dos dois grupos – acabaram, como sempre, metendo o governo no meio só para atrapalhar. Nessa briga preferi não me meter. (p.198)
>
> Washington, 11 março 1959, quarta-feira
> Fernando, ... Espero que as coisas se arranjem do modo como quero. Você diz que eu provavelmente sei da "onda que criou a ameaça de devolução (do romance, pelo Ênio)": não sei, sinceramente, do que você está falando. (p.201)

A transcrição das cartas de Sabino e de Lispector permite que visualizemos, da perspectiva de um escritor, os modos como são concebidas e, de fato, colocadas em prática as relações entre autor, obra, editor e público leitor na dinâmica do mercado literário. O livro *A veia no pulso*, a que Clarice se refere desde a primeira correspondência transcrita, datada de 1956, foi publicado, com o título de *A maçã no escuro*, somente em 1961. Nessa data, "já se completavam cinco anos que o livro estava pronto nos Estados Unidos" (Gotlib, 1995, p.335). Nessa época, a recepção da obra de Clarice, bem como a de outros escritores, ainda se pautava, na maioria dos casos, pela perspectiva tradicional atrelada à noção de romance oitocentista, como já foi comentado. Clarice encontrava-se, então, num gradativo processo de afirmação e de aclamação como grande autora, no cenário de nossa literatura. A resistência do editor Ênio Silveira deve-se, em certa medida, à abordagem da obra literária como um produto a ser vendido no mercado, submetido às exigências e às necessidades de produção e de circulação no sistema capitalista. E, ainda, à atitude avaliativa acerca de Clarice como autora ainda não reconhecida de acordo com os moldes vigentes.

Com base na leitura dos trechos das cartas de Sabino e de Lispector, observamos distintos enfoques acerca de um livro: como resultado de um trabalho estético e artístico de constante criação e reelaboração textual, de articulação e experimentação das possibilidades de sentido da palavra, efetuado por parte dos autores. Por outro lado, o livro é tido como um produto a ser comercializado num mercado consumidor, sob os cuidados de um editor. Conseqüentemente, vende-se o livro, um produto, e, assim, o nome do autor. E, ante essa conseqüência, os dois escritores tornam-se cúmplices do lento processo de divulgação de uma obra, porém, de maneiras próprias: Sabino, ironicamente ("Coitado, era absolutamente inocente em assuntos claricianos"); Clarice, além de irônica, *dissimuladamente* ("não sei, sinceramente, do que você está falando").

Ao caracterizar *A via crucis do corpo*, o editor Álvaro Pacheco, por sua vez, procura utilizar sua posição no mercado, na indústria cultural, a fim de promover a venda de um produto de "alta qualidade", elaborado pela "mais consagrada escritora brasileira moderna", conforme observamos na primeira edição do livro:

> CLARICE LISPECTOR
>
> A mulher que amava um anjo e ficou grávida de um filho que ela acreditava ser o novo Jesus. As duas mulheres que viviam e faziam amor com o mesmo homem, que as enlouquece de paixão. A alma estéril que não conhecia e abominava os prazeres da carne e de repente se vê envolvida no amor de um extraterreno que lhe transtorna a vida. Os estranhos e surpreendentes desdobramentos da língua do "P".
>
> Eis aqui uma Clarice Lispector que os leitores não conheciam, com o mesmo estilo e a mesma técnica incomparáveis, mas inteiramente nova e diferente, dominando uma linguagem de lógica e poesia da maior pureza. A criadora de "Água viva", "A Imitação da Rosa" e "Onde Estivestes de Noite", numa espantosa atividade criadora, num período sem precedentes de fertilidade literária, aparece neste A VIA CRUCIS DO CORPO em uma nova dimensão, provando que ela não é apenas a artista que cria o mistério literário, mas também o revela cristalino e áureo. Talvez em seu livro mais explícito e mais direto, aparece aqui Clarice Lispector em seu contato mais direto com o leitor, envolvendo-o em sua própria linguagem, revelando-lhe os segredos da vida e, sobretudo, comovendo-o.
>
> A VIA CRUCIS DO CORPO é uma nova ficção. Na obra de Clarice Lispector, a mais consagrada escritora brasileira moderna, e em nossa literatura contemporânea. Um livro que não se pode deixar de ler.

Álvaro Pacheco – EDITOR (Pacheco, 1974, primeira e segunda orelhas)

Todavia, ao longo de sua apresentação do livro, o editor instaura uma contradição ao afirmar – para, posteriormente, desafirmar, negar – a concepção de que a obra seria representativa de uma nova dimensão na prosa da escritora: "Eis aqui uma Clarice Lispector que os leitores não conheciam, com o mesmo estilo e a mesma técnica incomparáveis, mas inteiramente nova e diferente, dominando uma linguagem de lógica e poesia da maior pureza". Senão curiosa, a posição do editor torna-se emblemática no que se refere às instâncias de divulgação e, em certa medida, de recepção das produções de Clarice, pois salienta uma mudança na prosa da autora. Pacheco ressalta, ainda, a presença de um "mesmo estilo" e de uma "mesma técnica", que seriam "inconfundíveis", e a recorrência do "mistério literário cristalino e áureo". Provavelmente, tinha em mente contatar o público leitor em época de, conforme afirma Neli Santos (1999, p.163), "crescente apelo para certa *santificação* de Clarice Lispector".

Esse comentário contraditório efetiva, então, uma *simulação* e, ainda, uma *dissimulação* em relação à linguagem da escritora, aos textos do livro. Ao mesmo tempo que pressupõe um aspecto "imutável" e "característico do estilo de Clarice Lispector" na linguagem deles, ressalta uma mudança, um novo estilo que tangenciaria a "lógica" e a "poesia da maior pureza". Assim, o texto de Pacheco institui, sobretudo quando contrastado com "Explicação", um jogo de "(dis)simulação", de mascaramento, diante de um estilo e de uma linguagem que são tidos como "claricianos". Nota, ao mesmo tempo, uma subversão desses, por meio de uma "nova ficção", isto é, de um "novo" estilo e de uma "nova" linguagem decorrentes da "fertilidade literária" da escritora. Essa relação contraditória está presente nas palavras de Pacheco, que ecoam, por meio de uma instância de autoridade, nos meios mercadológicos, como foi observado por Olga Borelli (1987, p.9): "Ele (Álvaro Pacheco) pediu para ela escrever um livro erótico. E ela escreveu *A via crucis do corpo*. Estava na moda na época". Essa instância de autoridade faz-se, aparentemente, presente em "Explicação", quando é afirmado que:

> O poeta Álvaro Pacheco, meu Editor na Artenova, me encomendou três histórias que, disse ele, realmente aconteceram. Os fatos eu tinha, faltava a imaginação. E era assunto perigoso. Respondi-lhe que não sabia fazer história de encomenda. Mas – enquanto ele me falava ao telefone – eu já sentia nascer em mim a inspiração. A conversa telefônica foi na sexta-feira. Comecei no sábado. No domingo de manhã as três histórias estavam prontas: "Miss Algrave", "O corpo" e "Via crucis". Eu mesma espantada. Todas as histórias deste livro são contundentes. E quem mais sofreu fui eu mesma. Fiquei chocada com a realidade. Se há indecências nas histórias a culpa não é minha. Inútil dizer que não aconteceram comigo, com minha família e com meus amigos. Como é que sei? Sabendo. Quero apenas avisar que não escrevo por dinheiro e sim por impulso. Vão me jogar pedras. Pouco importa. Não sou de brincadeiras, sou mulher séria. Além do mais tratava-se de um desafio. (Lispector, 1974, p.9-10)

Contudo, ao elaborar os textos da obra, Clarice coloca-se diante das exigências do mercado, ao apelo do editor, enfim, à condição de escritora nessa sociedade. Em *A via crucis do corpo*, esse posicionamento de Lispector contribui, de certa maneira, para que se instaure uma relação conflituosa entre o texto apelativo de Pacheco e o seu, em especial por meio de "Explicação". Assim, em uma leitura inicial, o comentário do editor Álvaro Pacheco, veiculado como apresentação de *A via crucis do corpo* ao público-leitor, parece encontrar ressonância em "Explicação", no momento em que C. L. apresenta as razões pelas quais teria escrito a obra. Conseqüentemente, a assinatura "C. L." é lida como abreviação do nome "Clarice Lispector", aludindo, desse modo, a uma relação direta entre o pedido do editor, a produção do livro e a justificativa da autora em escrever um "livro de contos eróticos". A assinatura "C. L." é, num primeiro momento, índice da posição de Clarice Lispector em relação às instâncias de divulgação e de recepção de sua obra. Isso também podemos observar em outro diálogo entre a autora e Fernando Sabino, também publicado em *Cartas perto do coração*:

> Washington, 28 julho 1953, terça-feira
> Fernando, ... Acho que vou obrigar de algum modo você a me responder porque vou lhe perguntar se você acha possível eu escrever para a Manchete – uma espécie de "bilhete dos E. E. U. U.", com notícias e comentários variados (livros, acontecimentos, fatos, etc.), provavelmente em estilo curto, rápido, na quantidade que a Manchete quisesse ou precisasse – e até no estilo que quisessem – como você vê, não estou sendo nada difícil. É possível uma coisa dessas? Eu assinaria com um pseudônimo qualquer, onde me sinto mais a vontade – até Teresa Quadros poderia ressuscitar, dessa vez sem se especializar em assuntos femininos, já que ela é tão espertinha e versátil. Acontece que o dinheiro que eu tinha de A Noite, e reservado para fins mais nobres, já gastei. Gostaria assim de me pôr de novo em movimento, e esse movimento seria escrever para a Manchete, se fosse possível, se isso interessasse a eles de algum modo. (Sabino & Lispector, 2001, p.99-100)

> Rio, 8 de agosto de 1953
> Clarice, ... Não fique ofendida, mas falei imediatamente com o Hélio Fernandes, diretor da Manchete, que ainda por cima agradeceu muito pela idéia. Escreva duas páginas e meia a três páginas tamanho ofício sobre qualquer coisa, semanalmente. Tem que ser assinado, mas não tem importância, nós todos perdemos a vergonha e estamos assinando ... Não se incomode muito com a qualidade *literária* por ser assinado – um título qualquer como Bilhete Americano, Carta da América ou coisa parecida se encarregará de dar caráter de seção e portanto sem responsabilidade literária. (p.101-2, grifo do autor)

> Washington, 30 agosto 1953
> Fernando, fiquei tão contente em receber carta sua, Fernando. Mesmo que não tenha sido a que eu gostaria de receber – com notícias que seria tão bom ver.
>
> ... Fico muito sem jeito de assinar, não pelo nome ligado à literatura, mas pelo nome ligado a mim mesma: terei pelo menos num longo começo, a impressão de estar presente em pessoa, lendo minhas noticiazi-

nhas e provavelmente gaga de encabulamento. É mesmo impossível ressuscitar Tereza Quadros? Ela é muito melhor do que eu, sinceramente: a revista ganharia muito mais com ela – ela é disposta, feminina, ativa, não tem pressão baixa, até mesmo às vezes feminista, uma boa jornalista enfim. Se for mesmo impossível, tentarei assinar um "à vontade" quase insultuoso. (p.103)

Rio, 10 de setembro de 53

Clarice, ... Antes de mais nada, Manchete: estou meio sem jeito de dizer a eles que você não quer assinar, por duas razões: primeiro, porque, a despeito da elevada estima e consideração que eles têm pela formosa Tereza Quadros, sei que fazem questão de seu nome – e foi nessa base que se conversou; não sei se você sabe que você tem um nome. E segundo, porque acho que você deve assinar o que escrever; como exercício de humildade é muito bom. E depois, você leva a vantagem de estar enviando correspondência do estrangeiro, o que sempre exime muito a pessoa de responsabilidade propriamente literária. No fundo isso pode ser sofisma de quem se vê obrigado a assinar o que não quer e está querendo ver os outros no fogo também. (p.108)

Washington, 5 outubro 1953, segunda-feira

Fernando, ... aí vai a primeira semana de Manchete. Só vocês podem saber se é isso mesmo o que querem daqui. Mesmo antes de saber se está certo, continuarei mandando (até receber resposta) para não haver "solução de continuidade" (por que solução? E por que dizer o que quer dizer?) Mandarei todas as terças-feiras – está bem? Na próxima terça já mandarei para Hélio Fernandes, para não lhe dar mais trabalho – mas me diga depressa se o "bilhete americano" está bem assim. Mesmo mandando diretamente para a Manchete, vou ter motivos "técnicos", sempre, para receber respostas suas. Vou até perguntar que horas são no Rio, e você avisa depressa. Fernando, veja se pode arranjar um modo de ficar assinado "C. L.", sim? Por que não? E me escreva. Estou esperando carta sua. E não é a horrível C. L. que está esperando, é

Clarice.

Desculpe, sai à máquina, mas repito:

Clarice. (p.112-3)

Washington, 21 outubro 1953, terça-feira
Fernando, ... Acontece que estou desde o dia 6 de outubro (quando enviei diretamente a você o primeiro "bilhete americano") mandando outros "bilhetes" cacetíssimos para Manchete. E me ocorreu que estou no ar, sem saber se é para continuar a mandar ou não ... Francamente, se Hélio Fernandes quiser, paro imediatamente. Hélio Fernandes não precisa hesitar em dizer que não quer – acho mesmo muito difícil mandar notícias, sem saber o que serve ou não; o mais possível é que não sirva. E acontece que só gostaria de assinar C. L. (p.114)

Rio, 27 de outubro de 1953
Clarice, Não pense que te esqueci. Só ontem consegui falar com o Hélio Fernandes, que agora é importante diretor de revista. Disse-me ele que recebeu sua colaboração, gostou muito, e que ainda não tinha publicado porque está às voltas com problemas de espaço. Disse também que ia lhe escrever diretamente para acertar tudo. (p.115)

Como foi comentado por Clarice e por Sabino, em meados da década de 1950, ou seja, na primeira fase de recepção da produção clariciana, o nome "Clarice Lispector" possuía uma crescente representatividade no sistema literário. Esta abrangia tanto o "nome" como grande autora – que para os editores parece aludir à possibilidade de venda e de lucro – quanto a "adequação" de sua linguagem aos limites impostos, como, por exemplo, gênero do texto, tamanho do texto, espaço gráfico na revista. A relutância de Clarice em assinar o seu nome, desejando, inclusive, assinar "com um pseudônimo qualquer" (como Tereza Quadros, Cláudio Lemos ou C. L.), mostra-se, de certa maneira, uma atitude de resistência aos parâmetros impostos pelo sistema literário à sua produção. O pseudônimo seria uma tentativa de mascaramento de sua linguagem, ou, até mesmo, de aparente adequação a esses limites: uma página feminina, no caso de Tereza Quadros; um livro de contos eróticos, no caso de Cláudio Lemos e da assinatura C. L. em "Explicação". A utilização desses pseudônimos corresponderia, ainda, a uma tentativa de despistamento em relação à representatividade de seu nome na literatura brasileira, em sua primeira fase de recepção. Nesta, já despertava a atenção do público e da crítica, e, no caso de *A via crucis do corpo*, como uma reação ante sua canonização e sua rotulação como escritora metafísica, por exemplo. Nádia B. Gotlib (1995) comenta a relação entre a utilização por Clarice do pseudônimo Tereza Quadros e a sua (des)adequação aos parâmetros impostos pela página feminina "Entre mulheres", do jornal *Comício*, e pelos editores:

> O jornal, que estréia nesse 15 de maio, era dirigido por Joel Silveira, Rafael Correa de Oliveira e Rubem Braga. E Clarice assina sua matéria jornalística com o pseudônimo Tereza Quadros, inventado na hora pelo Braga, segundo Joel Silveira. Por que o pseudônimo? Talvez por causa do próprio caráter da matéria. Não era mais a escritora que escrevia os textos, mas "alguém" que, imbuído do espírito jornalístico, se encarregava de tarefas diversificadas – selecionar textos, traduzir alguns, escrever outros, recortar modelos de vestidos, simular conversas com vizinhas, com amigas, com profissionais de várias especialidades, no sentido de recolher deles conselhos úteis e, finalmente, montar a página com todo esse material.
>
> É o que a página publicada no dia 8 de agosto de 1952, por exemplo, leva às leitoras, distribuindo a matéria em nove blocos de "variedades": conselhos e dicas para beleza, que se referem a moda, dieta, postura do corpo, economia doméstica. Eis um desses conselhos, aproveitando a experiência da vizinha da tal Tereza Quadros, que ensina como economizar dinheiro: lavar a cabeça em casa e ir ao salão de beleza mais próximo apenas para *mise-en-plis*.
>
> E há outra ordem de conselhos, sob forma de receitas. Uma delas é *receita de comer*, tal como as bolinhas de queijo, também "ditadas" pela sábia vizinha:
>
> *Ela me deu a receita de bolinhas de queijo para cocktail, aqueles salgadinhos ótimos que a gente nunca sabe como são feitos. É assim: quatro claras de ovos batidos em neve firme; duzentos gramas de queijo fresco raspado; uma pitada de pimenta; farinha de rosca; um pouco de gordura. Misture rapidamente o queijo ralado (já temperado com a pimenta) com as claras batidas em neve. Forme bolinhas com o auxílio das mãos. Passe-as em farinha de rosca, deite-as em fervura bem quente, até dourarem. Sirva-as bem quentes, sob um guardanapo estendido no prato. Naturalmente*

> *aumenta-se ou diminui-se a quantidade dos ingredientes, de acordo com o número de convidados.*

> Nessa receita já há ingredientes narrativos típicos de Clarice: um certo mistério, quando diz que os salgadinhos a gente nunca sabe como são feitos. Ao mesmo tempo, um cuidado meticuloso no cálculo das doses e na sua combinação, mostrando como exatamente são eles feitos. Um tom ritualístico, ao anunciar o que irá contar: "é assim". E um ritmo matematicamente preciso, bem medido, fluente, certeiro. (p.278-9, grifo da autora)

Percebemos, portanto, uma estratégia narrativa de Clarice Lispector: simular a adequação a uma linguagem, a um estilo, a um gênero, para, por meio dessa "pseudo-adequação", desestabilizar os limites que lhe foram impostos. No trecho comentado por Gotlib (1995), notamos que Clarice simula outra autora, outra escrita. Porém, utiliza-se dessa simulação para subverter a própria adequação. Esse procedimento de despistamento ou de simulação também se faz presente em "Explicação", quando é citado o pseudônimo Cláudio Lemos como uma das maneiras de se permitir e de se legitimar a publicação de um livro com "assunto perigoso". Isto é, de um livro de contos eróticos escrito por uma grande autora em nossa literatura. Nesse sentido, tanto o pseudônimo quanto a assinatura abreviada constituem um procedimento que culmina num jogo com a linguagem, numa (perturbada) relação entre obra-texto, contexto, autor, editor, leitor e personagens. São relacionadas, portanto, as noções de autoria e de um nome representativo no mercado literário à legitimidade de uma obra, de uma escritura no sistema literário. Como conseqüência, os pólos de produção e de recepção são abalados em sua própria dinamicidade: quem está falando é a "escritora canonizada"? uma personagem? ou, até mesmo, nós, leitores, a partir de nossa interpretação?

Contudo, a relação entre o pedido do escritor e a assinatura "C. L.", muitas vezes, tem sido abordada em estudos críticos, como o de Moraes (1974), destacando o caráter de "justificativa" ou, até mesmo, de um "pedido de permissão", por parte da autora, para veicular esse livro.

Considerando-se a influência do pedido de Pacheco e a própria condição de vida de Clarice, é necessário investigar em que medida a abordagem de "Explicação" apenas como um prefácio, uma nota introdutória, uma justificativa possibilitaria a efetivação de certa posição interpretativa. Esta relacionaria o contexto de vida da autora e a publicação desse livro a um suposto "valor literário" dele. Qual seria, então, o valor, a qualidade de *A via crucis do corpo* em meio às produções ficcionais brasileiras, em especial às obras de Lispector? Qual seria o lugar valorativo e interpretativo destinado ao livro em meio às produções aclamadas pelo público, pela crítica? Seria o reduzido número de estudos acerca da obra um índice de um parâmetro interpretativo arraigado por uma tradição dos estudos literários, o qual defende que essa obra seria um "desvio" na produção clariciana?

Se particularmente a visão de Álvaro Pacheco parece ser índice de uma certa concepção de literatura atrelada a "modismos" e à abordagem do livro como um produto a ser vendido no mercado, a posição de Clarice, num primeiro momento, parece sucumbir ao modismo e à necessidade de escrever por dinheiro, para, posteriormente, desestabilizar, com a densa elaboração de *A via crucis do corpo*, essa mesma concepção. Se Pacheco estabelece uma (dis)simulação em relação à linguagem, ao processo de escrita da obra, à própria posição de Clarice – ao proclamar uma ambivalente constatação entre a revelação de uma mudança na prosa clariciana (dissimulação) e, ao mesmo tempo, a reiteração, nessa mesma linguagem, de um "estilo" e de uma "técnica" comumente atribuídos à autora (simulação) –, Clarice, por outro lado, parece "aceitar" essas instâncias para, justamente, perturbá-las. Essa desestabilização faz-se presente em "Explicação", à medida que a escritora "leva adiante o jogo de escrever como quem não quer, mas faz; que recusa, mas aceita" (Gotlib, 1995, p.417).

O livro *A via crucis do corpo* parece ter sido produzido, a partir do pedido de Pacheco, por meio dessa (dis)simulação, conduzida de distintas maneiras pelo editor e por Clarice e levada ao extremo pela escritora. Ao aceitar a proposta de escrever sobre "assunto perigoso", Clarice, inicialmente, coloca-se diante de parâmetro de produção previamente determinado (escrever, para certa demanda do mercado, um livro de contos eróticos) e, assim, a um público leitor, como é afirmado em "Explicação": "Quero apenas avisar que não escrevo por dinheiro e sim por impulso. Vão me jogar pedras. Pouco importa. Não sou de brincadeiras, sou mulher séria" (Lispector, 1974, p.10).

Essa primeira simulação do sucumbir às dificuldades financeiras, à proposta de Pacheco e aos limites de produção da obra tem sido, por perspectivas diversas, um dos parâmetros de análise para a maioria dos estudos acerca de *A via crucis do corpo*. Nesses estudos, o processo de elaboração do livro é abordado sob o prisma da vida pessoal de Clarice, ressaltando-se as seguintes características: feito por encomenda, no qual se encontram contos publicados em épocas e canais de veiculação distintos e que, provavelmente, evidenciariam o contexto biográfico em que foram produzidos. Conseqüentemente, esse contexto torna-se fundamentalmente um dos parâmetros de avaliação da obra, permitindo, para críticos adeptos da visão tradicional, uma ênfase na utilização desses qualificativos. "Explicação" molda-se, nessa perspectiva, num prefácio, numa justificativa prévia. Entretanto, a escritora desconstrói essa mesma simulação-aceitação, por meio do processo de elaboração da obra (com a reescritura de textos já publicados, com "novos" textos), da disposição dos contos e, sobretudo, de sua linguagem. Logo, esse texto e os demais de *A via crucis do corpo* devem ser enfocados de maneira distinta, sob o prisma de um ambivalente projeto literário de Clarice Lispector, o qual, a partir das próprias convenções de uma tradição de produção e de recepção literárias, desestabiliza o parâmetro a que foi submetido: um livro de contos eróticos, escrito por encomenda devido a um apelo (comercial e financeiro) do editor.

Nesse sentido:

> *A via-crucis do corpo* foi considerado pela grande maioria dos que se detiveram sobre ele um fracasso, um erro, um mau momento da literatura de Clarice. É compreensível que assim seja. Encarcerada por público e crítica sob o rótulo de escritora densa, voltada para as questões do espírito, estigmatizada como escritora metafísico-mística, Clarice já vinha reagindo, via escrita, contra este tipo de rotulação. Além disso, pode-se dizer que poucos foram os que souberam ler na sua obra algo que se rebela contra a própria tradição que anima a recepção no sistema literário brasileiro e, também, ocidental. (Franco Junior, 1999, p.197)

Na obra, o primeiro passo de "reação" para a desestabilização dessas convenções dá-se na própria "Explicação", à medida que C. L. tece as prováveis justificativas para a elaboração de um livro por encomenda, ao mesmo tempo que as "des-tece" e as "re-tece". Ao serem apresentadas as prováveis motivações ("O poeta Álvaro Pacheco me encomendou três histórias que, disse ele, realmente aconteceram" – Lispector, 1974, p.9), a assinatura "C. L." é relacionada à abreviatura do próprio nome "Clarice Lispector", a autora. Contudo, ao articular essas motivações, C. L. passa a questioná-las, instaurando uma reflexão acerca do próprio ato de escrever:

> Hoje é dia 12 de maio, Dia das Mães. Não fazia sentido escrever nesse dia histórias que eu não queria que meus filhos lessem porque eu teria vergonha. Então disse ao editor: só publico sob pseudônimo. Até já tinha escolhido um bastante simpático: Cláudio Lemos. Mas ele não aceitou. Disse que eu devia ter liberdade de escrever o que quisesse. (Lispector, 1974, p.10)

Ao questionar as convenções que regem o ato de escrever, C. L. mostra-se como narrador-personagem de sua própria ficcionalização. Coloca-se, ironicamente, como "vítima" de sua própria condição de escritora, que se vê "obrigada" a escrever "por dinheiro" e "por encomenda":

> Sucumbi. Que podia fazer? senão ser a vítima de mim mesma. Só peço a Deus que ninguém me encomende mais nada. Porque, ao que parece, sou capaz de revoltadamente obedecer, eu a inliberta.

> Uma pessoa leu meus contos e disse que aquilo não era literatura, era lixo. Concordo. Mas há hora para tudo. Há também a hora do lixo. Este livro é um pouco triste porque eu descobri, como criança boba, que este é um mundo-cão.
>
> É um livro de treze (13) histórias. Mas podia ser de quatorze. Eu não quero. Porque estaria desrespeitando a confidência de um homem simples que me contou a sua vida. Ele é charreteiro numa fazenda. E disse-me: para não derramar sangue, separei-me de uma mulher, ela se desencaminhou e desencaminhou minha filha de dezesseis anos. Ele tem um filho de dezoito anos que nem quer ouvir falar no nome da própria mãe. E assim são as coisas. C. L. (Lispector, 1974, p.10-1)

Ao apresentar a "história da produção de uma história", o "contar do contar", C. L. articula um desdobramento metalingüístico e metaficcional da própria seqüência narrativa (voz, tempo, espaço) em direção a outras instâncias – do charreteiro e de sua família, de uma escritora e de uma bilheteira de cinema e, também, dos outros contos do livro. Desse modo, engendra-se em "Explicação" um processo de desestabilização dos paradigmas que direcionam o "fazer literário". Isto é, do que supostamente deva ser um livro de Clarice Lispector, um livro de contos eróticos encomendado a Clarice Lispector, um prefácio, um conto. À medida que se demarcam o tempo, o espaço e a suposta ordem dos acontecimentos (telefonema do editor no dia 12 de maio de 1974, Dia das Mães – pedido do editor – aparente resistência da autora – elaboração dos contos nos dias 12 e 13 de maio e "dias depois numa fazenda, no escuro da grande noite"), desconstrói-se o próprio encadeamento narrativo, no processo de enunciação. Essa desconstrução se dá por meio de um desdobramento polifônico entre as vozes de Clarice Lispector, a autora; Clarice Lispector, a personagem ficcionalizada; Cláudio Lemos; C. L., o charreteiro.

Como na receita de Tereza Quadros, são apresentados ritualisticamente os acontecimentos em uma ordem seqüencial, espacial e temporalmente demarcada. Contudo, ao mesmo tempo que são concatenados esses fatos, são dispostas as informações acerca do processo de escrita e de elaboração da obra, articula-se o desdobramento em relação a outras instâncias narrativas, instituindo um espaço metalingüístico e metaficcional em que esses textos, essas instâncias dialogam entre si:

> **P.S.** – "O homem que apareceu" e "Por enquanto" também foram escritos no mesmo domingo maldito. *Hoje, 13 de maio, segunda-feira, dia da libertação dos escravos – portanto da minha também* – escrevi "Danúbio Azul", "A língua do 'p'" e "Praça Mauá". "Ruído de passos" *foi escrito dias depois numa fazenda, no escuro da grande noite.*
>
> Já tentei olhar bem de perto o rosto de uma pessoa – uma bilheteira de cinema. Para saber do segredo de sua vida. Inútil. A outra pessoa é um enigma. E seus olhos são de estátua: cegos. (Lispector, 1974, p.11, grifo nosso)

Como foi afirmado por Gotlib (1995, p.278-9), em relação aos acontecimentos da seqüência narrativa, ao mesmo tempo que há "um cuidado meticuloso no cálculo das doses e na sua combinação, mostrando como exatamente são eles feitos", há também um "tom ritualístico, ao anunciar o que irá contar" e "um ritmo matematicamente preciso, bem medido, fluente. Certeiro". Um procedimento de (dis)simulação reiterado na narrativa clariciana.

"Explicação" constitui-se, então, um primeiro passo de um percurso – arquitetado no/pelo próprio livro, com suas epígrafes, textos e paratextos – em que as convenções da tradição literária e dos modos de divulgação e de recepção da produção clariciana seriam revisitadas. Assim, também seriam reavaliadas as relações entre a obra, autor, editor, leitor e contexto. Essa desconstrução das convenções pode ser traçada, na medida em que o próprio narrador-personagem (a própria autora?) desse texto instaura(m) uma ambivalência. "C. L." corresponderia à Clarice Lispector (e, desse modo, a uma posição que enfoca esse texto como prefácio)? Ao pseudônimo Cláudio Lemos, desestabilizando, de certa maneira, certas convenções e posturas interpretativas, ao se mascarar perante as convenções do sistema literário? Ou, até mesmo, a Clarice Lispector *e* Cláudio Lemos, engendrando, por meio da linguagem, a ambivalente gama de possibilidades interpretativas? "Explicação", assim, seria um prefácio? Um prefácio ficcionalizado? Um conto? *A via crucis do corpo* seria, de fato, uma "obra menor"?

Considerando-se essas possibilidades de leitura, é fundamental notar quais são os parâmetros que as direcionam e, sobretudo, de que maneira se encontram dispostas – se é que, de fato, o são – na fortuna crítica clariciana, ou seja, na tradição dos estudos literários em nosso país ou, ainda, no modo como os livros de Lispector são enfocados no exterior.

A visão de *A via crucis do corpo* como "obra menor" é fomentada, de certa maneira, por uma pré-concepção do que deva ser um texto literário de Clarice Lispector, sobretudo se considerarmos a visão tradicional que relaciona a prosa clariciana à "linguagem metafísica". Haveria, portanto, elementos de estruturação que seriam imanentes ao texto e caracterizáveis como "tipicamente claricianos", muitas vezes relacionados a uma recepção já cristalizada.

Atrelada a essa concepção tradicional de literatura encontra-se, na maioria dos estudos acerca da obra, a ênfase no contexto biográfico da escritora, sobretudo, no fato de o livro ter sido escrito por encomenda. Analisando a noção de *valor*, implícita em comentários oriundos dessa concepção, notamos que tradicionalmente há uma relação inversamente proporcional entre a escrita e o pagamento, ou entre a palavra "sublime" e a palavra "vendida". Nesse sentido,

> quanto mais elevada a arte, menor a remuneração; ou, em outros termos, escrita superior = pagamento inferior.
>
> Lida dentro do código do capitalismo, a equação parece dizer que a arte não tem preço, correspondendo a uma moeda, como todas, de duas faces. De um lado, acompanhando a representação dos românticos, o poeta mendiga, porque a sociedade não o entende, nem o valoriza ... De outro, contudo, tais representações omitem que a grande obra de arte, quando prestigiada por instituições – universidade, crítica, academia – incumbidas de legitimá-la, carrega um preço dificilmente comparável a outros bens, já que é matéria de regras de mercado específi-

cas, situadas para além da lei da oferta e da procura. (Lajolo & Zilberman, 2001, p.122)

As leituras que abordam *A via crucis do corpo* como um "desvio", uma "obra menor", um "lixo" são representativas de uma perspectiva interpretativa, que relaciona o fato de o livro ter sido escrito por encomenda, às pressas, com o agrupamento de textos já publicados, e reformulados, a outros então produzidos, à qualidade e ao valor inferiores a ele. Reitera-se, de um lado, a noção de literariedade, pelo fato de a linguagem do livro supostamente não se enquadrar ao que tradicionalmente se esperaria, como uma linguagem metafísico-existencialista. E, de outro, uma perspectiva sacralizadora em relação ao fazer literário, "um mistério cristalino e áureo", ou seja, em relação à elaboração de um livro escrito por encomenda, e à Clarice Lispector como grande autora do século XX.

Todavia, acreditamos que o contexto biográfico em que vivia a autora em meados de 1970, o pedido de Álvaro Pacheco e a adequação dos limites de gênero ao mercado editorial são enredados, pela linguagem, por meio da tensão entre o escrever por impulso, por vocação e o escrever por encomenda, por exemplo. *A via crucis do corpo* é um projeto literário construído por meio dessa tensão, que também se engendra no procedimento de mascaramento, de (dis)simulação da/na obra. Podemos afirmar que Clarice Lispector elabora, de fato, um livro por encomenda. Mas *como* Clarice comporta-se perante o apelo do editor e as exigências do sistema literário, deixando(-se) ver em seus textos por meio do embaralhamento entre a vida pessoal e a ficção, e, assim, *como* elabora *A via crucis do corpo* são fundamentais para a interpretação da obra e para a reavaliação da fortuna crítica acerca dos livros publicados principalmente na década de 1970, já que a tensão entre o *dizer*, ou melhor, o *(des)dizer* e o *fazer* parece ser um procedimento também reiterado em sua produção.

A perturbação engenhada em *A via crucis do corpo* permite que contestemos a negativa visão como "desvio" ou "lixo" e reavaliemos, inclusive, as perspectivas interpretativas que consideram parte das obras da autora, em detrimento de outras, como *Onde estivestes de noite*, *A legião estrangeira*, em especial sua segunda parte, "Fundo de gaveta", que tem sido veiculada como um livro autônomo intitulado *Para não esquecer*. A estas últimas obras adicionem-se a literatura infantil e, ainda, as coletâneas de contos e crônicas publicadas ao longo de décadas, como *Alguns contos*, *A imitação da rosa*, *A bela e a fera*, entre outras.

Ao analisarmos a produção de Lispector, bem como a de outros escritores, devemos observar as dinâmicas de divulgação e de recepção das obras, incluindo-se as concepções de texto, gênero, linguagem etc. que as impulsionam. O *valor* atribuído a uma obra, no sistema literário, é tradicionalmente atrelado a essas concepções. Entretanto, comumente não se considera a noção de valor oriunda das transações comerciais do mercado editorial, da indústria cultural, e que no caso de *A via crucis do corpo* constitui-se um dos impulsos para a sua elaboração e veiculação, como também destacaremos ao analisar as edições dessa obra. Nesse sentido,

> já em sua constituição física, o livro configura-se como o lugar em que a noção de propriedade mostra a cara, conferindo visibilidade a um princípio fundamental da sociedade capitalista, construída a partir da idéia de que bens têm donos, fazem parte de transações comerciais e, por isso, precisam traduzir um valor, quantidade que os coloca no mercado e dá sua medida.
>
> *Valor*, fundamento do funcionamento da economia capitalista, é também um conceito básico da Estética ... A diferença é que a economia privilegiou o quantitativo, e a Estética, o qualitativo, vertendo-o para abstrações – criatividade, originalidade, genialidade – e não para dígitos.
>
> Neste caso, porém, o valor não se refere ao livro, mas a seu conteúdo, o texto ali inserido. O valor, quando transformado em matéria da Teoria da Literatura, internaliza-se, emanando da criação e correspondendo a qualidades consideradas superiores nos discursos que dominam o campo literário. Assim, "valor literário", que já equivaleu, em passado distante, à imitação dos grandes, passa a coincidir como originalidade e inovação, quando a palavra de ordem é modernizar e

pôr abaixo cânones dominantes. (Lajolo & Zilberman, 2001, p.18, grifo das autoras)

Com base nas palavras dessas estudiosas, alertamos, novamente, para a necessidade de se observar os modos de divulgação e de recepção da produção de Lispector, e o que a autora empreende, por meio da escrita e da vida pessoal, em face do sistema literário em que estava inserida, com suas concepções "mercantilistas" e "estéticas". Se de um lado encontra-se a perspectiva defendendo que *A via crucis do corpo* não se enquadra à produção de Lispector, por ser uma obra menor, de outro, encontra-se a posição que a focaliza como um projeto literário em que são questionadas e perturbadas as convenções de nosso sistema literário, isto é, os papéis atribuídos a autor, editor, leitor, obra, contexto. Essa perturbação dá-se, pelo menos, por meio do procedimento de mascaramento e de (dis)simulação; por meio das relações de sentido suscitadas pela ambivalência da linguagem dos textos; por meio do encadeamento enunciativo-narrativo e da disposição destes no livro; por meio da focalização das personagens etc.

Esse projeto literário, construído, em certa medida, mediante nosso direcionamento interpretativo, pode ser vislumbrado em certos procedimentos ou estratégias discursivas, sobretudo na relação de "Explicação" –, que inicialmente alicerça esses questionamentos – com as epígrafes e os demais textos da obra, bem como pelo processo de travestimento, mascaramento ou (dis)simulação.

Ao contrapormos as possibilidades interpretativas desse texto – suscitadas por intermédio da ambivalente assinatura "C. L." e do encadeamento narrativo, por exemplo –, faz-se necessário desvendar os pressupostos que as orientam, confrontando-os com outra possibilidade de leitura. Nessa distinta perspectiva, a literatura seria focalizada não como detentora de uma inerente especificidade – como parecem pressupor alguns estudiosos já mencionados –, mas inserida na ordem do discurso. Em outros termos, numa prática discursiva na qual o significado não se encontraria preservado no texto, mas "na trama das convenções que determinam, inclusive, o perfil, os desejos, as circunstâncias e os limites do próprio leitor" (Arrojo, 1992, p.39). Essas possibilidades de interpretação devem ser observadas no próprio sistema de divulgação e de recepção literárias, nos pressupostos teóricos que o orientam, ou seja, na "trama" em que se encontra disposto.

A disposição dos textos na fortuna crítica clariciana torna-se, portanto, representativa das convenções que regem, principalmente, os modos de recepção das obras da autora, em especial de obras como *A via crucis do corpo*, *Onde estivestes de noite*, por exemplo. Que concepção de texto literário – ou de texto literário "de Clarice Lispector" – é direcionadora dessa situação? Por que não focalizar essas obras? São algumas das indagações que se fazem presentes a partir do levantamento dessas possibilidades interpretativas, objeto deste estudo, em especial no capítulo seguinte ao abordarmos a recepção do referido livro no mercado literário.

4

Maneiras de (se) ler e de (se) escrever: as edições de *A via crucis do corpo*

"Romance"
Ficaria mais atraente se eu o tornasse mais atraente. Usando, por exemplo, algumas das coisas que emolduram uma vida ou uma coisa ou romance ou um personagem. É perfeitamente lícito tornar atraente, só que há o perigo de um quadro se tornar quadro porque a moldura o fez quadro. Para ler, é claro, prefiro o atraente, me cansa menos, me arrasta mais, me delimita e me contorna. Para escrever, porém, tenho que prescindir. A experiência vale a pena, mesmo que seja apenas para quem escreveu. (Lispector, 1964a, p.139)

Selecionamos para nossa investigação as quatro edições de *A via crucis do corpo*, publicadas por distintas editoras. A partir de dados do acervo da Biblioteca Nacional, disponibilizados *on-line*, não encontramos referências a publicações do livro por outras editoras. A disposição gráfica dos textos nas referidas edições permite que seja traçado um percurso da divulgação e da formatação editoriais da obra relativo a mais de duas décadas, considerando-se a edição de lançamento, do ano de 1974, até a última edição vigente no mercado brasileiro, de 1998. Essa disposição, notada por meio do cotejo das diferentes edições, permite observar principalmente a recepção da obra, provavelmente direcionada por certa visão da produção de Lispector. Visando à elucidação desse percurso, podemos esboçar, inicialmente, um quadro, em que se encontram as distintas formatações gráficas do livro:

Edição	**Disposição gráfica geral dos elementos textuais na obra**			
Ed. Artenova 1974 – 1.ed.	Epígrafes	"Explicação"	Índices	Demais textos
Ed. Nova Fronteira 1984 – 2.ed.	Sumário	"Explicação"	Epígrafes	Demais textos
Ed. Francisco Alves 1991 – 4.ed.	Sumário	"Explicação"	Epígrafes	Demais textos
Ed. Rocco 1998 – 1.ed.	Epígrafes	Sumário	"Explicação"	Demais textos

Observando a distribuição dos elementos no espaço gráfico do livro efetuada, em princípio, pelas editoras, notamos uma maneira de se ler, isto é, de se divulgar e de se receber a obra de Clarice Lispector, pois o quadro permite visualizar e, conseqüentemente, interpretar o jogo travado entre autor, texto, editor, leitor. Ou seja, o modo como as instâncias de divulgação e as de recepção abarcam e, assim, legitimam *A via crucis do corpo* em meio à produção da autora e à produção ficcional brasileira. Como foi apresentado na seção anterior, em *A via crucis do corpo* encena-se o embate entre o *dizer* (escrever um livro de contos eróticos, no dia 12 de maio de 1974, a partir do pedido do editor Álvaro Pacheco) e o *fazer* (o que, de fato, é realizado por meio de procedimentos narrativos, estratégias discursivas, por exemplo). Todavia, ao se abordar a obra meramente como um produto, uma mercadoria produzida de acordo com as exigências do mercado editorial, enfatiza-se somente um dos pólos dessa relação: o do dizer, isto é, o do aceitar simulado, da adequação aos moldes "estético-mercantilistas" impostos.

Buscando deslindar o entrave entre essas instâncias, o modo como o *dizer* e o *fazer* são conduzidos e recebidos, faz-se necessário recordar o depoimento de Olga Borelli (1987, p.9) em relação à produção do livro: "Ele (Álvaro Pacheco) pediu para ela escrever um livro erótico. E ela escreveu *A via crucis do corpo*. Estava na moda na época *(risos)*". Criou-se, com o próprio pedido de Pacheco, uma aparente legitimação para a feitura da obra, com base na almejada recepção favorável do público e no decorrente retorno financeiro. A maneira como essa legitimação foi aceita e propalada refletiu-se na própria organização dos elementos textuais (comentários nas orelhas, ensaios e outros textos) e pictóricos (ilustração da capa) nas distintas edições, já que se pautou numa concepção específica de texto literário, ou seja, de um "livro de contos eróticos" escrito por Lispector, ou, ainda, um produto comercial a ser vendido.

Ao se legitimar, no mercado, *A via crucis do corpo* como "um livro de contos eróticos escrito por Clarice Lispector", institui-se, num primeiro momento, uma relação entre o produto a ser vendido, passível de formatação e de estruturação pelos meios de divulgação, e o nome "Clarice Lispector". Observando-se a ênfase ao nome "Clarice Lispector" para a divulgação do livro, nota-se que, na dinâmica de divulgação do mercado literário, atrela-se o nome de grande autora, canonizável, à noção de autoria e à perspectiva de uma suposta passividade da autora em relação às exigências e aos "modismos" do mercado.

Fomentada pela perspectiva capitalista de um produto a ser vendido, a distribuição dos textos nas edições de *A via crucis do corpo* direcionou-se por uma preocupação em se delimitar o próprio espaço gráfico do livro, aparentemente deixando tanto a escritora quanto seu texto "à mercê do mercado". Desse modo, podemos verificar, basicamente, dois posicionamentos em relação à formatação e à divulgação do livro: um, presente nas edições de 1974 (Artenova) e de 1998 (Rocco), que apresenta "Explicação" em posição posterior às epígrafes. Outro, referente às edições de 1984 (Nova Fronteira) e de 1991 (Francisco Alves), traz as epígrafes em posição posterior ao texto "Explicação". Ao observarmos essas distintas e significativas distribuições dos elementos no texto de Lispector, podemos indagar: quais as pré-concepções de texto literário, de gênero literário, de texto literário de Clarice Lispector que sustentam essas emoldurações de *A via crucis do corpo*?

Se retomarmos a noção de "(dis)simulação", podemos apresentar alguns aspectos que permitem a avaliação desse quadro, sobretudo se considerarmos o pedido do editor Álvaro Pacheco e a conseqüente posição de Clarice como elementos direcionadores de uma estratégia para a divulgação da obra. Nesse sentido, a dissimulação de Lispector em relação ao pedido de Pacheco é abarcada na edição inaugural da obra, datada de 1974. Nesta, a posição de "Explicação" posterior às epígrafes revela, de certa maneira, um projeto construtivo em que esse texto se junta aos demais, formando o corpo ficcional emoldurado pelas epígrafes. Dessa forma, a tensão entre a visão de Pacheco, que almeja um produto comercial a ser vendido num mercado em expansão, e a de Clarice, que desestabiliza as fronteiras entre a palavra "sublime" e a palavra "vendida", pode ser notada não somente em "Explicação", mas na formatação da obra dada pelas editoras. A autenticação de "espaço literário" dada ao texto "Explicação" – em que ocorre a dissimulação, isto é, a ficcionalização daquilo que possivelmente seria entendido como o prefácio da obra – também está presente na edição de 1998, da editora Rocco. Por outro lado, o formato das edições de 1984 e de 1991 sustenta-se no posicionamento de "Explicação" anterior às epígrafes. Ou seja, na aceitação simulada, por parte de Clarice, do pedido feito por Pacheco, de modo que considere aspectos como a dinâmica do mercado literário e a recepção nesse mesmo mercado. Nessa disposição gráfica, o texto é situado como prefácio, como nota prévia em que a autora tenta se justificar diante do fato de ter escrito, por encomenda, um livro de contos eróticos.

A ambigüidade engendrada pelo jogo de simulação e dissimulação de Clarice ante o pedido do editor, as necessidades de um mercado editorial e ante a recepção do público leitor foi abarcada de distintas formas pelas editoras. A distribuição dos elementos textuais visualizada no quadro anterior torna-se, portanto, índice de uma concepção de "texto literário de Clarice Lispector", de uma expectativa em relação ao papel da autora. Perspectiva provavelmente influenciada pela própria posição de Clarice, ao comentar (*simular*), em entrevistas e, sobretudo, em seus textos aquilo que deveria ser o papel do escritor ante o público em geral, os críticos e sua própria produção. A atitude da autora em aceitar para, posteriormente, questionar mostra-se um procedimento reiterado em seu processo de escrita, como foi destacado por Gotlib (1995), ao comentar um texto da autora publicado na página feminina "Entre mulheres", do jornal *Comício,* e a utilização do pseudônimo Tereza Quadros:

> eis a explicitação do procedimento típico do *fingimento ficcional* de Clarice. Construir um conjunto a partir de detalhes pequenos, miúdos, quase imperceptíveis. *E dissimular os modos de construção, criando uma combinação de ingredientes que dão a impressão de que há uma coisa, quando, na realidade, há é outra.*
> ... *O resultado é não a exclusão da escritora Clarice, mas a sua participação um tanto simulada – ou fingida – sob a capa de uma "outra"*, a Clarice-jornalista, que, por sua vez, aparece como – e assinando o nome de – Tereza Quadros, ser fictício, mais uma personagem de Clarice Lispector. (p.280, grifo nosso)

Se a escritora simula o seu enquadramento a certo tipo de texto (a "página feminina" "*Entre mulheres*" no jornal *Comício*), ela o reitera ao aceitar o pedido do editor para escrever um tipo de livro que "estava na moda na época" (Borelli, 1987, p.9) e que envolveria um "assunto perigoso" (Lispector, 1974, p.9). Clarice aludia, até mesmo, ao fato de se utilizar do pseudônimo Cláudio Lemos ou da assinatura "C. L.". Contudo, ao aceitar – ou fingir sucumbir ao pedido –, elabora um texto que, em sua própria estruturação e escritura, desestabiliza os limites impostos. Franco Junior (1999) destaca esse procedimento, ao afirmar que:

> O livro foi feito sob pressão de uma encomenda direta do editor, que determinou a temática: "faça um livro erótico" e definiu prazo para a entrega. Diante disso, a escritora literalmente veste a máscara que lhe

> fora oferecida pelo mercado e, valendo-se de uma estratégia de escrita que tem no uso do *kitsch* uma arma que se presta ao comentário crítico sobre o que é escrever, a condição do escritor no mundo contemporâneo, a relação escritor-mercado editorial, a relação escritor-texto-público consumidor, alta e baixa literaturas, cumpre a ordem. (p.195)

A maneira como essa "aceitação" é enfocada, isto é, como se vê o cumprimento da "ordem" do editor, reflete-se, segundo nossa perspectiva, nas distintas edições da obra, sobretudo na disposição dos textos e dos paratextos.[1] Curioso notar que a própria editoração do livro tem se prestado a uma concepção de escrita, de literatura, de papel autoral, daquilo que se espera de Clarice Lispector em face de um pedido de seu editor, abordando a obra como um produto a ser vendido em meio às estratégias de divulgação da indústria cultural. Os comentários em orelhas da obra ou em notas prévias prestam-se a divulgar uma certa visão ao público leitor: a de que a escritora, em *A via crucis do corpo*, mostra-se "diferentemente" numa obra "inusitada", num período de "fertilidade literária" jamais notado. Exemplo dessa visão, como se afirmou, é o comentário de Álvaro Pacheco, único texto crítico presente na edição de 1974.

Por meio da relação perturbadora entre o *dizer* e o *fazer*, e dos procedimentos reiterados ao longo de sua produção, Clarice Lispector atua, em papéis distintos, como grande autora, como autora que padece às exigências do mercado, como autora-personagem de si mesma e de sua própria escrita, ao elaborar *A via crucis do corpo* como um produto comercial encenado. Nesse sentido, o livro, dito como um produto comercial, e a obra, feita como um projeto literário, mostra(m)-se um espetáculo, uma encenação. Mais do que um "sentido figurado", a encenação, ou o papel da representação, ganha, aqui, a concretude de um projeto arquitetado, embora erigido pela ambigüidade do jogo (dis)simulado.

---

1 Entendemos por "paratexto" os comentários, os ensaios que têm como função, basicamente, apresentar *A via crucis do corpo* ao público-leitor.

O nome "Clarice Lispector", o texto e sua recepção no mercado editorial e entre os críticos, por exemplo, passam a adquirir um papel de destaque na interpretação da obra. Em conseqüência, podemos observar, mais atentamente, a própria dinâmica de recepção da produção clariciana e o modo como o pólo receptivo acaba atribuindo sentidos diversos ao texto, instituindo o(s) seu(s) lugar(es) no sistema literário. Assim, os meios de veiculação, por meio de perspectivas distintas, abarcam *A via crucis do corpo* como um produto a ser vendido, de acordo com "o que estava na moda na época": um livro de contos eróticos e o nome "Clarice Lispector".

A edição de 1984 veicula, nas primeira e segunda orelhas, uma apresentação do livro, sem indicação de autoria, em que é salientada a visão de Hélio Pólvora, para quem a "Clarice dos textos longos – novela ou romance – é diferente da Clarice das histórias curtas. Nessas, praticaria uma literatura mais aberta, ligada a estruturas narrativas, admitindo realidades outras que não o mistério da personalidade" (1984, primeira orelha). São destacadas, ainda, as palavras de outro crítico, Haroldo Bruno, a quem é atribuído o papel de abordar *A via crucis do corpo* como "digressão filosófica, numa alegoria do espírito e numa magia do corpo, propondo uma inquietante fusão do místico e do sensorial" (1984, segunda orelha). Bruno enfoca a posição de Clarice sob o prisma de provável sacralização, destacando a forma com que a autora "indica uma aguda percepção do detalhe, vazada numa linguagem cristalina e filosófica". O livro seria "leitura obrigatória pelo que revela da aventura humana e das incansáveis pesquisas formais e existenciais da autora" (1984, segunda orelha). A perspectiva moldada e apresentada ao público leitor nesse comentário, que procura situar o livro em face da produção de Lispector, é, no mínimo, um índice do que ocorre com a divulgação e a recepção dos textos da autora. De um lado, propala-se uma certa santificação de sua imagem como escritora e uma "aura mística" em torno de sua linguagem. De outro, faz-se um apelo para a leitura das narrativas curtas claricianas, que seriam, segundo o crítico, distintas dos romances que projetaram Lispector no contexto ficcional brasileiro.

Na edição da Nova Fronteira, a imagem de Clarice como escritora e a sua linguagem são enquadradas pelos críticos de maneira sacralizadora, nos moldes de um sistema literário já cristalizado, sobretudo a partir das décadas de 1960 e 1970, momento em que tanto a imagem pública de escritora quanto sua ficção estavam em meio a um processo de canonização. Nesse sentido, o comentário presente na edição de 1984, sobretudo no momento em que alude ao corpo humano e ao título da obra, parece ser embasado pela tradição literária que, em grande parte, delimitou a linguagem clariciana ao molde metafísico-existencialista, acreditando ser essa a linguagem que descortina o mistério da personalidade e dos desejos humanos. Perspectiva adotada, de certo modo, na edição de 1991, da editora Francisco Alves, a única que apresenta um ensaio, intitulado "Paixão do corpo entre os fantasmas e as fantasias do desejo", de autoria de Ivo Lucchesi.

Em seu ensaio, Lucchesi (1991) utiliza-se de palavras como "desejo", "pulsão de vida", "pulsão de morte", "transformação", "sublimação", "recalcamento", entre outras. Ele empreende uma leitura psicanalítica da obra e destaca as relações tensivas supostamente estabelecidas por uma fala "recalcada". Ao projetar um olhar psicanalítico sobre as tensões e os conflitos que constituem a trajetória dos protagonistas dos contos, destacando os processos de "transformação" e de "sublimação" desencadeados por esses mesmos conflitos, reitera certa concepção acerca da linguagem clariciana: a de uma "fala libertária", uma "escrita sem disfarces desprovida de qualquer estrutura protecionista" (p.5). Para o crítico, a sexualidade é a temática principal do livro e o elemento norteador de sua interpretação. Como conseqüência, focaliza esse volume de contos como "um projeto de desmascaramento da libido inibida pela culpa original da moral judaico-cristã" (p.5). Assim, *A via crucis do corpo*, "um livro de contos, composto de treze narrativas precedidas de uma explicação da autora, cuja identidade em princípio deseja ocultar sob o pseudônimo de 'Cláudio Lemos'", estrutura-se de maneira que essas treze situações ficcionais exponham "a figura da mulher ao enfrentamento de suas próprias vicissitudes, carências e traumas" (p.5). Faz-se presente em suas palavras, como já foi anunciado ao evocar Bataille, a idéia de escrita como *fala* libertária, em que é entoado o discurso da culpa, da opressão, de modo que ressalte a temática como elemento de denúncia do que se encontraria recorrentemente latente, implícito, que é, segundo as suas palavras, o "coração selvagem":

> *Clarice Lispector, sempre comprometida com um percurso centrado na denúncia de um "coração selvagem", ratifica tal posição, ao publicar, em 1974, A via crucis do corpo,* num momento em que a trajetória literária brasileira se encontrava à beira de um esgotamento formal e conteudístico, provocado, de um lado, pela atmosfera entorpecedora do regime de força; de outro, pela crise de inventividade de nossos ficcionistas, afora alguns raros nomes que, ao lado de Clarice Lispector, compunham a moldura de um quadro estética e ideologicamente mais ousado. (Lucchesi, 1991, p.4, grifo nosso)

Nesse fragmento, o estudioso parece não defender de modo veemente, como outros críticos o fizeram, uma mudança da prosa de Lispector, pois *A via crucis do corpo* ratificaria toda uma construção estético-artística que os leitores, possivelmente, atribuiriam à autora e que seria notado em suas obras anteriores por denunciar "um coração selvagem". Relaciona, então, a obra ao paradigma de uma concepção de linguagem clariciana: a linguagem que se faz instrumento de desvendamento, de desnudamento de um "coração selvagem". Contudo, em que medida a obra corresponde a essas "expectativas"? *A via crucis do corpo* seria constituída de uma linguagem "sem disfarces", como defende esse estudioso, ou de uma linguagem ambivalente, mascarada, travestida, como pretendemos salientar?

As edições publicadas pelas editoras Nova Fronteira e Francisco Alves, ao longo das décadas de 1980 e de 1990, reiteram, portanto, uma concepção tradicional de literatura, em especial daquilo que se espera de um texto de Clarice Lispector. Na formatação do livro está presente uma interpretação do texto clariciano como desvendamento dos mistérios do ser humano, em especial da mulher, por meio de uma linguagem "libertária". O que se coloca em evidência, por meio desse parâmetro de análise de *A via crucis do corpo*, é a temática da sexualidade, dos desejos, do corpo humano, em suas mais variadas formas. Ao longo de quase duas décadas, essa foi, então, a visão construída e propalada acerca do livro e, em linhas gerais, da produção clariciana: a do desvendamento dos mistérios da personalidade humana.

Há, inclusive, um percurso de sacralização da imagem feminina nas capas de *A via crucis do corpo*.[2] Mesmo não sendo possível a apresentação delas neste estudo, a análise das capas das quatro formatações mostra-se um parâmetro de análise instigante. Ela indicia de que maneira se deram a recepção do livro e a divulgação da imagem de Clarice como grande escritora. Paralelamente à sacralização da imagem feminina suscitada pelas capas, tem-se a legitimação do nome "Clarice Lispector" e de sua imagem como "grande escritora" e "grande mulher". Esse processo pode ser mais bem compreendido, se considerarmos que nas décadas de 1980 e 1990 o "feminino", a "mulher" ganham destaque devido, principalmente, aos estudos feministas, ao debate acerca do papel da mulher na sociedade. Atualmente, essa sacralização encontra-se consolidada e se reflete em muitos estudos críticos divulgados nos últimos anos. Na edição de *A via crucis do corpo* vigente em nosso mercado – publicada pela editora Rocco –, esse processo também pode ser notado, sobretudo na ilustração da capa – uma figura feminina, provavelmente relacionada à maternidade, à pureza, de certa maneira, evocando a Virgem Maria.

A formatação dada pela Rocco tem peculiaridades que nos permitem investigar o modo como se engendra a divulgação e a recepção da produção de Lispector no momento atual. Em 1998, a editora, ao adquirir os direitos de publicação, relança as obras de Clarice Lispector, em novo formato, inserindo nelas uma "Nota prévia", de Marlene Gomes Mendes, que difere de livro para livro somente nos

---

2 Uma análise detalhada das capas de *A via crucis do corpo*, inclusive com a apresentação delas, foi desenvolvida em Reguera (2003).

dois parágrafos finais, nos quais brevemente comenta-se a edição que foi tida como referência para a publicação. O que parece acontecer, de forma mais radical a partir desse momento, é uma padronização de todas as obras de Lispector – com a exceção da literatura infanto-juvenil. Esta segue os seus próprios critérios de cunho mercadológico, apresentando outro tipo de padronização que, fundamentalmente, destaca as ilustrações e que ratificaria, conseqüentemente, um parâmetro de leitura da produção de Clarice. Nas palavras de Mendes (1998):

> Olga Borelli, grande amiga e companheira de Clarice Lispector, com quem conversamos recentemente, nos assegurou que, de fato, Clarice não revia seus textos depois que encaminhava os originais à editora.
>
> Assim, não é possível trabalhar com textos de Clarice Lispector, ignorando-se o fato de que não os revia e, portanto, não fazia mudanças de uma edição para a outra. *A via crucis do corpo* teve somente uma edição em vida da autora: a de 1974, publicada pela Artenova.
>
> Nas edições que se seguiram, incorporaram-se incorreções que procuramos corrigir nesta edição, cuidadosamente confrontada com a primeira. (p.6)

Apesar da padronização imposta às obras da autora, destaca-se a preocupação em cotejar o texto com a edição inaugural da obra. Parece ser por essa razão que a disposição dos textos nessa edição assemelha-se à edição inaugural do livro, veiculada pela Artenova: as epígrafes precedem "Explicação". Por outro lado, evidencia-se a atitude de Clarice em não guardar os originais de suas obras, em não revisar seus textos quando entregues à editora, porém, de maneira negativa. A figura de Clarice Lispector escritora, novamente, é camuflada por motivações e, até mesmo, por "justificativas" de cunho mercadológico, ou seja, da maneira com que sua produção foi abordada, na própria editora, e divulgada. A imagem da autora como aquela que "escreve em transe", que "não se preocupa com os originais de seus textos", que "não se importa" ou, até mesmo, "destrói" os seus próprios textos parece ser mais uma estratégia de dissimulação, de fingimento de Clarice, ou seja, mais uma característica do percurso – biográfico ou ficcional ou "bioficcional" –, que uma suposta "dificuldade" ou "continência" da autora que acabaria por prejudicar a formatação e a divulgação de suas obras. Observemos, pois, as palavras de Olga Borelli (1981):

> Eis alguns de seus hábitos, ao escrever. Para datilografar, sentava-se invariavelmente no pequeno sofá de dois lugares, próximo ao terraço, sempre atulhado de manuscritos, cadernos de telefone, correspondência e livros recebidos, a bolsa da qual nunca se separava e a máquina de escrever portátil.
>
> Esticava as pernas numa banqueta e dirigia o olhar para fora da janela, sem se deter no pequeno jardim de folhagens. Ligava então o pequeno rádio, sempre à mão, na Rádio MEC ou na Rádio Relógio, acendia um cigarro, colocava os óculos e anotava palavras ou frases. Às vezes era interrompida pelo telefone, atendia e falava longamente. Voltava à posição inicial ou ficava à espera. De repente, operava-se uma transformação: colocava a máquina no colo e com agilidade datilografava páginas e páginas até que, num redemoinho em que dava a impressão de estar se arremessando a si própria em cada palavra, tirava o papel da máquina com violência, colocando-o sobre a pilha ao seu lado. Levantava-se, tropeçava na banqueta – era distraída e meio desajeitada – e dirigia-se à copa para pedir um cafezinho. Quem a visse nesse momento já não a pensaria capaz de escrever coisas assim:

> A sensibilidade de um artista à crítica vem em parte do esforço de manter intacto o impulso, ou confiança ou arrogância, que ele precisa manter para a criação. Ao criar o homem sente toda a grandeza e toda indigência de sua criação. Penso que este fato pode explicar as angústias tão freqüentes nos criadores.
>
> A criação artística é um mistério que me escapa, felizmente. Eu tenho medo antes e durante o ato criador: acho-o grande demais para mim. E cada novo livro meu é tão hesitante e assustado como um primeiro livro.
>
> São as angústias da criação. O problema da criação artística sempre me fascinou e ainda não perdi a esperança de um dia desmontar esse complicado mecanismo.

> *Em mim a criação se processa numa mistura de palavra, idéia. É claro que tenho o ato deliberador, mas precedido por uma coisa qualquer que não é de modo algum deliberada.* (p.76-7)

Ao que nos parece, segundo esse depoimento de Borelli (1981), Lispector assume, ou é levada a assumir, como escritora, uma posição contraditória, sobretudo no que se refere à sua imagem pública: ao mesmo tempo que simula a recorrência (e a necessidade) em sua prática de um "êxtase criador" – o escrever "por impulso" aludido em "Explicação" –, desconstrói essa mesma imagem, simulando uma outra, ao se referir ao ato de escrever, ao se comportar perante ele de maneira dessacralizadora. Clarice, em "Fundo de gaveta", quando indagada acerca da feitura, da elaboração de *Laços de Família*, afirma que:

> "A explicação inútil"
> Não é fácil lembrar-me de como e por que escrevi um conto ou um romance. Depois que se despegam de mim, também eu os estranho. Não se trata de "transe", mas a concentração no escrever parece tirar a consciência do que não tenha sido o escrever propriamente dito. Alguma coisa, porém, posso tentar reconstituir, se é que importa, e se responde ao que me foi perguntado. (Lispector, 1964a, p.172-3)

A desconstrução de sua própria imagem parece ser uma estratégia presente na vida da escritora, inclusive levando-a a desestabilizar as fronteiras entre o "real" e o "ficcional" – como foi notado em "Explicação", ao ser desestabilizado o próprio enquadramento prefacial, por exemplo. Em resposta a um texto que analisou o livro de crônicas *Visão do esplendor*, lançado em 1975, Clarice escreveu as seguintes palavras:

> Rio de Janeiro, 13 de setembro de 1975.
> BILHETE ABERTO A EDGAR PEREIRA:
> Não costumo me manifestar sobre o que escrevem a respeito de mim. Mas, agora, pela primeira vez, quero corrigir um detalhe. Entre suas notas sobre "A visão do esplendor" deparei com uma frase que certa-

mente foi baseada numa determinada entrevista que dei no Rio. A entrevista de modo geral era fiel mas distorceu minhas palavras em certo trecho, trecho este que o senhor transcreveu nesse Suplemento. Refiro-me à afirmativa de que eu teria dito que, quando escrevo, caio em transe ou coisa semelhante. Eu não disse isto porque simplesmente não é verdade. Jamais caí em transe na minha vida. Não psicografo nem "baixa" em mim nenhum pai-de-santo. Sou como qualquer outro escritor. Em mim, como em alguns que também não são apenas "racionalistas", o processo de gestação se faz sem demasiada interferência do raciocínio lógico e quando de repente emerge à tona da consciência vem em forma do que se chama inspiração. Na verdade, menos do que muitos escritores que conheço, quando escrevo, eu o faço sem procurar circunstâncias especiais, ambiente propício ou mesmo isolamento. Habituei-me a trabalhar sendo interrompida por telefonemas, cozinheira, crianças. Feito este esclarecimento, subscrevo-me atenciosamente.
Clarice Lispector. (apud Helena, 1997, p.26)

Nesse "bilhete aberto", percebemos uma posição de Clarice ante as convenções do sistema literário. Afirmando que não costuma se "manifestar sobre o que escrevem" a seu respeito, Clarice reage, nesse caso de maneira explícita, às rotulações impostas à sua obra e à sua imagem como escritora num mercado em crescimento. Contudo, em sua ficção, é recorrente a posição mascarada da autora que institui um jogo de "(dis)simulação" entre o que é delimitado, convencionalizado de acordo com certas estratégias de divulgação e da recepção de sua produção, e o que, a partir de dentro dos moldes dessa mesma convenção, é questionado, desestabilizado. Assim, relaciona, tensivamente, de um lado: a imagem da que produz em meio a um "transe", numa espécie de aura mística; a sua despreocupação em relação às críticas e aos críticos; a sua posição em escrever "de supetão", por impulso, e não guardar seus manuscritos etc.; de outro: o escrever por dinheiro, a preocupação com o público leitor e com os críticos, a reescritura de seus textos, até mesmo republicando-os em formatos diversos, e o posicionamento crítico perante eles.

Borelli (1981) auxilia-nos no desvendamento dessa atuação, ao indicar que Clarice uma vez dissera que havia aprendido "a não rasgar nada" do que escrevia (p.84) e que havia redigido, ao mesmo tempo que elaborava *Laços de família* (p.87), "oito versões de *A maçã no escuro*", que era, segundo depoimento de Lispector, o livro "mais bem estruturado que tinha escrito" (p.88). Nolasco (2001), em seu estudo *Nas entrelinhas da escritura*, identifica na prática escritural da autora um procedimento metalingüístico e metaficcional de recorte e de colagem de textos, de modo que

> ao praticar esse contrabando de seus próprios textos, Clarice acaba des/ficcionalizando o próprio eu: o *eu* do fragmento do livro, ao ser publicado como crônica, passa por uma desficcionalização, tornando-se mais pessoal, ou melhor, ficcionalizando-se em outro nível. Diferentemente, ao levar um fragmento-crônica para dentro do fragmento textual do livro (*Água viva*, por exemplo), a autora ficcionaliza aquele eu pessoal do pequeno texto. Diante dessa prática e desse eu enviesado, o que resta no cenário escritural é um eu fragmentado, que ali ressurge a partir de marcas arcaicas de um eu superposto. Nessa prática escritural, Clarice dissolve qualquer noção de gênero, deixando-nos a possibilidade, inclusive, de esses textos virem a ser considerados como um extenso *diário* da autora: um diário no qual verdade e ficção se completam, Autor e autor se confundem, perdendo o antigo papel para ressurgirem multiplicados como atores no espetáculo da escritura. (p.26, grifo do autor)

Eis um procedimento típico da produção clariciana, em relação aos parâmetros e às exigências do mercado: a encenação, ou, em nossas palavras, a "(dis)simulação", o travestimento, o mascaramento. Se, até mesmo para Olga Borelli, Clarice mostrava-se contraditória, percebemos que essa ambivalência presente na posição da escritora como figura pública, na própria legitimação de sua função, ao afirmar, para depois negar, ao simular e dissimular, é procedimento reiterado em sua linguagem. Acreditamos que para Clarice a figura do autor e o que tradicionalmente se espera dele são freqüentemente desconstruídos e reconstruídos pela linguagem e, ainda, em suas ações (por exemplo, em entrevistas, em relação à repercussão das críticas feitas às suas obras), como também o salienta Gotlib (1995), ao comentar os contos escritos nas décadas de 1940 e de 1950:

> *A escrita já nasce aí de uma certa inquietação, explode subvertendo valores convencionais, com vistas a buscar um novo sentido. E a figura da escritora desdobra-se em múltiplas configurações*: é a personagem, ora mais, ora menos consciente de seu papel; é a narradora solta, levemente dissimulada, ao mesmo tempo trágica, ao mesmo tempo irônica e com postura crítica; é a autora implícita, manifestando-se diante dessas todas, de modo ora mais direto, ora mais dissimulado; *é a Clarice ocupando um lugar que está em todos os lugares e em parte nenhuma, concreta nos desdobramentos materiais da escrita, em comentários, atitudes, reações, mas abstrata ao se esconder por detrás da própria invenção, realimentando assim o próprio jogo do fingimento ficcional.* (p.161, grifo nosso)

Na edição de *A via crucis do corpo* de 1998, tem-se um texto, transcrito a seguir, em que se destaca, primeiro, uma provável simulação de Clarice no que se refere à linguagem:

> *Cuidado leitor, esse livro requer coragem.* Parece ser o desafio lançado por Clarice Lispector no prefácio (*Explicação*) de *A via crucis do corpo*, livro de 1974. Nele, a autora simula uma Clarice diferente da que os leitores estavam acostumados desde sua primeira obra *Perto do coração selvagem*, de 1944. No entanto, ela é a mesma de sempre, a que nunca se recusou a fitar com os olhos abertos a selvageria do desejo humano, da avidez humana, da sordidez humana. O que se modificou foi o espanto se convertendo em escândalo, o sobressalto em ferocidade. Neste livro Clarice está próxima à literatura maldita ou, como quer Georges Bataille, próxima à literatura do mal. Afrontando os limites morais, a autora adverte: "Fiquei chocada com a realidade. Se há indecências nas histórias a culpa não é minha". O deslocamento da noção de indecência para o âmbito total da realidade cria um estado de perplexidade no leitor que poderá levá-lo a exclamar como a própria narradora de um de seus contos: "A vida era isso então? Essa falta de vergonha?" ... (Chiara, 1998, primeira e segunda orelhas, grifo da autora)

Mesmo aludindo a uma certa simulação, Chiara (1998) direciona sua interpretação a fim de afirmar que no livro se nota a "Clarice de sempre", ou seja, aquela "que nunca se recusou a fitar com os olhos abertos a selvageria do desejo humano, da avidez humana, da sordidez humana". Ora, novamente *A via crucis do corpo* é abordada sob o viés de sua "ousada temática", que apresenta, por meio dessa linguagem dita "desconcertante", um panorama das vicissitudes do corpo, assunto central do livro. Assim como Lucchesi (1991), Chiara (1998) refere-se a Bataille de modo que enfatize a temática da obra e destaque o que seria uma mudança na prosa de Clarice, cujo "estilo esta[ria] mais depurado e enxuto nesse pequeno livro". Mesmo aludindo a "14 textos ficcionais – 13 contos mais o prefácio *Explicação*", parecendo destacar o jogo ficcional na/da obra, engenhado a partir da simulação, a estudiosa enfatiza, sobretudo, os seguintes elementos, os quais adquirem destaque em seu comentário: o estilo "mais depurado e enxuto", o "realismo" que se encontra sob "forte pressão" nas histórias, a proximidade da "literatura maldita ou do mal" e a "ousada" temática.

Com base nos elementos apresentados, percebemos, portanto, que tanto a concepção gráfica de cada edição (isto é, as ilustrações e as disposições dos elementos textuais) quanto os paratextos (que apresentam aquilo que supostamente seriam as principais características da obra em questão) têm se prestado a propalar, de diferentes maneiras, um sistema de divulgação e de recepção da produção clariciana, e, assim, daquilo que se concebe como um texto "literário". Sistema esse muitas vezes alicerçado em moldes tradicionais, ou seja, no que é concebido, na tradição de nosso sistema literário, como papéis do autor, do editor, da editora, do público leitor e dos críticos. Estes, logicamente, não deixam de ser leitores, mas constituem um tipo de leitor que tem um espaço diferenciado no engendramento desse tradicional sistema.

Entretanto, como afirma Nolasco (2001), não basta apenas indagarmos quais são os papéis em jogo, pois "a resposta a essas perguntas é mais do que tentar compreender os processos de produção (autor) e de recepção (leitor), uma vez que elas implicam o próprio *processo de criação (enunciação)*" (p.27, grifo nosso). Conseqüentemente, o próprio processo de criação molda-se, em *A via crucis do corpo*, num jogo de encenação, de "(dis)simulação", de fingimento ficcional: as tradicionais instâncias de autor, leitor e texto são (re)vistas como "atores e/ou personagens que atuam e representam no espetáculo escritural no qual se apresentam/escrevem" (Nolasco, 2001, p.28). *A via crucis do corpo* faz-se, portanto, encenação de um "livro de contos eróticos", de um texto que "sucumbe" aos padrões que lhe foram impostos, para desconstruir, a partir mesmo da encenação do sucumbir, esses padrões e, ainda, a imagem sacralizada de Clarice, em meados da década de 1970. Observemos, a seguir, como se engendra esse fingimento ficcional.

Parte II
"Atos de uma encenação"

5

O PALCO DO ESPETÁCULO

> Dá-me a tua mão:
> Vou agora te contar como entrei no inexpressivo que sempre foi a minha busca cega e secreta. De como entrei naquilo que existe entre o número um e o número dois, de como vi a linha de mistério e fogo, e que é linha sub-reptícia. *Entre duas notas de música existe uma nota, entre dois fatos existe um fato, entre dois grãos de areia por mais juntos que estejam existe um intervalo de espaço, existe um sentir que é entre o sentir* – nos interstícios da matéria primordial está a linha de mistério e fogo que é respiração do mundo, e a respiração contínua do mundo é aquilo que ouvimos e chamamos de silêncio. (Lispector, 1964b, p.98, grifo nosso)

José Luís Fiorin (2001, p.15), em seu estudo sobre os mecanismos enunciativos, afirma que "o discurso é o lugar da instabilidade das estruturas, é onde se criam efeitos de sentido com a infringência ordenada às leis do sistema". A idéia de instabilidade no discurso, que será detalhadamente abordada nesta segunda parte, pode ser vislumbrada em *A via crucis do corpo*, na própria dinamicidade da escritura, por meio da relação entre o *dizer* e o *fazer*, entre *o que se narra* e *como se narra*. Entra em cena, novamente, a problematização da linguagem, do narrar, do discurso, concatenada pelos recursos expressivos utilizados nos textos do livro. O modo como as personagens são focalizadas pelo narrador e apresentadas, ora de maneira "próxima", ora de maneira "distante" e/ou irônica, constitui-se em um dos procedimentos utilizados por Clarice em sua prosa. Tece, assim, a trama narrativa – o "palco" – em que narradores e personagens encenam o espetáculo da escritura. Nos contos de *A via crucis do corpo*, os narradores, as personagens, assim como as figuras do escritor – que aparece ficcionalizado em meio a dados referentes à vida pessoal de Clarice Lispector – e do leitor são, como foi afirmado, "atores e/ou personagens que atuam e representam no espetáculo escritural no qual se apresentam/escrevem" (Nolasco, 2001, p.28). Assim, no engendramento enunciativo desses textos são infringidas as leis do sistema literário, como o fato de Clarice Lispector, uma autora em processo de aclamação e de canonização, ter de escrever, por dinheiro, um livro de contos eróticos, "por estar na moda na época". Essa infringência dá-se por meio da problematização do escrever "por impulso" e do escrever "por encomenda", bem como pelo redimensionamento dos papéis atribuídos a "autor", "leitor", "narrador" e "personagens", e das noções de "literatura" e "realidade".

Todavia, na produção de Lispector, o questionamento dessas noções não é um dado novo, inaugurado somente em *A via crucis do corpo*. A desestabilização das supostas fronteiras entre literatura e realidade, entre escrever por dinheiro e escrever por vocação, e o redimensionamento de noções cristalizadas em nossa literatura – como "autor", "leitor", "obra", "contexto", "cânon" –, são estratégias reiteradas na prosa clariciana, desde *Perto do coração selvagem*. Clarice as (re)constrói por meio de recursos expressivos, do encadeamento enunciativo-narrativo peculiares a cada obra, por exemplo. Em nossa interpretação, ao elucidarmos o percurso de (dis)simulação instaurado na ficção clariciana, discutimos, na primeira parte deste estudo, se podíamos afirmar que *A via crucis do corpo* representava um "desvio" em relação a outras produções de Clarice. A afirmação de que a linguagem dessa obra não correspondia ao que se esperava da linguagem de Clarice Lispector indicou, por conseqüência, um parâmetro avaliativo fomentado pelas tradicionais noções de literariedade e do processo de canonização. Se a obra fosse lida sob o viés metafísico-existencialista que, ao longo de décadas, classificou a prosa clariciana, de fato, frustraria as expectativas relacionadas a esse parâmetro de abordagem. Entretanto, se interpretássemos *A via crucis do corpo* como um projeto literário instaurado pelo procedimento de (dis)simulação, situaríamos a obra num estágio de produção da autora em que as convenções da tradição literária, a relação entre ficção e realidade, eram redimensionadas e enredadas na/pela própria construção narrativa.

Segundo nossa leitura, o referido livro não se apresenta simplesmente "deslocado" da produção de Clarice Lispector. Ao observarmos seu encadeamento narrativo, podemos identificar (construir em nossa interpretação) recursos comumente atribuídos à "linguagem clariciana", ao "estilo da autora". Contudo, não basta apenas afirmarmos que o livro se encontra inserido no, ou "dentro" do universo ficcional de Lispector, já que, como projeto literário singular, ele extrapola esses limites, colocando-se, paradoxalmente, "fora" desse universo. A concepção binária, típica do pensamento estruturalista, que classifica *A via crucis do corpo* em face de outros textos da autora por qualificativos, como "dentro"/"fora", "não-lixo"/"lixo", "boa literatura"/"má literatura", entre outros, instaura, a partir do próprio movimento de abordagem, a crença na possibilidade de se atingir e decodificar a "essência", o "todo" da literatura. Conseqüentemente, a utilização de conceitos como "fora" e "dentro" remete à noção de literariedade, ou seja, à crença em se fixarem os limites entre "boa" e "má" literaturas, e, a partir daí, propor uma classificação aceitável, uma leitura unívoca e inquestionável do livro. Afirmando-se a noção de desvio – ou, contraditoriamente, afirmando-se a sua negação –, articula-se o intuito de se "levantar os vários elementos significativos e constituintes do objeto 'natural', ... pô-los em movimento, analisando mecanismo interno das funções ou o jogo relacional no interior do objeto" (Santiago, 1978, p.195). A abordagem de *A via crucis do corpo,* sob o viés estruturalista, não abarcaria a própria problematização dessas dicotomias que atravessa, tensivamente, a camada enunciativo-narrativa dos textos. Como foi brevemente demonstrado, podemos defender que a linguagem de *A via crucis do corpo* situa-se no "entrelugar do/no discurso", já que o processo de (dis)simulação que concatena os seus sentidos não permite a sua mera classificação de acordo com parâmetros dicotômicos. *A via crucis do corpo* alicerça-se, portanto, em um ponto de intersecção de paradigmas, – no "palco escritural" –, mostrando-se, paradoxalmente, lixo *e* não-lixo, o "outro" *e* o "mesmo" etc.

Em relação à linguagem, à construção narrativa de *A via crucis do corpo*, poucos foram os estudiosos que, como Gotlib (1995, p.416), abordaram o fato de essa obra apresentar textos publicados em períodos e veículos de comunicação diversos. Acreditamos que, em uma leitura que vise ao redimensionamento da recepção crítica tradicional da produção de Clarice Lispector, é necessário explorar a noção do que nomeamos como "obra híbrida". Na produção de Lispector, o "hibridismo" deve ser relacionado não a um "mau momento", a um "desvio" na prosa da escritora, mas a um procedimento de (re)escritura de textos, em que são postos em conjunto textos já publicados e textos, aparentemente, inéditos. Assim, o "novo/outro" e o "mesmo" relacionam-se num mesmo espaço, numa mesma obra. O "hibridismo" seria, portanto, uma forma de se articular, de maneira própria, as noções de "criação" e de "produção", ou, ainda, de "reprodução". Estas remeteriam, de certo modo, à oposição entre boa e má literaturas, entre escrever por encomenda e escrever por vocação. Para contemplar a própria pluralidade da escritura, o "hibridismo" deve ser enfocado sob a óptica da *diferença*, pois, assim,

> começa-se a pensar a instância de articulação de um texto sobre outro(s). Não mais são considerados os textos isoladamente, ou como pertencentes a um único modelo do *mesmo*, mas como se diferenciando na repetição, como um diálogo entre o mesmo e o outro. Recoloca-se portanto a

problemática do "sujeito" (do "autor", em termos literários), pois não existe mais uma origem clara e altissonante que se deve buscar no processo de explicação do texto, origem também da verdade deste texto e que se aclaria no processo de análise literária. Tem-se de pensar um momento confuso – confusão de escrituras –, pois os textos só falam significativamente a partir da *inserção*. (Santiago, 1978, p.199, grifo do autor)

O próprio movimento de *inserção* de *A via crucis do corpo* na ficção de Clarice Lispector, na literatura brasileira, estabelece um espaço de *intersecção* dessa obra com outras – uma "confusão de escrituras". Nela estão presentes textos já publicados por Clarice em outros meios (por exemplo, no *Jornal do Brasil* e no livro *Onde estivestes de noite*) e, ainda, citações da *Bíblia Sagrada*, de modo que mescle o "sagrado" e o "profano", o "outro" e o "mesmo" etc. A inscrição desse espaço de inserção e de intersecção – o entrelugar – constitui-se o palco em que se dramatizam, de maneira perturbadora, o choque, a oposição das noções vigentes no sistema literário e das suas próprias negações: literário e não-literário; criação e reprodução, mesmo e outro; escrever por encomenda e escrever por vocação, entre outras.

Ao relacionarmos *A via crucis do corpo* ao entrelugar, podemos estabelecer um diálogo singular, que se inscreveria pela diferença entre essa e outras obras de Clarice Lispector. Destacando a produção de Lispector, podemos estabelecer, por exemplo, uma relação entre *A via crucis do corpo* e *A legião estrangeira*. Para isso, devemos considerar tanto a recepção junto ao grande público, aos críticos e às editoras quanto o projeto literário enredado nessas obras – o qual se utiliza de noções preestabelecidas no mercado literário, como o que seriam "boa" e "má" literaturas, os papéis autorais, para desestabilizá-las.[1] Acreditamos, pois, que essa relação intertextual e metalingüística seria marcada pela "(in)diferença", por trazer à cena o mes-

1 Nossos comentários sobre a relação intertextual e metalingüística que pode ser estabelecida entre *A via crucis do corpo* e *A legião estrangeira* serão pontuais e relativos ao desenvolvimento de nossa argumentação. Todavia, acreditamos que essa relação é fecunda, permitindo, sobretudo, a discussão de questões que en-

mo e o outro concomitantemente: pela "diferença" por se constituírem, em si mesmas, obras passíveis de inúmeras interpretações, com organização temática e narrativa próprias (outro); pela "indiferença", por engendrarem traços recorrentes na produção de Lispector e terem sido "manipuladas" junto à recepção promovida pelas editoras (mesmo). Em relação à temática enredada em *A legião estrangeira*, Gotlib (1988b) comenta que:

> Ainda em 1964 publicam-se contos e crônicas do volume *A Legião Estrangeira*. Alguns dos 13 contos da primeira parte do volume, ao representarem as difíceis relações humanas, por vezes adentram, ainda mais, a questão da sedução, detendo-se na complexidade deste jogo do dar-se a – e do resguardar-se em – em que *a complexidade das atitudes das personagens caminha, paralelamente, à complexidade das atitudes manifestas em termos de linguagem. Isto é: a marca metalingüística dos contos ganha novas e mais acentuadas configurações.*
>
> *Na realidade, em todos os contos – e desde os primeiros – aparece uma camada semântica ligada à questão da própria linguagem, que se expõe, mais ou menos explicitamente, por outras camadas de significação dos textos. O que caracteriza, especificamente, esta coletânea, é o realce que se dá a esta consciência do próprio narrar, sempre presente, ainda que de forma esparsa, nos seus textos, mas que agora, passa a determinar mais rigorosamente a própria estruturação dos contos.* (p.175, grifo nosso)

Assim, como em *A legião estrangeira*, articulam-se em *A via crucis do corpo*, por meio de recursos enunciativos e metalingüísticos, dois eixos temáticos entremeados: a problematização do ato de escrever num mercado direcionado por ideais capitalistas e a consciência da falácia da representação da linguagem. Ou, nos termos de Gotlib (1988b), "a consciência do narrar" e "a questão da linguagem".

O primeiro eixo significativo engenha-se pela tensão entre o escrever por encomenda um livro de contos eróticos, em oposição ao escrever por impulso e por vocação, não sucumbindo às exigências

---

volvem a produção clariciana e a recepção das obras, desde a estréia da autora até o presente momento.

do mercado, aos apelos capitalistas do editor. *O que* Clarice realiza e produz a partir do apelo de Álvaro Pacheco e *como* concretiza, via linguagem, o apelo comercial do editor – e, conseqüentemente, colocando-se no sistema literário, de maneira dissimulada, por meio de uma obra encenada, "confusa" – são parâmetros de abordagem de *A via crucis do corpo*. A recepção do livro, desde a década de 70, indica como foi lido e até que ponto os leitores puderam (re)conhecer, (re)construir o projeto literário que o enredava: o questionamento das convenções relativas à literatura, aos modos de abordagem das obras etc. O seguinte texto de Gotlib (1988b), "A hora do lixo", indicia a "polêmica" que circundou o livro, comentada na primeira parte desse estudo, e, assim, o modo como se deu sua recepção:

> Talvez um dos livros mais controvertidos de Clarice Lispector ... seja *A via crucis do corpo*, publicado em 1974. A crítica ora ficou *com* Clarice, ao ficar *contra* o próprio livro, pois a autora, no prefácio, oscilava entre aceitar ou não esta *encomenda* do editor Álvaro Pacheco, a de escrever alguns contos sobre sexo para serem publicados pela Artenova. Por outro lado, parte da crítica, como parte da opinião da própria autora, aceitou o livro.
>
> Clarice defende-se. Aos que consideravam a obra um lixo, afirma na "explicação", que antecede aos contos: "Mas há hora para tudo. Há também a hora do lixo". E se o livro é triste é porque descobriu que "este é um mundo cão". (p.186, grifo da autora)

As palavras de Gotlib (1988b) permitem que se visualize o jogo de encenação engendrado no livro, em especial em "Explicação": "A crítica ora ficou *com* Clarice, ao ficar *contra* o próprio livro, pois a autora, no prefácio, oscilava entre aceitar ou não esta *encomenda* do editor". A *performance* de Clarice Lispector – personagem de seu próprio texto, autora-atriz – nesse prefácio simulado desestabiliza e frustra qualquer tentativa de rotulação de sua obra. Engenham-se a ambigüidade, a desestabilização de valores comumente atribuídos à prosa da autora, a (dis)simulação.

O que permite, pois, a (re)construção do projeto literário enredado na obra é sua interpretação sob a óptica de um questionamento acerca das convenções da tradição literária, acerca da crescente aclamação de Clarice como grande autora da literatura brasileira e mundial. Esse questionamento se dá por meio da "hora do lixo". A "hora do lixo", termos presentes em "Explicação" (p.10), corporifica o projeto literário de *A via crucis do corpo*: a encenação/representação de "um lixo" – um livro de contos eróticos escritos por encomenda –, que, paradoxalmente, não se constitui meramente em "um lixo". Um livro em que o erotismo se mostra rarefeito em favor do viés irônico e crítico articulado por meio do enredamento das ações, na camada enunciativa dos textos. Assim, o processo de (dis)simulação – *parecer* um livro de contos eróticos, a fim de *ser* uma obra metalingüística e metaficcional; *simular* um livro de contos eróticos considerando-se o que se esperava de Clarice Lispector – está presente, novamente, na prosa clariciana. Por exemplo, em outro texto de Lispector, na introdução à segunda parte de *A legião estrangeira*, intitulada "Fundo de gaveta":

> Esta segunda parte se chamará, como uma vez me sugeriu o nunca assaz citado Otto Lara Resende, de "Fundo de gaveta". Mas por que livrar-se do que se amontoa, como em todas as casas, no fundo das gavetas? Vide Manuel Bandeira: para que *ela* me encontre com "a casa limpa, a mesa posta, com cada coisa em seu lugar". Por que tirar do fundo da gaveta, por exemplo, "a pecadora queimada", escrita apenas por diversão enquanto eu esperava o nascimento de meu primeiro filho? Por que publicar o que não presta? Porque o que presta também não presta. Além do mais, o que obviamente não presta sempre me interessou muito. Gosto de um modo carinhoso do inacabado, do malfeito, daquilo que desajeitadamente tenta um pequeno vôo e cai sem graça no chão. (Lispector, 1964a, p.127)

Esse fragmento leva-nos a refletir sobre algumas frases – "o que presta também não presta", e, acrescentemos, sua inversão, "o que não presta também presta"; escrever "por brincadeira" e escrever "de modo sério" – que parecem sintetizar o deslocamento das fronteiras entre "boa" e "má" literaturas, a problematização do ato de escrever e de narrar, aludindo ao procedimento de (dis)simulação e de reversão dos signos recorrentes no prosa clariciana. Olga de Sá (1993), em um outro estudo, explorou a reversão dos signos, que seria suscitada, entre outros recursos, pelo:

> pólo paródico, constituído pela paródia séria, não burlesca, que denuncia o ser, pelo desgaste do signo, desescrevendo o que foi escrito, num perpétuo diálogo com seus próprios textos e com outros textos do universo literário. Neste caso, a intertextualidade e a intratextualidade se constituem em procedimentos paródicos.
>
> Já se disse que a poética de Cortazar é a do "escorpião encalacrado", mordendo a sua própria cauda. Clarice também trabalha desgastando a linguagem, denunciando o ato de escrever, alertando constantemente a consciência do leitor para o fato insofismável, mas esquecido, de que ele é leitor e ela escreve, isto é, faz literatura, inventa universo de palavras. Tanto o ato de escrever como o ato de ler são questionados, na ficção de Clarice, em agoniado confronto com o ser e o viver. (p.19-20)

Adensando ou redimensionando os argumentos apresentados em *A escritura de Clarice Lispector* (1979), Sá, em *A travessia do oposto* (1993), estabelece o "pólo epifânico" e o "pólo paródico" como direcionadores de sua interpretação da prosa clariciana. Para a estudiosa,

> no caso particular de Clarice Lispector, ela problematizou tão radicalmente a linguagem com relação ao ser, e o escrever com relação ao viver, que levantou sobre qualquer tentativa de análise crítica, a respeito de sua obra, uma espécie de interdito.
>
> Como escrever sobre uma escritura que lança tal apelo ao silêncio e ao inexpressivo? (Sá, 1993, p.22)

Em *A via crucis do corpo*, acreditamos, todavia, que o "interdito" corresponderia a uma ambivalência pertinente ao texto de Lispector, oriunda da tensão entre o *dizer* e o *fazer*. Ou seja, corresponderia a um encadeamento auto-referencial da linguagem, que suscitaria a ambivalência que o enreda. Assim, o "silêncio" e o "inexpressivo" não seriam, meramente, resultantes da problematização da linguagem. Seriam um dos procedimentos que indiciam a linguagem em sua ambivalência e em seu engendramento autorreferencial. É nesse sentido que devemos focalizar a paródia e a reversão dos signos como procedimentos que assinalam um trabalho *com a* e *da* própria linguagem.

Sá (1993) alude à paródia séria como um dos recursos presentes na prosa clariciana e que denuncia o próprio processo de escritura do/no texto. Acreditamos que esse parodismo se instaura por meio da (re)escritura intertextual e intratextual, em que um "mesmo" texto tem "outra" versão, de modo que enrede a dinamicidade e a passagem de sentidos, a natureza híbrida de sua tessitura: um texto mostra-se, ao mesmo tempo, o mesmo e o outro. Essa construção tensa e dissonante é regida, por exemplo, pela polifonia que ecoa, no desdobramento enunciativo, a partir das vozes de "escritores ficcionalizados", narradores, personagens. Desse modo, aquilo que foi dito/escrito passa a ser, ao longo da narração, desdito/desescrito.

Ao aludirmos à noção de polifonia, à construção polifônica que rege o texto de Lispector, não poderíamos deixar de destacar as palavras de Bakhtin, que discorreu acerca dessa construção a partir da produção de Dostoievski (1821-1881). Com base nos comentários do estudioso, focalizamos a obra, a (re)escritura de Clarice Lispector como sendo regida por uma multiplicidade de vozes plenivalentes e que "mantêm com outras vozes no discurso uma relação de absoluta igualdade como participantes do grande diálogo" (Bakhtin, 1997, p.4). Esse "grande diálogo" caracteriza a própria escritura em sua pluralidade e sua dinamicidade, de modo que as (dissonantes) vozes são articuladas em conjunto por meio da relação entre a fábula e a fabulação, como analisaremos posteriormente.

A elucidação da construção polifônica e do percurso de reversão, de enunciação e de deslocamento de noções cristalizadas e canonizadas, as quais regem os modos de produção e de recepção no cenário literário, permite a abordagem de *A via crucis do corpo* de acordo com o segundo eixo temático. Este se configura na consciência do fracasso do narrar, isto é, na falácia da representação. Instaurada na trama dos textos, essa desconfiança em relação à linguagem, à possibilidade de se narrar, deve-se ao questionamento da visão que alude à linguagem como "veículo de conhecimento e busca da verdade" (Santiago, 1978, p.204). Ela estabeleceria, de imediato, uma relação direta entre "literatura"/linguagem e "realidade". Essa visão pode ser notada ao se considerar, por exemplo, "C. L." como abreviatura do nome "Clarice Lispector" e, assim, "Explicação" como um prefácio. Entretanto, como também foi demonstrado na discussão desse texto, a problematização do ato narrativo instala-se, ambiguamente, como (im)possibilidade discursiva. O narrador, por meio de seus desdobramentos discursivos (voz narrativa, focalização, modalização etc.) parece ter consciência de sua função – o contar, o relatar os fatos da realidade, o inscrever um discurso –, colocando-se como o "sujeito" responsável por esse ato. Ao mesmo tempo, focaliza a relação linguagem/realidade de maneira conflituosa, inscrita sob o metafórico conceito-nome, sob a polissemia ("C. L." seria Clarice Lispector e/ou Cláudio Lemos? autor, narrador e/ou personagem?). Ao discorrer acerca da falácia da representação da linguagem, Santiago (1978) aponta Nietzsche como um dos fundadores desse questionamento, cuja discussão nos permite analisar que:

> nomear as coisas é antes de mais nada um "ato de autoridade" por parte do homem, por parte dos que dominam. Da pacífica relação entre a linguagem e as coisas passamos a uma relação conflituosa que só pode ser descrita pelo vocabulário da *diferença* e da *violência*. O homem impõe *uma* e *sua* interpretação e *um* e *seu* valor quando usa criativamente a linguagem. O trabalho do filósofo, do crítico, será exatamente o de perceber a origem desta violência interpretativa, julgar o "valor dos valores", estabelecidos por ela. (p.204, grifo do autor)

Torna-se necessário enfocar, então, a linguagem sob o viés da "diferença" e da "violência". Observada em outras obras de Clarice Lispector, a problematização da linguagem, do discurso, do narrar intensifica-se a partir de 1964, com a publicação de *A legião estrangeira* e de *A paixão segundo G. H.*, em decorrência da oscilação da prosa da autora em meio a discursos diversos, ou, como já foi destacado, do hibridismo. Em *A legião estrangeira*, em especial em "Fundo de gaveta", Clarice articula seu discurso por meio da "heterogeneidade dos registros", em que

> Em linguagem mais solta é possível submeter-se às variações do termômetro jornalístico, escrevendo ora crônicas até de um só período em três linhas, num misto de linguagem conceitual-filosófica e de humor, de feição epigramática, à moda de um Millôr Fernandes, ora crônicas que são reinterpretações de provérbios, alguns metalingüísticos ... Comparecem a linguagem do diário, impressões de viagem, *fait-divers*, trechos ensaísticos, opiniões críticas, ficção científica, piadas, fábulas arcaicas, ou o mero episódio compromissado com o simples relato de acontecimento. ... Outros textos aproximam-se do que mais comumente se chama de *crônica*: o texto publicado em jornal sobre assunto da atualidade, em torno do qual se tece um comentário, breve e criativo, ora lírico, ora trágico. (Gotlib, 1988b, p.178)

O hibridismo e a oscilação por discursos diversos elucidada por Gotlib (1988b) parecem ter sido entendidos, sobretudo por editores e editoras, como "desvio" em relação ao que parte da recepção esperava da (e rotulava como) linguagem da autora: uma prosa metafísico-existencialista. Como em *A legião estrangeira*, engenham-se em *A via crucis do corpo*, por meio de recursos enunciativos, tanto o questionamento das convenções que regem o ato de escrever, sobretudo em um mercado capitalista, quanto a consciência da linguagem como representação fracassada e dissimulada da realidade – a "violência" e a "diferença". Sobretudo no caso de *A legião estrangeira*, torna-se "sintomático" o fato de as editoras (no caso, a Ática) terem "mutilado" a obra, já que "Fundo de gaveta" parece estabelecer uma relação conflituosa e metalingüística com os contos da primeira parte da obra e, ainda, com a produção clariciana, com base na representação e na discussão do "lado mais feio".[2] Gotlib (1988b) comenta acerca de "Fundo de gaveta" que:

2 Como foi elucidado na parte inicial deste estudo, após a edição inaugural de 1964 (Editora do Autor), *A legião estrangeira* foi fragmentada: em 1977, a edi-

é ainda o tema metalingüístico que ocupa grande parte desta coletânea. Clarice Lispector revela-se mestre em captar aquilo que a sua própria arte traduz: a simetria e a tensão; o impasse entre o objeto e sua representação; a convivência, íntima, com as palavras; a experiência da liberdade na arte; os limites entre o abstrato e o figurativo; o social, na arte; a gênese da escrita.

Nas referências que faz a seus próprios textos, como cronista de sua própria crônica, Clarice mostra-se também neste seu próprio processo dissimulador, desvendando-se pelo que não é. Patinho Feio. Retardando, assim, para nós, a descoberta dos altos e, por vezes, simultaneamente desconfortáveis vôos de que é feita a sua arte. (p.178)

O desdobramento metalingüístico enreda, então, a dinamicidade da prosa clariciana, estabelecendo tensões entre o *falar* e o *dizer*, entre o mostrar e o ocultar dissimuladamente etc. Fomenta, por conseqüência, a problematização acerca da linguagem como instrumento de comunicação e de apreensão da realidade, e, ainda, das convenções que regem o ato de escrever/narrar, a literatura, os gêneros. A "violência" e a "diferença" são, assim, índices de leitura que permitem a elucidação desse questionamento, o qual se constitui um traço recorrente na ficção de Clarice Lispector, por exemplo, em *A paixão segundo G. H.*:

Mas eu tenho muito mais à medida que não consigo designar. A realidade é matéria-prima, a linguagem é o modo como vou buscá-la – e como não acho. Mas é do buscar e não achar que nasce o que eu não conhecia, e que instantaneamente reconheço. A linguagem é meu esforço humano. Por destino tenho que ir buscar e por destino volto com as mãos vazias. Mas – volto com o indizível. O indizível só me poderá

---

tora Ática publica os contos da primeira parte sob o título *A legião estrangeira*, e em 1978 publica "Fundo de gaveta" sob o título de *Para não esquecer*. Como também foi afirmado por Gotlib (1988b, p.177), é fundamental destacar que houve modificações no corpo ficcional dos textos de "Fundo de gaveta", pois "são 28 títulos que introduzem, na maioria das vezes, vários fragmentos", e nas demais edições "haverá 108 títulos a introduzirem estes fragmentos, alguns, com modificações".

> ser dado através do fracasso da minha linguagem. Só quando falha a construção, é que obtenho o que ela não conseguiu. (Lispector, 1988, p.113)

O "indizível", o "inexprimível" são vocábulos vistos em outras obras e engendram, de modo contraditório, o fracasso da linguagem: "só quando falha a construção, é que obtenho o que ela não conseguiu". E o fracasso também é um tópico recorrente na prosa de Lispector e, em *A via crucis do corpo*, pode ser focalizado de modo singular, no processo de (dis)simulação, de travestimento. Conforme Franco Junior (1999), esse livro, lido sob a perspectiva do "drama da linguagem" (Nunes, 1995), ou seja, da dramatização da escrita, revela um projeto literário instigante:

> Os contos do livro *encenam* a crise entre as ambições do escritor e as delimitações do mercado (que constitui parte específica do sistema literário), representam a atendimento das demandas do mercado (editor, editora, projeção de público consumidor) ao mesmo tempo em que as comentam com ironia, sabotando-as ...
>
> Ao contrário do que normalmente se afirma sobre o livro, o sexo e a violência ... não constituem senão no nível da encenação a temática dos contos de AVCC. O projeto do livro ... é mais ambicioso, e logra efeito na sua ... *falência programada* junto ao pólo da recepção: público e crítica. Esta estratégia presta-se ... a uma ambígua corrosão do sistema de produção e recepção característico da indústria cultural e do conjunto de valores e modos de recepção do sistema literário brasileiro. (p.195-6, grifo do autor)

Como assinalou Franco Junior (1999), a "falência programada" mostra-se um dos aspectos constitutivos de *A via crucis do corpo*. É necessário, pois, perscrutar a própria concepção de "fracasso", para que o livro seja abordado como um projeto literário coeso, em que as convenções da tradição literária e da indústria cultural, as posições de escritor e leitor no mercado, por exemplo, sejam revisitadas. Como avaliar o "fracasso" de/em *A via crucis do corpo*, senão como um procedimento articulado na/por meio da tensão entre *dizer* e *fazer*?

Notamos, assim, que a concepção de "fracasso" na obra adquire conotações distintas. Uma, que retoma, de certa maneira, a concepção de "malogro": *A via crucis do corpo*, elaborado de acordo com as solicitações do editor, do mercado, para "ser vendido", acaba sendo um "fracasso", em termos financeiros, por ser, até hoje, um dos livros menos vendidos e divulgados de Clarice Lispector. Ainda, um "fracasso", por ter sido comumente caracterizado como "desvio", "obra menor", "lixo". Todavia, tem-se outra concepção que, associada à idéia de "falência programada", permite que visualizemos o "fracasso" como "triunfo", na medida em que, no desagrado, o livro cumpre a função de desestabilizar o sistema literário e de, em certo modo, evidenciar as demandas (inclusive financeiras) que o engenham(vam). Nota-se, ainda, um fracasso da própria linguagem, do narrar, da representação – a falácia da representação – engendrado na/por meio da estruturação ambivalente e paródica que evidencia a linguagem em seu processo de representação/significação.

Considerando esses questionamentos, na primeira parte, "Uma escritura perturbadora", situamos *A via crucis do corpo* nos contextos de divulgação e de recepção do sistema literário brasileiro, bem como na produção de Lispector. Agora, em "Atos de uma encenação" procuraremos discutir os procedimentos narrativos postos em cena, a fim de elucidarmos uma releitura da obra sob o viés da falácia da representação, do "drama da linguagem", ou, em nossas palavras, do procedimento de (dis)simulação. Conseqüentemente, pretendemos iluminar o "espetáculo escritural" que constitui *A via crucis do corpo*: o percurso das ações narrativas ante o percurso da própria enunciação, da discursivização, isto é, a tensão entre o *dizer* e o *fazer*. Sendo assim, a relação entre *o que se narra* e *como se narra* engenha-se na/pela dramatização do ato narrativo e na/pela problematização do narrar. Nos capítulos seguintes, discorreremos acerca dessas questões, elucidando o percurso narrativo de/em *A via crucis do corpo*, e que pode ser caracterizado como "a *via crucis* da linguagem", "a encenação (frustrada) de um livro de contos eróticos".

6

Primeiro ato: a (des)construção do sujeito (autor/narrador/"texto"/leitor)

> "Acabou de sair"
> Sua enorme inteligência compreensiva, aquele seu coração vazio de mim que precisa que eu seja admirável para poder me admirar. Minha grande altivez: prefiro ser achada na rua. Do que neste fictício palácio onde não me acharão porque – porque mando dizer que não estou, "ela acabou de sair". (Lispector, 1964a, p.138).

> Qualquer gato, qualquer cachorro vale mais do que a literatura. (Lispector, 1974, p.48)

Neli Santos (1999), em um texto intitulado "A promoção do mito Clarice Lispector", afirma que:

> Impressiona a grande quantidade de entrevistas concedidas por Clarice Lispector no decorrer da década de 70. Isso revela a disposição dos veículos de comunicação em dar-lhe destaque e permite verificar como o investimento em figuras consagradas reflete que um padrão de consumo está em busca de um padrão estético. Um motivo suficiente para que se criem e se aperfeiçoem recursos específicos para a realização desse fim. As entrevistas, nesse sentido, funcionam como estratégia de

> promoção dessa identificação e ocasiões de publicidade, pois tendem a jogar com os acontecimentos ao saber dos interesses da circunstância.
>
> *Salta aos olhos o esforço da maioria dos entrevistados em "arrancar" de Clarice Lispector elementos que a constituem como mito e, paradoxalmente, a tentativa da entrevistada de negar tal processo e a padronização dele decorrente.* Isso permite entrever na situação uma adequação do objetivo desse tipo de gênero jornalístico ao processo, então, em curso. *No lugar de coletar informações diretamente com a entrevistada e organizá-las de modo a traçar um perfil biográfico da mesma, a maioria das entrevistas publicadas tendem a reforçar uma imagem previamente estabelecida de Clarice Lispector como "monstro sagrado da Literatura Brasileira".* (p.136, grifo nosso)

Paralelamente à crescente receptividade, na década de 1970, do nome "Clarice Lispector" e da imagem da escritora junto ao grande público, divulgada em fotos e entrevistas, observamos, tanto em seus textos quanto em seus depoimentos, uma atitude de Clarice em se utilizar da imagem pela qual era promovida (de "escritora e de mulher bem-sucedida"). Assim, posicionava-se, de maneira crítica e, muitas vezes, dissimulada, perante as influências do mercado, os comentários divulgados na imprensa e o público leitor. Como foi discutido, na época de elaboração de *A via crucis do corpo*, Clarice, então recentemente demitida do *Jornal do Brasil*, era assunto constante de entrevistas.

A necessidade de "publicar textos para ganhar dinheiro" intensificou-se no início da década de 1970, de modo que Clarice fosse impelida a se deparar, clara e diretamente, com essa instância de produção: "escrever para sobreviver". "Sobreviver" financeiramente. "Sobreviver" como "escritora aclamada" no mercado, no sistema em que se via imersa. Nesse contexto, assuntos, como a condição de um escritor em um mercado moldado pelas necessidades de venda, a preocupação diante de crescente público leitor, mostram-se, de certa forma, presentes na prosa de Clarice Lispector, em especial nas obras publicadas nessa época. Todavia, esses argumentos não são enredados, no texto, de modo "ingênuo", estabelecendo uma relação direta entre as dificuldades pelas quais a autora passava e a discussão a respeito delas. Pelo contrário, nos textos de Lispector, a relação entre sua vida pessoal e os assuntos abordados em sua obra passa a ser problematizada, de modo que se embaralhem, desestabilizem-se as fronteiras entre literatura, ficção, invenção e realidade. Isso se dá, por exemplo, a partir do distanciamento crítico e avaliativo do narrador em relação às personagens e à sua própria posição enunciativa, que permite interpretarmos os textos sob o viés da encenação, do processo de (dis)simulação: escritor/Clarice Lispector, narrador, personagens mostram-se atores no espetáculo escritural. Mais do que o espetáculo encenado pela ficção, na relação entre fábula e fabulação, parece que agora a encenação se dá na enunciação, fazendo da escritura o espetáculo do espetáculo. Assim, apresenta-se *a encenação de uma escritura*.

Em *A via crucis do corpo*, a condição de um escritor constitui-se, num primeiro momento, no parâmetro para a discussão dos textos "O homem que apareceu", "Por enquanto", "Dia após dia", permitindo, ainda, que aprofundemos o estudo de "Explicação". Nesses textos, os narradores-personagens, que parecem se colocar na posição de uma escritora, são comumente relacionados a Clarice Lispector. Como se destacou, a relação direta entre ficção e realidade, de modo que aquela seja o espelho dessa, é uma "armadilha" que o texto de Lispector estabelece para os leitores menos atentos e influenciados por leituras cristalizadas de sua produção. A discussão dessa relação direta é, inicialmente, a diretriz de nossa interpretação, à medida que enveredarmos pelos meandros enunciativos e significativos dos textos em questão, suscitando o percurso de "fingimento ficcional" do/no texto.

Em "O homem que apareceu" (p.45-51), a voz narrativa é de uma mulher, que se apresenta como escritora, para quem "qualquer gato, qualquer cachorro vale mais do que a literatura" (p.48).[1] A tentação que esse texto nos impõe é relacionar a personagem-escritora, narradora de sua própria condição, a Clarice Lispector. Acredita-

1 Doravante, as citações dos textos de *A via crucis do corpo* serão transcritas da edição de 1974 (Artenova) e indicadas pelos respectivos números de página.

mos que essa seja uma leitura plausível. Porém, se a proclamarmos, enfatizaremos uma visão que consideraria *A via crucis do corpo* meramente sob o viés da vida pessoal da autora na época de publicação do livro. Ainda, de acordo com essa interpretação, "Explicação" seria um prefácio em que Clarice se justificaria diante do pedido do editor e diante da "ousada" temática abordada nos textos do livro. Este, assim, não se mostraria por meio da tessitura intertextual, intratextual e metalingüística que o sustenta. Desse modo, convém destacarmos as palavras de Roland Barthes (1988), ao afirmar que:

> O texto é plural. Isso não significa apenas que tem vários sentidos, mas que realiza o próprio plural do sentido: um plural *irredutível* (e não apenas aceitável). O Texto não é coexistência de sentidos, mas passagem, travessia; não pode, pois, depender de uma interpretação, ainda que liberal, mas de uma explosão, de uma disseminação. (p.74)

Tendo em vista tanto a pluralidade que constitui o texto, a disseminação como amplitude das possibilidades interpretativas, bem como a noção de que toda leitura, por ser interpretação, relaciona-se às condições sócio-históricas, é nossa intenção oferecer e cotejar outras possibilidades de interpretação de *A via crucis do corpo*. Como "produtores e produto" dos significados (Arrojo e Rajagopalan, 1992, p.54), temos construído outra possibilidade de leitura de *A via crucis do corpo*, com base na metáfora da encenação, isto é, da dramatização da linguagem. O "primeiro ato" do espetáculo – nomeado "Uma escritura perturbadora" – encena o processo de escrita de "livro de contos eróticos" em direção à "escritura" (Barthes, 1988). Engendra-se na/pela desconstrução da figura pública e real de Clarice Lispector, pessoa no mundo, indivíduo na sociedade, em direção à construção da posição enunciativa de uma escritora que ora simula o sucumbir perante o apelo do editor, as exigências do mercado (p.9), ora deseja que sua obra "se dane" (p.65). Portanto, tem-se um afastamento da realidade, dos fatos da vida de Clarice, em direção ao encadeamento narrativo, à disseminação de sentidos: "Clarice Lispector" passa, então, a se constituir numa posição discursiva, encenando, como ator no palco enunciativo, o espetáculo da escritura – uma personagem-escritora, uma escritora-personagem, uma autora ficcionalizada.

Temos, assim, de enfocar *A via crucis do corpo* não como um livro sobredeterminado por uma intenção autoral, que viesse depositar um sentido único e preciso a ele, mas como um "espaço de dimensões múltiplas, no qual se casam e se contestam escrituras variadas, das quais nenhuma é original", pois "o texto é um tecido de citações" (Barthes, 1988, p.68-9). Podemos afirmar que a referência, em "O homem que apareceu", "Por enquanto", "Dia após dia" e "Explicação", à escritora Clarice Lispector articula-se, em nível discursivo, desdobrando-se em uma posição enunciativa que se mostra por meio de uma voz. Esta se utiliza de noções vigentes no sistema literário a respeito da produção clariciana e da imagem da autora como figura pública. Vejamos, então, como esse desdobramento polifônico, concatenado pelo processo de (dis)simulação, engenha-se em cada texto, de modo que constitua o "grande diálogo" (Bakhtin, 1997): *A via crucis do corpo*.

Em "O homem que apareceu", o narrador, caracterizado como uma mulher, apresenta, em tempo ulterior, um provável acontecimento de sua vida. De acordo com a terminologia proposta por Genette (s.d., p.242-7), podemos caracterizar o narrador como "autodiegético", por relatar suas próprias experiências como personagem central da história. Assim, após ser instituída a categoria de pessoa, marcam-se as de tempo e de espaço, à medida que a narradora-personagem, num "sábado de tarde, por volta das seis horas", dirige-se "ao botequim do português Manuel", a fim de "comprar coca-cola e cigarros" (p.45). Há, portanto, logo no primeiro parágrafo do texto, as marcações que são apontadas pela narradora-personagem: temporal ("sábado de tarde", "quase sete" horas, no dia 11 de maio, véspera do dia das mães) e espacial (após sair do apartamento, dirige-se ao "botequim do português Manuel"). Como sabemos, a apresentação, de modo ritualístico e detalhado, dos acontecimentos em sua provável ordem seqüencial, espacial e temporal é um recorrente procedimento de construção do texto clariciano. A maneira pela qual essa construção textual se molda parece apontar, de certa forma, a realidade, isto é, a veracidade dos fatos que estão sendo relatados pela narradora, provavelmente a escritora Clarice Lispector. Conseqüentemente, se retomarmos o procedimento de (dis)simulação, observaremos que, sustentado por sua construção, o texto *encena*, *simula* um relato fiel da realidade e dos fatos da vida pessoal da escritora Clarice Lispector, para, ao longo do percurso narrativo-enunciativo, desestabilizar essa relação direta que, aparentemente, estabeleceu-se entre ficção e realidade.

Após marcar, desde o início do texto, os índices temporal e espacial, a narradora-personagem passa a detalhar os acontecimentos em sua provável seqüência. Assim, ao esperar, no botequim do português Manuel, que fosse atendida, ela depara-se com "um homem tocando uma pequena gaita", que a olhou, "tocou uma musiquinha" e falou seu nome (p.45). O nome passa a ser, então, o elemento que permite a aproximação das personagens. Não sabemos, entretanto, o nome da narradora-personagem – daí a suposição, em muitas leituras do texto, de que seja "Clarice Lispector" –; quem o sabe é, somente, Cláudio Brito, que afirma à personagem: "o que importa um nome?" (p.45). O nome do personagem estabelece uma relação com "Explicação", na medida em que nesse texto tem-se, também, um "Cláudio" – no caso, "Cláudio Lemos" –, que surge como "um nome bastante simpático" (p.10) e como suposto pseudômino de Clarice Lispector, e, ainda, provoca o questionamento da utilização de um nome. Nota-se, a partir da elucidação desses elementos, um jogo intertextual e intratextual, em que *A via crucis do corpo*, como um texto coeso e coerente, "oferece" relações entre as personagens, os assuntos, os recursos expressivos postos em cena, entre outros elementos, tecendo a trama narrativa em que se encena o espetáculo da "escritura" (Barthes, 1988, p.70). Além de escritor (ou Clarice Lispector como escritor ficcionalizado), narrador e personagens, o leitor também se vê atuando, na medida em que passa a possuir uma "interferência autoral nos textos que lê" (Arrojo, 1992, p.38). Em relação ao texto "O homem que apareceu", o diálogo das personagens permite que, na posição de leitores, vislumbremos o tecido perene que o sustenta, suscitado, inicialmente, pelo fato de somente o personagem Cláudio Brito saber o nome da narradora-personagem. Tem-se, então, um jogo encadeado por meio das falas, dos intertextos, travado entre as personagens, entre o "ocultar(-se)" e o "mostrar(-se)", entre o "dizer" e o "desdizer", entre o "mesmo" e o "outro" dado. Por um lado, pelo desconhecimento do nome de quem é responsável pela condução do ato narrativo ou pela suposição de que o nome da narradora-personagem seja "Clarice Lispector". E, por outro, pelo conhecimento do nome "Cláudio Brito", de um "derrotado" (p.46), e que retoma o nome "Cláudio Lemos", "pseudônimo-personagem" do espetáculo escritural.

Portanto, à medida que se desenvolve o diálogo, nota-se uma tensão entre o "texto" e o "intertexto", dada por meio do desdobramento enunciativo-narrativo, da focalização oscilante da narradora em relação a Cláudio Brito, por exemplo. No contato inicial de Cláudio Brito com a narradora-personagem – cujas marcações espaciais e temporais foram estabelecidas pela voz narrativa –, o personagem afirma, "completamente bêbado" (p.46), a seu Manuel, ainda sem ela tê-lo (re)conhecido, que ali "só é superior a mim essa mulher porque ela escreve e eu não" (p.46). Por meio da fala desse personagem, registrada em discurso direto, sugere-se uma oposição entre Cláudio Brito e a narradora-personagem. Ele é um poeta fracassado e ela, supostamente, uma escritora atuante e renomada. A noção de "escritor bem-sucedido" parece ser colocada em questão no jogo de aproximação e de distanciamento das personagens. Assim, no primeiro contato, após anos sem se encontrarem, a narradora-personagem, achando o "rosto muito familiar" (p.46), pergunta o nome do homem bêbado:

> – Sou Cláudio.
> – Cláudio de quê?
> – Ora essa, de que o quê? Eu me chamava Cláudio Brito...
> – Cláudio! gritei eu. Oh, meu Deus, por favor suba comigo e venha para a minha casa! (p.46)

Os enunciados "O que importa um nome?" (p.45) e "Ora essa, de que o quê? Eu me chamava Cláudio Brito" (p.46) parecem revelar uma posição crítico-avaliativa, por meio da fala de um poeta derrotado. A importância do nome, em especial aludida pelo verbo no tempo passado, e a condição de um escritor no mercado literário vêm a ser questionadas ao longo do diálogo e do desenrolar das ações. Conseqüentemente, é necessário notarmos a apresentação, pela narradora-personagem, dos acontecimentos, e sua relação com a construção ficcional do tecido narrativo, ou seja, o modo como se relacionam a fábula e a fabulação. Narra-se um fato da vida de uma escritora – o reencontro com um poeta após anos –, num espaço e num tempo determinados. A marcação do narrador, da pessoa, do tempo e do espaço engenha uma estrutura narrativa condizente com um encadeamento linear e fechado, isto é, com início (encontro), meio (diálogo) e fim (despedida). Porém, essa estrutura é pontuada por focalizações avaliativas e críticas da narradora-personagem em relação ao outro personagem e, ainda, à sua própria posição, por vozes entoadas a partir de distintas posições enunciativas. Desse modo, é estabelecida uma tensão entre o *dizer* e o *fazer*, entre o *fato narrado* e o *modo como é narrado*, caracterizando o procedimento de (dis)simulação. Outro exemplo desse desdobramento das vozes ocorre no trecho transcrito a seguir:

> Eu disse o número do apartamento e o andar. Ele disse que ia pagar a conta no botequim e que depois subia.
>
> Em casa estava uma amiga. Contei-lhe o que me acontecera, disse-lhe: ele é capaz de não vir por vergonha.
>
> Minha amiga disse: ele não vem, bêbado esquece número de apartamento. E, se vier, não sairá mais daqui. Me avise para eu ir para o quarto e deixar vocês dois sozinhos.
>
> Esperei – e nada. Estava impressionada pela derrota de Cláudio Brito. Desanimei e mudei de roupa. (p.46)

Segundo Diana Barros (1999, p.5), devemos interpretar a noção de polifonia, postulada por Bakhtin, como a "caracterização de um certo tipo de texto, aquele em que se deixam entrever muitas vozes". Como foi destacado, podemos afirmar que *A via crucis do corpo* constitui-se na/pela tensão polifônica, pois observamos vozes, muitas vezes "mascaradas", dissimuladas, que permeiam o tecido narrativo-enunciativo dos textos. Em "O homem que apareceu", texto em que aparentemente narra-se o inusitado encontro com o "homem que apareceu", Cláudio Brito, articula-se o desdobramento polifônico concatenado por meio da posição enunciativa assumida pela narradora-personagem, por sua amiga, por Cláudio Brito e, sobretudo, por uma visão implícita. Esta é articulada pela narradora-personagem e pelo poeta, em relação ao papel de um escritor na sociedade. Há, portanto, a partir das estratégias discursivas atuantes no texto, uma tensão entre essas vozes, que, conseqüentemente, engenha a relação conflituosa e ambivalente entre o *dizer* e o *fazer*. Esse enredamento polifônico enfatiza-se à medida que a narradora-personagem e Cláudio Brito tornam-se "espacialmente" próximos, então na conversa no apartamento, porém, "discursivamente" distantes, por meio da apresentação, ao leitor, de discursos modalizantes e, sobretudo, da intrusão do narrador autodiegético, que ora se aproxima do personagem, ora dele se distancia. Vejamos, então, um outro exemplo:

> Então tocaram a campainha. Perguntei através da porta fechada quem era. Ele disse: Cláudio. Eu disse: você espere aí sentado no banco do vestíbulo que eu abro já. Troquei de roupa. Ele era um bom poeta, Cláudio. Por onde andara este tempo todo?
>
> Entrou e foi logo brincando com o meu cachorro, dizendo que só os bichos o entendiam. Perguntei-lhe se queria café. Ele disse: só bebo álcool, há três dias que estou bebendo. Eu menti: disse-lhe que infelizmente não tinha nenhum álcool em casa. E insisti no café. Ele me olhou sério e disse:
>
> – Não mande em mim.
>
> Respondi:
>
> – Não estou mandando, estou lhe pedindo para tomar café, tenho na copa uma garrafa térmica cheia de bom café. Ele disse que gostava de café forte. Eu trouxe uma xícara de chá cheia de café, com pouco açúcar. (p.47)

Como pode ser notado nesses fragmentos, são alternadas as vozes, as posições enunciativas, das perspectivas:

a) da narradora-personagem, que assume a função de apresentar os acontecimentos da história. Porém, ela o faz com aparente distanciamento avaliativo: "Então tocaram a campainha", "Ele disse:", "Eu disse:". Enfatiza-se, nessa perspectiva, a função do narrador como responsável pela apresentação das ações tais como ocorreram;

b) da narradora-personagem, isto é, a escritora que tem seu encontro com Cláudio Brito. Dessa perspectiva, o narrador privilegia sua posição como personagem da história e a sua visão, muitas vezes ambivalente, irônica, em relação às outras personagens: "Ele era um bom poeta, Cláudio. Por onde andara este tempo todo?";

c) de Cláudio Brito, poeta, bêbado, que só é entendido pelos bichos: "Não mande em mim", "só bebo álcool, há três dias que estou bebendo";

d) da amiga da personagem, que não tem expectativa de encontrar o poeta: "Ele não vem, bêbado esquece número de apartamento. E, se vier, não sairá mais daqui. Me avise para eu ir para o quarto e deixar vocês dois sozinhos".

Assim, à medida que se apresentam os fatos, que se enreda a fábula de modo linear e progressivo, tem-se o embate dessas distintas vozes, assumidas a partir de diversas posições enunciativas. Isso engendra uma construção polifônica, intratextual e intertextual. A narradora-personagem, quando se coloca como responsável pela condução do ato narrativo, oferece informações ao leitor com aparente distanciamento e "imparcialidade", como se sua função fosse somente relatar os fatos tais como aconteceram. E também com certa cumplicidade, confessando que "mentiu" e avaliando o poeta. Ao privilegiar sua própria atitude, a narradora-personagem instaura um sutil distanciamento irônico em relação a Cláudio Brito, que será, no decorrer da narração, retomado. Um exemplo dessa posição ambivalente da narradora-personagem pode ser observado na frase "Ele era um bom poeta, Cláudio. Por onde andara este tempo todo?", na qual o registro utilizado parece revelar tanto uma posição irônica em relação a Cláudio Brito quanto uma proximidade em relação a ele.

Entretanto, no momento em que aparece o discurso direto do personagem ("Não mande em mim"), sua voz também é privilegiada. Tanto a narradora-personagem quanto Cláudio Brito são, num primeiro momento, apresentados sob uma mesma perspectiva – a do "ofício" – aparentemente como escritora bem-sucedida e como poeta fracassado ("Aqui só é superior a mim essa mulher porque ela escreve e eu não", p.46).

Notamos, então, uma oscilação da voz narrativa. Embora possamos caracterizar o narrador como "autodiegético", percebemos que a perspectiva narrativa desdobra-se, variando de acordo com os registros utilizados para a caracterização das personagens e das ações. Desse modo, a pontuação e a organização sintática das frases também adquirem importância na construção textual, suscitando efeitos de sentido. Por exemplo, no momento em que a narradora-personagem apresenta, (re)conta a sua fala ou a de outra personagem tem-se o sinal dos dois-pontos ("Ele disse: só bebo álcool, há três dias que estou bebendo. Eu menti: disse-lhe que infelizmente não tinha nenhum álcool em casa. E insisti no café"). Quando se observa o diálogo entre a escritora e o poeta, ambos parecem ser apresentados sob uma mesma perspectiva, de modo que a narradora-personagem se coloque em atitude próxima ao personagem, com aparente cumplicidade:

> – Eu também entendo você.
>
> – Você? a você só importa a literatura.
>
> – Pois você está enganado. Filhos, famílias, amigos, vêm em primeiro lugar.
>
> Olhou-me meio desconfiado, meio de lado. E perguntou:
>
> – Você jura que a literatura não importa?
>
> – Juro, respondi com a segurança que vem de íntima veracidade. E acrescentei: qualquer gato, qualquer cachorro vale mais do que a literatura.
>
> – Então, disse muito emocionado, aperte minha mão. Eu acredito em você.
>
> – Você é casado?
>
> – Umas mil vezes, já não me lembro mais.

> – Você tem filhos?
> – Tenho um garoto de cinco anos.
> – Vou lhe dar mais café. (p.48)

Se considerarmos o assunto desse fragmento, podemos afirmar que se coloca em questão tanto a noção e a função da (ou do que se entende por) literatura ("qualquer cachorro vale mais do que a literatura") quanto o ofício, o papel social do escritor. No entanto, podemos questionar se a narradora-personagem, ao ter confessado anteriormente que "mentiu" (p.47), também não estaria "mentindo" em relação à importância da literatura, *simulando* uma despreocupação em relação ao seu ofício de escritora. A partir desse jogo presente no discurso das personagens, podemos notar que o diálogo é construído por meio dos "papéis" que cada personagem encena: o do "poeta fracassado" e o da "escritora despreocupada". No desenrolar do diálogo – que, em certo sentido, assemelha-se a uma fala teatral e teatralizada –, os questionamentos em relação à literatura parecem assumir outro tom. Tal se daria, no momento em que a narradora-personagem-escritora e o poeta são caracterizados, respectivamente, como "uma mulher estranha" e "aposentado como alcoólatra e doente mental" (p.48). Após essa caracterização, tem-se a perspectiva da narradora-personagem em relação a Cláudio Brito:

> Ele chorou um pouco. Era um belo homem, com barba por fazer e abatidíssimo. Via-se que havia fracassado. Como todos nós. Ele me perguntou se podia ler para mim um poema. Eu disse que queria ouvir. Ele abriu uma sacola, tirou de dentro um caderno grosso, pôs-se a rir, ao abrir as folhas.
>
> Então leu o poema. Era simplesmente uma beleza. Misturava palavrões com as maiores delicadezas. Oh Cláudio – tinha eu vontade de gritar – nós todos vamos morrer um dia! Quem? mas quem pode dizer com sinceridade que se realizou na vida? O sucesso é uma mentira. (p.49)

Novamente, observa-se a voz narrativa ecoando sob diferentes perspectivas. No momento em que ocorre o discurso direto, a narradora-personagem apresenta-se como escritora em um diálogo com outro escritor. Contudo, há interferências dessa mesma voz narrativa em relação à outra personagem, elucidando, por conseqüência, um distanciamento avaliativo e irônico ("Via-se que havia fracassado"; "Oh Cláudio – tinha eu vontade de gritar"). Ao mesmo tempo que a narradora-personagem se posiciona ao lado da personagem, compartilhando da visão e da condição desta (sobretudo, em discurso direto), coloca-se ante ela, em oposição àquilo que o poeta remete: o sucumbir perante as exigências do sistema literário, o fracasso no mercado como escritor (discursos indireto e indireto livre). É, então, por meio dessa oscilação da voz narrativa entoada por narrador e personagens que o texto é moldado: por aproximação e distanciamento; por simulação e dissimulação; por concordância e discordância etc.

Em "O homem que apareceu", o que caracteriza a construção polifônica é, sobretudo, o modo como as vozes de narrador e personagens são apresentadas. No texto, há a alternância, nos termos propostos por G. Genette (s.d., p.169-83) e elucidados por Reis & Lopes (1988, p.275):

a) do "discurso citado", que consiste "na reprodução fiel, em discurso direto, das palavras supostamente pronunciadas pela personagem e que constitui, por isso mesmo, a forma mais mimética de representação";

b) do "discurso transposto", caracterizado pelo discurso indireto, em que o "narrador transmite o que disse à personagem sem, no entanto, lhe conceder uma voz autônoma";

c) do "discurso indireto livre", que, ao proporcionar confluência de vozes, "marca sempre, de forma mais ou menos difusa, a atitude do narrador em face das personagens, atitude essa que pode ser de distanciamento irônico ou satírico, ou de acentuada empatia" (p.279).

A alternância desses registros discursivos permite, num primeiro momento, que a perspectiva da narradora-personagem seja constituída de forma que molde a posição do narrador como responsável pela apresentação dos fatos. Quando considerada a focalização externa da narradora-personagem em relação a Cláudio Brito ou à sua amiga, observa-se "um esforço do narrador no sentido de se referir de modo objetivo e desapaixonado aos eventos e personagens que integram a história" (Reis & Lopes, 1988, p.249). O mesmo procedimento pode ser observado, ainda, na utilização do discurso citado e da sua pontuação específica. A apresentação das ações, a partir da posição da narradora-personagem, parece ser condizente com essa estruturação discursiva. Nela se privilegia a perspectiva da escritora em face dos outros personagens e dos acontecimentos, por meio dos tipos de registros demonstrados.

Contudo, no desenrolar do texto, percebemos que há uma mudança da perspectiva narrativa e, portanto, do tipo de discurso utilizado, apontando a proximidade ou o distanciamento da narradora-personagem em relação ao que está sendo narrado. Assim, quando há a utilização de focalização interna, com os discursos indireto e indireto livre, enfatiza-se a perspectiva da narradora-personagem em relação ao que é narrado, porém, de maneira tensa e até irônica, caracterizando um distanciamento em relação a Cláudio Brito. Ao longo do texto, a oscilação da perspectiva narrativa (focalização externa/interna) e dos tipos de registros (discursos citado, transposto ou indireto livre) permite que se observe a atuação: da narradora-personagem "desapaixonada", responsável pela condução do ato narrativo; da narradora-personagem como escritora. Ora se aproxima, ora se distancia de Cláudio Brito; de Cláudio Brito, poeta fracassado; da amiga que se encontra no apartamento da escritora. Embora o narrador seja, tradicionalmente, responsável pela condução do ato narrativo, o que podemos notar, a partir desse desdobramento polifônico, é que a própria caracterização da instância narrativa estabelece uma ambivalente confluência de perspectivas e de papéis a desempenhar, na medida em que a narradora-personagem, cujo nome desconhecemos, é, também, uma escritora. Desse modo, a narradora-personagem, de quem só sabemos que é uma escritora por meio das palavras de Cláudio Brito, postas em discurso direto, tem o papel de contar, atuar e escrever. De acordo com a perspectiva do poeta, temos a caracterização dela:

– Aqui só é superior a mim essa mulher porque ela escreve e eu não. (p.46)

– Você? a você só importa a literatura. (p.47)

– Você é uma mulher estranha. (p.47)

– Eu sei um bocado de coisas de você. E até conheci seu ex-marido. (p.50)

– Você é bonita. (p.50)

– Você tem mania de oferecer café e coca-cola. (p.51)

A narradora-personagem, por sua vez, atua como articuladora da instância narrativa tanto com aparente cumplicidade, observada no discurso direto, quanto com distanciamento, observado no discurso indireto e no indireto livre. A caracterização de Cláudio Brito oferecida pela narradora-personagem é registrada, sobretudo, em discursos indireto e indireto livre. Desse modo, o leitor se torna "cúmplice" de seu ponto de vista, dos papéis que são assumidos pelos personagens no decorrer do texto, da aproximação e do distanciamento:

... um homem tocando uma pequena gaita (p.45)

E o homem estava completamente bêbado (p.46)

Ele é capaz de não vir por vergonha (p.46)

Estava impressionada pela derrota de Cláudio Brito (p.46)

Ele era um bom poeta, Cláudio. Por onde andara esse tempo todo? (p.47)

Ele chorou um pouco. Era um belo homem, com barba por fazer e abatidíssimo. Via-se que havia fracassado. Como todos nós ... Oh, Cláu-

> dio – tinha eu vontade de gritar – nós todos somos fracassados, nós todos vamos morrer um dia! (p.49)

Acreditamos que o eixo tensivo a permear a construção de "O homem que apareceu" manifesta-se, sobretudo, no momento em que a personagem-escritora deixa ver sua opinião acerca de Cláudio Brito, da história que apresenta e, ainda, do próprio ato de narrar/escrever. Há um jogo entre ocultar e manifestar que perpassa o tecido ficcional: a perspectiva da narradora-personagem oscila entre esses dois pólos.

Podemos focalizar o texto, ainda, da perspectiva dos assuntos que são postos em cena, como o encontro de uma escritora com um poeta; a literatura e a condição do escritor; a família; o trabalho; o suicídio; e a morte. Observemos, então, os parágrafos finais do texto:

> – Você tem mania de oferecer café e coca-cola.
>
> – É porque não tenho mais nada para oferecer.
>
> À porta ele beijou minha mão. Acompanhei-o até o elevador, apertei o botão do térreo e lhe disse: vá com Deus, pelo amor de Deus.
>
> O elevador desceu. Entrei em casa, fui fechando as luzes, avisei minha amiga que logo em seguida saiu, mudei de roupa, tomei um remédio para dormir – e me sentei na sala escura fumando um cigarro. Lembrei-me que Cláudio, há poucos minutos, tinha pedido o cigarro que eu estava fumando. Eu dei. Ele fumou. Ele também disse: um dia mato alguém.
>
> – Não é verdade, eu não acredito.
>
> Tinha me falado também num tiro de misericórdia que dera num cachorro que estava sofrendo. Perguntei-lhe se vira um filme chamado em inglês "They do kill horses, don't they?" e que em português chamava "A noite dos desesperados". Ele tinha visto, sim.
>
> Fiquei fumando. Meu cachorro no escuro me olhava.
>
> Isso foi ontem, sábado. Hoje é domingo, 12 de maio, dia das mães. Como é que posso ser mãe para este homem? pergunto-me e não há resposta.
>
> Não há resposta para nada.
>
> Fui-me deitar. Eu tinha morrido. (p.51)

Os assuntos apresentados ao longo do texto relacionam-se, conflituosamente, à oscilação da voz narrativa, sendo, portanto, uma estratégia discursiva reiterada na prosa de Lispector – o *dizer* e o *fazer*. Trata-se de simular uma realidade, com personagens, tempo, espaço e seqüência definidos, para, a partir dessa simulação, dissimular o texto apresentado, articulando outra via significativa em que os assuntos apresentados são tematizados criticamente. No fragmento anterior, notamos que as ações são seqüencialmente apresentadas, ao mesmo tempo que a narradora-personagem manifesta-se, sobretudo por meio do discurso indireto livre, a respeito delas. Além disso, as referências ao "tiro de misericórdia num cachorro que estava sofrendo" e ao filme, por exemplo, estabelecem um aparente cuidado da narradora em relatar detalhadamente os fatos, conferindo a eles a condição de "verossímeis". E também um tom irônico, até mesmo "inverossímil", devido ao assunto "inusitado", à alternância de referências e vozes no enredamento do texto.

Por um lado, se considerarmos, em nossa interpretação, só a fábula apresentada (o encontro de uma escritora, aparentemente Clarice Lispector, com um conhecido, o poeta Cláudio Brito), teremos uma leitura do texto que ressalta a prosa, o estilo, tradicionalmente não correspondente ao de teor intimista e existencialista destacado na produção de Lispector. Neste caso, seria aceitável a associação de *A via crucis do corpo* ao estilo realista-naturalista. Por outro, se enfocarmos o livro como um projeto literário, identificaremos certos procedimentos e uma estruturação que *encenam* uma linguagem realista-naturalista e textos de estrutura linear. A partir dessa mesma estruturação, são problematizadas, por meio da relação entre a fábula e a fabulação (enunciação), as noções que regem o universo de valores do sistema literário, do mercado literário em que Clarice Lispector, como grande autora, via-se imersa. No presente capítulo, discutiremos o engendramento dos textos destacando, sobretudo, a relação entre autor, narrador, focalização etc. No capítulo seguinte, vamos nos deter nas questões relativas ao estilo e à linguagem realista-naturalista defendidos por certas leituras da obra em foco.

Desse modo, ao interpretarmos os quatro últimos parágrafos do texto considerando a relação entre fábula e fabulação, notaremos que se instaura um eixo significativo fomentado pelo desdobramento da voz narrativa. Esta relaciona a apresentação de um caso inusitado, de um encontro com "o homem que apareceu" e uma aparente proximidade com esse personagem, ao distanciamento, indiciado pelos registros discursivos, em relação ao que é narrado. Marcam-se, então, as instâncias de pessoa, tempo e espaço, porém, de modo ambivalente: ao mesmo tempo que se tem um conto com estrutura narrativa linear, tem-se um desdobramento da voz narrativa, à medida que a narradora-personagem, por meio dos registros discursivos, coloca em cena a morte, o silêncio, o afastamento em relação ao fato narrado. A oscilação da voz narrativa refrata-se na oscilação do assunto, já que supostamente se apresenta um depoimento de uma escritora que encontrou um poeta conhecido. Ao se relatar esse fato, problematizam-se o próprio ato de narrar, os papéis de autor/escritor, narrador, personagens e, também, do leitor.

O desfecho narrativo em certos textos dá-se em meio à frustração tanto das personagens quanto do próprio narrador, instaurando, por conseqüência, o silêncio. Em "O homem que apareceu", o responsável pelo ato narrativo (no caso, a narradora-personagem, uma escritora) vê-se, ao final do texto, impossibilitado de dar uma resposta, isto é, "morto". Além da condição de um escritor, o texto problematiza a consciência do narrar e a falácia da representação da linguagem. "Não há resposta para nada" refere-se, em um nível, ao assunto do texto (o encontro frustrante com Cláudio Brito). Em outro, fomenta não somente o ato narrativo, mas também o "jogo narrativo", em que são entoadas diferentes vozes, distintas perspectivas enunciativas. Esse jogo polifônico perturba a visão de narrador como sujeito pleno, autônomo, unívoco, responsável pela condução do ato narrativo. Por conseqüência, é posta em jogo – no espetáculo narrativo – a projeção de autor como a "origem do significado", como uma figura paterna, autoritária. Da mesma forma é questionada a posição filial do leitor, com "papel essencialmente respeitador e protetor dos desejos autorais intencionalmente *inseridos* no texto" (Arrojo, 1992, p.36, grifo da autora).

À medida que o percurso narrativo se desenvolve, com as marcações de pessoa, tempo e espaço, tem-se, paralelamente, uma oscilação da perspectiva narrativa, dos registros utilizados. "O homem que apareceu" pode ser considerado, de acordo com um parâmetro biografista, um depoimento de Clarice Lispector acerca de um encontro, num sábado, 11 de maio, com Cláudio Brito. De acordo com essa visão, o texto constitui-se num fiel e, em certa medida, "imparcial" relato de um acontecimento da vida da escritora. O próprio título do texto teria a função referencial de apontar o encontro. Entretanto, ao considerarmos a oscilação engendrada no texto, trilharemos um percurso que se estende do relato autobiográfico (em que o narrador – identificado com Clarice Lispector – possui aparentemente um papel imparcial e objetivo) a relatos entrelaçados, à polifonia (em que há uma "confusão de escrituras" e de perspectivas narrativas). Desse modo, o texto constitui-se num "entrelugar": a travessia em que se tem esse movimento, essa disseminação de sentidos. O narrador passa a se mostrar não de modo supostamente imparcial, mas encenando um papel ficcional em que o leitor-espectador se torna cúmplice de sua (dis)simulação. O autor, no caso Clarice Lispector, atua no palco da escritura de maneira ficcionalizada, até mesmo por meio do "eco" do narrador, ora ocultando, ora desocultando índices de sua vida pessoal e passos de seu processo de escrita. O texto, palco do espetáculo, é "decorado" com um cenário realista-naturalista, com a moldura de conto linear e fechado, com marcações específicas. Porém, na medida em que autor, narrador, personagens atuam, ele é colocado em cena junto com eles no espetáculo escritural. De certa maneira, o texto atua como personagem e, por conseqüência, o leitor é levado a "(com)pactuar" com essa encenação, com essa "ficção zombeteira". Ele "aplaude", de acordo com sua posição como espectador-ator, tanto a simulada construção realista-naturalista quanto a desestabilização da própria noção de literatura. Por outro lado, há, ainda, o leitor "expectador", que, movido por uma perspectiva tradicional em relação ao que supostamente seria a "prosa clariciana", vê-se, até mesmo, "frustrado" em relação ao que é apresentado em *A via crucis do corpo*: uma grande autora pede desculpas por escrever um livro de contos eróticos.

A partir do levantamento dessas possibilidades de interpretação de *A via crucis do corpo*, é de nosso interesse acompanhar, na posição de "espectadores-atores-produtores de significado", o modo como se engenha a oscilação, a desconstrução dos tradicionais papéis de autor, leitor, narrador e da noção de texto e de literatura. Para isso, focalizamos, também, os textos "Por enquanto" (p.59-62) e "Dia após dia" (p.63-8).

Nesses textos, o processo de desconstrução e de questionamento dessas noções instaura-se, sobretudo, por meio da intertextualidade e da intratextualidade. Há personagens, situações e construções narrativas que remetem a "O homem que apareceu" e conferem-lhes um caráter de continuidade e, assim, ao livro, a estrutura de um coeso projeto literário.

Em "Por enquanto", a partir do próprio título, o que se evidencia é a construção pautada pela marcação temporal, pela moldura de um conto com narrativa linear e progressiva, em que são apresentados os acontecimentos em sua provável ordem. Contudo, essa estrutura é atravessada por cortes introduzidos por meio de comentários acerca de outras personagens e de outras instâncias temporais, de modo que se enredem, novamente, a oscilação dos registros discursivos, o desdobramento do tempo e do espaço.

Nesse texto, também observamos um narrador "autodiegético", de quem não sabemos o nome, circundado pelos índices da vida pessoal de Clarice Lispector: mulher, escritora, que possui dois filhos. Conforme discutimos, o nome "Clarice Lispector" adquire função na construção dos textos de *A via crucis do corpo*, à medida que a narradora-personagem atua no palco escritural *como se fosse* Clarice Lispector, mas *podendo ser*, ainda, qualquer outra mulher, escritora. Tem-se, na articulação da instância narrativa e da marcação da pessoa, a ambivalência, a atuação do narrador como "personagem da escritura" e "personagem do enredo". Na leitura de "O homem que apareceu", "Por enquanto" e "Dia após dia", não nos interessa delimitar essa instância, já que a própria disseminação de sentidos e as possibilidades interpretativas impulsionam a abordagem de *A via crucis do corpo* como um projeto literário coeso e coerente, inscrito e escrito a partir de relações ambíguas, intertextuais e intratextuais. Nestas, os textos dialogam entre si, com outras produções de Lispector e da literatura. O que nos interessa, pois, é o jogo de papéis assumidos por autor, narrador, leitor e, ainda, pelo próprio texto.

Na estruturação de "Por enquanto", prevalecem o relato da narradora-personagem em relação aos acontecimentos do dia – provavelmente um domingo, 12 de maio, Dia das Mães – e os seus comentários, tanto em tempo posterior quanto em tempo simultâneo. Diferentemente de "O homem que apareceu", esse texto não apresenta diálogos. As supostas falas de outras personagens são filtradas pela voz da narradora-personagem e apresentadas em um discurso narrativizado. O que marca o texto é a sua calculada construção temporal (ulterior e simultânea), que aponta, conseqüentemente, o desdobramento dos níveis narrativos em direção a outras personagens, a outras situações e, ainda, ao pensamento da narradora-personagem. Já nos primeiros parágrafos, podemos observar esses desdobramentos em relação a outras instâncias narrativas, a outras histórias:

> Como ele não tinha nada o que fazer, foi fazer pipi. E depois ficou a zero mesmo.
>
> Viver tem dessas coisas: de vez em quando se fica a zero. E tudo isso é por enquanto. Enquanto se vive.
>
> Hoje me telefonou uma moça chorando, dizendo que seu pai morrera. É assim: sem mais nem menos.
>
> Um dos meus filhos está fora do Brasil, o outro veio almoçar comigo. A carne estava tão dura que mal podia se mastigar. Mas bebemos um vinho rosé gelado. E conversamos. Eu tinha pedido para ele não sucumbir à imposição do comércio que explora o dia das mães. Ele fez o que pedi: não me deu nada. Ou melhor me deu tudo: a sua presença. (p.59)

Nos primeiros parágrafos do texto, ainda predomina o relato em tempo ulterior aos acontecimentos. Assim se verifica a ocorrência de verbos no passado e, sobretudo, de comentários acerca de situações distintas que envolvem personagens distintos: "ele" (personagem que desconhecemos); uma "moça chorando", cujo "pai morrera"; a narradora-personagem, então atuando no papel de mãe, e seus filhos, dos quais um se encontra "fora do Brasil" e outro almoçou com ela. Ao longo da narração, a narradora-personagem apresenta-se em distintos papéis: como a que detém a voz narrativa e não tem o que relatar ("de vez em quando se fica a zero" – p.59); como mãe ("Um dos meus filhos está fora do Brasil, o outro veio almoçar comigo" – p.59); como escritora ("Meus dedos doem de tanto eu bater à máquina" – p.60); como mulher que se vê induzida a desempenhar certos papéis sociais ("Sexta-feira de noite fui a uma festa, eu nem sabia que era o aniversário de meu amigo, sua mulher não me dissera" – p.60). Tem-se o jogo polifônico a partir do jogo de papéis assumidos pela narradora-personagem, ao longo de seu depoimento, do desenrolar de seu monólogo. A função do narrador, nesse caso, é mostrar-se como o "filtro" pelo qual as ações de outras personagens são apresentadas. Conseqüentemente, a história é construída a partir da perspectiva da narradora-personagem e de seus juízos de valor.

A oscilação dos registros discursivos, principalmente daqueles que se referem aos universos diegéticos (várias histórias que permeiam o relato da narradora-personagem), bem como sua calculada estruturação, permitem que interpretemos "Por enquanto" sob o viés da encenação. O texto se constitui pelas marcações de pessoa, de tempo e de espaço, pela moldura de uma narrativa linear e fechada, porém, estabelecendo uma tensão a partir dessa mesma estruturação. Assim, a marcação temporal que se evidencia na leitura do texto adquire o caráter de uma estratégia discursiva, de uma dramatização *da* e *com a* própria linguagem, já que o texto parece adquirir o caráter de uma "frustração programada". Nesta, o clímax do percurso narrativo esvai-se em favor de uma metafórica morte da personagem, pois, novamente, não se tem resposta, "morre-se às vezes", "não se tem o que fazer, e se faz pipi". Desse modo, à medida que a narradora-personagem arquiteta todo o cenário em que vai atuar, utilizando-se, sobretudo, das marcações temporais, ela vai desconstruindo, desarranjando esse mesmo cenário por meio da frustração da expectativa construída pelo leitor em torno de suas ações. À medida que ela engenha a narrativa, oferecendo referências a outras instâncias narrativas e marcando temporalmente suas ações, há frustração em relação à própria atitude da narradora-personagem, que se apresenta disforicamente. Observemos, então, essas marcações a fim de interpretarmos como se desenvolve o percurso narrativo:

> Hoje me telefonou uma moça chorando, dizendo que seu pai morrera. (p.59)

> Um dos meus filhos está fora do Brasil, o outro veio almoçar comigo. ... Eu tinha pedido para ele não sucumbir à imposição do comércio que explora o dia das mães. (p.59)

> Trabalhei o dia inteiro, são dez para as seis. (p.60)

> Sexta-feira de noite fui a uma festa. (p.60)

> o que fazer? Nada: porque é domingo e até Deus descansou. Mas eu trabalhei sozinha o dia inteiro.
>
> Mas agora quem estava dormindo já acordou e vem me ver às oito horas. São seis e cinco. (p.60-1)

> Eu devia ter me oferecido para ir ao enterro do pai da moça? A morte seria hoje demais para mim. Já sei o que vou fazer: vou comer. Depois eu volto. ... Voltei à máquina enquanto ela esquentava a comida. Descobri que estou morrendo de fome. Mal posso esperar que ela me chame.
>
> Ah, já sei o que vou fazer: vou mudar de roupa. Depois eu como, e depois volto à máquina. Até já.
>
> Já comi. Estava ótimo. Tomei um pouco de rosé. Agora vou tomar um café ... São seis e meia. (p.60-1)

> Quando a gente começa a se perguntar: para quê? então as coisas não vão bem. E eu estou me perguntando para quê. Mas bem sei que é apenas "por enquanto". São vinte para as sete. E para que é que são vinte para as sete? (p.60-1)

> Nesse intervalo dei um telefonema e, para o meu gáudio, já são dez para as sete. (p.62)

> Mas a gente fuma e melhora logo. São cinco para as sete. Se me descuido, morro. É muito fácil. É uma questão do relógio parar. Faltam três minutos para as sete. Ligo ou não ligo a televisão? Mas é que é tão chato ver televisão sozinha.
>
> Mas finalmente resolvi e vou ligar a televisão. A gente morre às vezes. (p.62)

Como podemos notar nesses fragmentos, a voz da narradora-personagem entoa uma marcação temporal. A marcação temporal acompanha as ações da narradora-personagem que se dão, de certa maneira, em nível mais interior e reflexivo do que exterior e prático. Por meio dessas marcações, evidenciam-se, também, a espera pelo *outro* e, assim, o desejo e a ansiedade referentes ao almejado encontro da narradora-personagem com ele. Todavia, o que se observa é a frustração, por esse encontro com o *outro* (ainda) não ter se efetivado. A "frustração" das expectativas de narrador-personagem e, até, leitor é reiterada ao longo do livro: há, sempre, uma tensão que desestabiliza qualquer tentativa de delimitação das trajetórias das personagens e de apreensão do texto sob uma perspectiva de leitura única.

Podemos afirmar que a fabulação relaciona-se, de modo tenso, à fábula por meio do registro discursivo utilizado (que se direciona dos discursos indireto e indireto livre ao monólogo interior) em face da marcação temporal instituída. Ao mesmo tempo que se coloca o tempo vivencial da personagem, observa-se o tempo cronológico pausada e minuciosamente marcado. Porém, a interioridade, o caráter reflexivo instituído pelo discurso da narradora acaba esvaindo-se, à medida que os assuntos colocados em questão adquirem um tom irônico. Tem-se uma relação conflituosa entre a *forma* (discursos indireto, indireto livre e monólogo interior; estrutura narrativa linear), apontando para a interioridade e subjetividade, e o *conteúdo* (aparentemente assuntos "banais"), instituindo a banalização dessa mesma interioridade. Exemplo disso está em: "A questão é saber agüentar. Pois a coisa é assim mesmo. Às vezes não se tem nada a fazer e então se faz pipi" (p.60).

Se retomarmos a perspectiva interpretativa de que em *A via crucis do corpo* prevalecem os assuntos "banais", o "lixo", podemos compreender por que o livro incitou críticas e o rótulo de "desvio", de "má literatura". De acordo com essa perspectiva, moldada por parâmetros tradicionais de recepção da produção clariciana, a apresentação de assuntos "banais" não seria típica do universo temático de Clarice Lispector, por ser autora de textos "complexos e abstratos", em que se coloca em questão a "experiência metafísica" (Bosi, 1994, p.424). Se considerado somente o assunto colocado em questão, *A via crucis do corpo* frustra, de fato, essa expectativa.

Contudo, acreditamos que o livro se oferece sob o viés polissêmico, na relação estabelecida entre os procedimentos de construção – em que se apresentam calculadamente técnicas e procedimentos narrativos, típicos de uma concepção tradicional de gêneros literários, como conto de estrutura linear, o encadeamento narrativo progressivo, a focalização, as marcações temporais e espaciais etc. – e os assuntos apresentados. Estes, curiosamente, não abordam em si mesmos o erotismo, como poderíamos supor a partir do pedido de Álvaro Pacheco. Em "Por enquanto", podemos observar toda uma estruturação condizente com o monólogo interior e o aprofundamento da perspectiva subjetivista, porém, utilizada para a apresentação de assuntos banais. Tal fato frustraria o leitor influenciado por certas leituras da produção de Lispector. Com base em Franco Junior (1999), poderíamos afirmar que se engenha uma "frustração programada".

Toda essa construção narrativa em que a subjetividade seria intensificada mostra-se uma simulação, utilizada para o questionamento, a reversão de seus próprios valores, tendo-se, portanto, a dissimulação, o escrever "sem assunto", o "estar a zero". E, por meio da (dis)simulação, engenha-se o questionamento das convenções que regem o sistema literário, a condição do escritor no mercado. Vejamos alguns exemplos:

> Viver tem dessas coisas: *de vez em quando se fica a zero*. E tudo isso é *por enquanto. Enquanto se vive*. (p.59)

> Eu tinha pedido para ele *não sucumbir à imposição* do comércio que explora o dia das mães. Ele fez o que pedi: não me deu nada. Ou melhor me deu tudo: a sua presença. (p.59)

> *Trabalhei o dia inteiro*, são dez para as seis. O telefone não toca. *Estou sozinha no mundo e no espaço*. E quando telefono, o telefone chama e ninguém atende. Ou dizem: está dormindo.
>
> A questão é saber agüentar. Pois a coisa é assim mesmo. *Às vezes não se tem nada a fazer e então se faz pipi*.
>
> Mas se Deus nos fez assim, que assim sejamos. De mãos abanando. *Sem assunto*. (p.60)

> Liguei meu rádio de pilha. Para o Ministério da Educação. Mas que música triste! *não é preciso ser triste para ser bem educado*. Vou convidar Chico Buarque, Tom Jobim e Caetano Velloso e que cada um traga a sua viola. Quero alegria, *a melancolia me mata aos poucos*. (p.61)

> Nesse intervalo dei um telefonema e, para o meu gáudio, já são dez para as sete. *Nunca na vida eu disse essa coisa de "para o meu gáudio". É muito esquisito. De vez em quando eu fico meio machadeana. Por falar em Machado de Assis, estou com saudade dele. Parece mentira mas não tenho nenhum livro dele em minha estante. José de Alencar, eu nem me lembro se li alguma vez*.
>
> Estou com saudade. Saudade de meus filhos, sim, carne de minha carne. Carne fraca e *eu não li todos os livros*. La chair est triste.
>
> Mas a gente fuma e melhora logo. São cinco para as sete. *Se me descuido, morro. É muito fácil. É uma questão do relógio parar*. [...] *A gente morre às vezes*. (p.62, grifos nossos)

A partir da relação conflituosa entre *o que se narra* e *como se narra*, podemos tecer uma leitura de *A via crucis do corpo* sob a perspectiva da encenação, em que autor, narrador, personagens, leitor e, também, o próprio texto dramatizam o espetáculo da escritura. Nos fragmentos anteriores, podemos notar que a simulação pela narradora-personagem de uma declaração banal, sem "grandes ações", transformações, ou reflexões de caráter metafísico-existencialista, instaura um mal-estar no pólo da recepção, por supostamente não corresponder ao que se esperaria de um estilo de Clarice Lispector. Entretanto, se considerarmos a noção de "estilo" como uma referência a um conjunto de procedimentos recorrentemente utilizados por determinado escritor, podemos afirmar que *A via crucis do corpo* é condizente com o estilo de Clarice Lispector.

Nos trechos anteriores, ao ser estabelecida uma relação conflituosa entre a estrutura do texto e o seu assunto, percebemos, por um lado, que se simula um conto de estrutura linear, fomentada pela concepção tradicional de narrativa oitocentista. Por outro, do esvaziamento de seu assunto, da frustração, problematiza-se esse tipo de escritura, seus assuntos, sua "eficácia" em atingir o pólo da recepção (dissimulação). São questionados, então, o papel do autor/escritor, como "criador", e a estruturação narrativa, abarcando a relação entre autor/escritor e narrador, as personagens, o espaço e o tempo.

Em "Por enquanto", novamente é colocado em cena um autor ficcionalizado, circundado pelos índices da vida pessoal de Clarice Lispector. Trata-se, então, de uma autora/escritora que pede para os filhos não sucumbirem à imposição do comércio; que trabalhou sozinha o dia inteiro; a quem a melancolia mata aos poucos; que de vez em quando fica meio machadiana; que não se lembra se leu José de Alencar; e que morre, fica sem assunto, às vezes. Curiosamente, se a narradora-personagem não se lembra de ter lido obras de José de Alencar, provavelmente mostra-se como leitora de Baudelaire, ao citar "La chair est triste".[2] A partir dessas referências em relação à literatura, instaura-se um jogo entre "dizer" e "desdizer", entre

---

2 Cf. Baudelaire, 1985.

"mostrar" e "ocultar" que é conduzido pela personagem ao longo de seu "monólogo". Além disso, o texto concilia tanto o tempo ulterior quanto o simultâneo. Nestes comentários vão sendo colocados pela narradora-personagem, à medida que o tempo cronológico vai se desenrolando: no final da tarde, no intervalo entre dez para as seis e, provavelmente, sete horas, do dia 12 de maio, Dia das Mães.

Se em "O homem que apareceu" destacou-se a construção polifônica como elemento impulsionador do texto, em "Por enquanto", desde o próprio título, coloca-se em jogo a estruturação narrativa, a relação entre o assunto narrado e os procedimentos empregados, sobretudo a calculada marcação temporal e os registros discursivos relacionados à fala da narradora-personagem. Além da condição do escritor no mercado, das noções de "criação" e, até mesmo, de "inspiração" (o escrever por impulso), de "boa" e "má" literaturas, da inserção no cânone, colocam-se em questão a problematização dos gêneros narrativos (no caso, por meio da simulação de uma narrativa oitocentista, do conto de estrutura linear e progressiva) e, assim, do escrever/narrar. Noções que serão levadas ao extremo em "Dia após dia" (p.63-8), ao se estabelecer uma relação intertextual e intratextual como em "O homem que apareceu", em "Por enquanto" e, também, em "Explicação". Trazem-se ao palco da escritura alguns dos atores-personagens, acentuando certos procedimentos e estratégias discursivas.

Em "Dia após dia", notamos a recorrência de procedimentos empregados em "O homem que apareceu", em "Por enquanto" e em "Explicação", por exemplo, a narradora-personagem caracterizada como escritora, mãe, que está escrevendo um "livro pornográfico", e, ainda, a marcação temporal ("dia 13 de maio", "segunda-feira"). Além de a narradora-personagem se situar como responsável pelo ato narrativo e se mostrar como escritora, remetendo ao nome "Clarice Lispector", destaca-se, na construção desses textos, a marcação temporal. Em "Dia após dia", esta intensifica o caráter de continuidade, de intertextualidade e de intratextualidade, evidenciando na tessitura textual a própria construção narrativa, pois, à medida que se narra, mostra-se como se narra. Esse "apontamento" da escritura em relação a si mesma dá-se, por exemplo, a partir da marcação de pessoa, espaço e tempo, em que as datas acentuam o caráter de progressividade e de continuidade nos/dos textos:

a) "Dia após dia": "Hoje é dia 13 de maio. É dia da libertação dos escravos. Segunda-feira. É dia de feira livre" (p.63); "Ontem, dia 12 de maio, dia das mães, não vieram as pessoas que tinham dito que vinham" (p.63); "– O senhor se lembra do homem que estava tocando gaita no sábado? Ele era um grande escritor." (p.64);

b) "Por enquanto": dia 12 de maio, domingo, dia das mães. Dia em que a narradora-personagem encontrou um de seus filhos para almoçar, e que "trabalhou sozinha o dia inteiro" (p.60);

c) "O homem que apareceu": o encontro da narradora-personagem deu-se no sábado, 11 de maio, por volta das seis horas. Há, também, referência ao dia 12 de maio, em que a narradora-personagem coloca-se em relação ao encontro, com distanciamento;

d) "Explicação": a narradora-personagem (ou, como nos textos anteriores, uma personagem encenando a escritora Clarice Lispector) recebe um telefonema de seu editor na sexta-feira, 10 de maio. "Comecei no sábado. No domingo de manhã as três histórias estavam prontas: 'Miss Algrave', 'O corpo' e 'Via crucis'" (p.9); "Hoje é dia 12 de maio, Dia das Mães. Não fazia sentido escrever nesse dia histórias que eu não queria que meus filhos lessem" (p.10); "'O homem que apareceu' e 'Por enquanto' também foram escritos no mesmo domingo maldito. Hoje, 13 de maio, segunda-feira, dia da libertação dos escravos – portanto da minha também – escrevi 'Danúbio azul', 'A língua do p' e 'Praça Mauá'. 'Ruído de passos' foi escrito dias depois numa fazenda, no escuro da grande noite" (p.11).

A marcação temporal, associada ao registro da fala da narradora-personagem e de outras personagens de cada história, é uma das bases do processo de (dis)simulação, já que se evidencia calculadamente a construção do texto, a elaboração da obra a partir do pedido do editor, para, ao longo da narração, ser estabelecida uma tensão entre essa construção marcada e o desdobramento polifônico. Portanto, na construção desses textos observam-se, de um lado, a calculada construção temporal, a referência ao espaço (um apartamento próximo ao botequim do amigo português) e a posição da narradora-personagem como escritora, sustentando os elementos caracterizadores da narrativa (pessoa, tempo e espaço), que se apóiam na estruturação linear e progressiva, típica da narrativa oitocentista. De outro lado, estão os elementos que, relacionados a essa construção meticulosamente encenada, estabelecem o encadeamento polissêmico dos textos: a tensão polifônica gerada na relação das vozes das personagens e da narradora-protagonista; a frustração em relação ao assunto narrado e à posição que a narradora aparentemente assume; e o desfecho disfórico do texto. A relação entre a simulação de uma estrutura narrativa e a tensão gerada a partir dessa construção permite que elucidemos o processo de (dis)simulação. E que reavaliemos boa parte da fortuna crítica acerca de *A via crucis do corpo* e de outras produções de Lispector.

Conseqüentemente, a atuação da narradora-personagem como responsável pela condução do ato narrativo adquire um caráter encenado. Há o desdobramento de vozes no texto e a frustração no pólo da recepção em relação ao seu papel. Assim, a calculada marcação temporal, os registros das falas de narrador e personagens, a alusão ao espaço como sendo o habitado por Clarice Lispector instauram um jogo de simulação e de dissimulação. Neste, os fatos narrados são relacionados a outros, as personagens têm seus nomes mudados e são apresentadas de formas distintas, mesclando-se "vida" e "ficção". Observemos alguns exemplos desse jogo estabelecido na própria obra, em que um texto dialoga com outro, retomando e/ou desestabilizando seus elementos:

a) em "O homem que apareceu" há referência ao "botequim do português Manuel" (p.45); em "Dia após dia", ao "botequim de seu Manoel" (p.64);

b) em "O homem que apareceu" há o encontro com Cláudio Brito e referências ao papel e à condição do escritor na sociedade, no sistema literário; em "Dia após dia" lemos as seguintes passagens:

> Desci de novo, fui ao botequim de seu Manoel para trocar as pilhas de meu rádio. Falei assim para ele:

> – O senhor se lembra do homem que estava tocando gaita no sábado? Ele era um grande escritor.
>
> – Lembro sim. É uma tristeza. É neurose de guerra. Ele bebe em toda a parte.
>
> Fui embora. (p.64)

> Eu não disse que hoje era dia de Danúbio Azul? Estou feliz, apesar da morte do homem bom, apesar de Cláudio Brito, apesar do telefonema sobre minha desgraçada obra literária. Vou tomar café de novo.
>
> E coca-cola. Como disse Cláudio Brito, tenho mania de coca-cola e de café.
>
> Meu cachorro está coçando a orelha e com tanto gosto que chega a gemer. Sou mãe dele.
>
> E preciso de dinheiro. Mas que Danúbio Azul é lindo, é mesmo.
>
> Viva a feira livre! Viva Cláudio Brito! (Mudei o nome, é claro. Qualquer semelhança é mera coincidência). Viva eu! que ainda estou viva.
>
> E agora acabei. (p.68)

c) em "O homem que apareceu" há uma referência ao cachorro da narradora-personagem ("Fiquei fumando. Meu cachorro no escuro me olhava" – p.51). Em "Dia após dia", também há alusão a um cachorro, como pode ser observado no fragmento anterior;

d) em "Por enquanto" comenta-se acerca de um homem que havia falecido ("Hoje me telefonou uma moça chorando, dizendo que seu pai morrera. É assim: sem mais nem menos." – p.59). Em "Dia após dia" esse assunto parece ser retomado da seguinte maneira:

> Vesti-me, desci, comprei flores em nome daquele que morreu ontem. Cravos vermelhos e brancos. Como eu tenho repetido à exaustão, um dia se morre. E morre-se em vermelho e branco. O homem que morreu era um puro: trabalhava em prol da humanidade, avisando que a comida no mundo ia acabar. Restou Laura, sua mulher. Mulher forte, mulher vidente, de cabelos pretos e olhos pretos. Daqui a dois dias vou visitá-la. Ou pelo menos falar com ela ao telefone. (p.63)

e) em "Por enquanto", no dia 12 de maio, a narradora-personagem, após ter almoçado com um de seus filhos e ter trabalhado "sozinha o dia inteiro" (p.60), afirma: "Mas agora quem estava dormindo já acordou e vem me ver às oito horas. São seis e cinco" (p.60). Em "Dia após dia" lemos: "Ontem, dia 12 de maio, dia das mães, não vieram as pessoas que tinham dito que vinham. Mas veio um casal amigo e saímos para jantar fora. Melhor assim. Não quero mais depender de ninguém" (p.64);

f) em "O homem que apareceu", "Por enquanto" e "Dia após dia" há comentários da narradora-personagem em relação a seus filhos, à sua condição como escritora, em meio a índices da vida pessoal de Clarice Lispector;

g) em "Explicação" há referências ao pedido do editor Álvaro Pacheco, à suposta data em que os textos foram escritos, aos comentários sobre uma "pessoa que leu meus contos e disse que aquilo não era literatura, era lixo" (p.10), ao aparente receio de os filhos lerem o livro, à condição como escritora. Em "Dia após dia" observamos, além do que apontamos nos outros fragmentos já expostos, o seguinte:

> Quando cheguei em casa uma pessoa me telefonou para dizer-me: pense bem antes de escrever um livro pornográfico, pense se isto vai acrescentar alguma coisa à sua obra. Respondi:
>
> – Já pedi licença ao meu filho, disse-lhe que não lesse meu livro. Eu lhe contei um pouco as histórias que havia escrito. Ele ouviu e disse: está bem. Contei-lhe que meu primeiro conto se chamava "Miss Algrave". Ele disse: "grave" é túmulo. Então lhe contei do telefonema da moça chorando que o pai morrera. Meu filho disse como consolo: ele viveu muito. Eu disse: viveu bem.
>
> Mas a pessoa que me telefonou zangou-se, eu me zanguei, ela desligou o telefone, eu liguei de novo, ela não quis falar e desligou de novo.
>
> Se este livro for publicado com "mala suerte" estou perdida. Mas a gente está perdida de qualquer jeito. Não há escapatória. Todos nós sofremos de neurose de guerra. (p.64-5)

Além da calculada marcação temporal, do espaço como sendo o habitado por Clarice Lispector, a voz narrativa tem papel fundamental no percurso de (dis)simulação. Se, a partir do tempo e do espaço, apresentam-se, de certo modo, os prováveis índices da vida pessoal da escritora, no desdobramento da pessoa do discurso observamos a polifonia, por meio dos ecos de distintas posições enunciativas, apresentados, muitas vezes, ironicamente ("Mudei o nome, é claro. Qualquer semelhança é mera coincidência"). As noções de "autor", "narrador" e "personagem" são revisitadas ao se entrelaçarem, principalmente no discurso da narradora-personagem, as vozes de escritora-narradora-protagonista e de outras personagens. Notamos as posições enunciativas assumidas pela escritora-narradora-personagem. Ela até nos apresenta as perspectivas de outras personagens de cada texto, que remetem: ao processo de canonização; ao papel de uma escritora no sistema literário; ao aparente desejo de que a "literatura se dane"; aos discursos de outras personagens, com outros papéis sociais. Como também aos fatos de cotidiano; à (im)possibilidade de narrar; à "boa" ou "má" literaturas; ao que seja um texto; à preocupação com o público-leitor etc.

Além desses elementos, problematiza-se o papel do "leitor", quando em "Dia após dia", bem como nos outros textos, parece ser estabelecido um caráter de cumplicidade na fala-depoimento da narradora-personagem, ao relatar os fatos, como em:

> Lembrei-me que numa bolsa eu tinha cem cruzeiros. Então não preciso mais telefonar para a farmácia. Detesto pedir favor. Não telefono para mais ninguém. Quem quiser me procure. E vou me fazer de rogada. Agora acabou-se a brincadeira.
>
> Vou daqui a duas semanas a Brasília. Pronunciar uma conferência. Mas – quando me telefonarem para marcar a data – vou pedir uma coisa: que não me festejem. Que tudo seja simples. Vou me hospedar num hotel porque assim me sinto à vontade. O ruim é que, quando leio uma conferência, fico tão nervosa que leio depressa demais e ninguém entende. Uma vez fui a Campos de táxi-aéreo e fiz uma conferência na Universidade de lá. Antes me mostraram livros meus traduzidos para braille. Fiquei sem jeito. E na audiência havia cegos. Fiquei nervosa. Depois havia um jantar em minha homenagem. Mas não agüentei, pedi licença e fui dormir. De manhã me deram um doce chamado chuvisco que é feito de ovos e açúcar. Comemos em casa chuvisco durante vários

> dias. Gosto de receber presentes. E de dar. É bom. Yolanda me deu chocolates. Marly me deu uma sacola de compras que é linda. Eu dei para a filha de Marly uma medalhinha de santo de ouro. A menina é esperta e fala francês.
>
> Agora vou contar umas histórias de uma menina chamada Nicole. Nicole disse para seu irmão mais velho, chamado Marco: você com esse cabelo comprido parece uma mulher. Marco reagiu com um violento pontapé porque ele é homenzinho mesmo. Então Nicole disse depressa:
>
> – Não se incomode, porque Deus é mulher!
>
> E, baixinho, sussurrou para a mãe: sei que Deus é homem, mas não quero apanhar! (p.66-7)

Contudo, esse (aparente) tom de cumplicidade da narradora-personagem em relação ao pólo receptivo passa a ser dissimulado, ao identificarmos, como leitores, os apontamentos em direção à própria construção de seu discurso. Apontamentos muitas vezes permeados por um olhar irônico, que tensiona a relação entre os pólos de produção e de recepção. Nesse sentido, podemos afirmar que se instaura, a partir da auto-referencialidade da escritura, uma cumplicidade perturbada, um pacto irônico com o leitor, porque ele é encenado. Esse procedimento de simulação e posterior dissimulação pode ser notado, ainda, no momento em que a narradora-personagem se apresenta como escritora, aparente detentora do ato narrativo. Porém, dissimulando seu discurso, referindo-se a outras instâncias narrativas. Há, então, uma frustração tanto diante do papel tradicionalmente atribuído ao narrador quanto do atribuído ao leitor. Se não observado o referido jogo irônico, a expectativa criada em torno do que seriam, em certas leituras, "a linguagem clariciana" e "um livro de contos eróticos escrito por Clarice Lispector, a partir do pedido do seu editor Álvaro Pacheco", torna-se rarefeita.

A via crucis do corpo oferece-nos diversas faces. É de nosso interesse apontar a ambivalente gama de possibilidades interpretativas que o molda. Por exemplo, à medida que interpretamos o fragmento anterior percebemos a ambivalência que o engenha, suscitada, por exemplo, por meio da frase: "Agora acabou-se a brincadeira". Esse enunciado tanto pode ser interpretado como referência à atitude da narradora-protagonista em relação à sua situação financeira, a um fato de seu cotidiano, quanto como auto-referencialidade da própria escritura. Isso ocorreria no momento em que a narradora-personagem parece "mudar o assunto", "acabar com a brincadeira" e comentar acerca de um "assunto sério": a sua condição de narradora-escritora, aquela que detém a palavra. Porém, essa perspectiva é frustrada, pois o que parecia ser "assunto sério" acaba evidenciando o desdobramento da estrutura narrativa em relação a outras instâncias, a outras vozes: futura conferência em Brasília; presença na Universidade de Campos; cegos; chuvisco; dar e receber presentes; Yolanda; Marly; filha de Marly.

Além disso, "Agora acabou-se a brincadeira" pode se referir ao jogo polifônico estabelecido a partir da confluência de vozes de autor, narrador e personagens. A expressão refere-se tanto à Clarice Lispector que, aparentemente, indicia sua condição financeira na época de publicação do livro, seu cotidiano, suas amizades, quanto à encenação de uma narradora-personagem-escritora. Esta se reveste desses índices e indícios, para jogar com as exigências do sistema literário e com as expectativas do público leitor, com leituras baseadas no determinismo vida-obra. Notam-se distintas perspectivas de leitura que podem ser mais bem elucidadas com base no jogo de simulação e de dissimulação, no embaralhamento entre "real" e "ficcional". Fiorin (2001) auxilia-nos em nossa interpretação, ao comentar os "contratos enunciativos" que podem ser instaurados nas relações entre enunciado e enunciação. Segundo o estudioso,

> o enunciador pode, em função de suas estratégias para fazer crer, construir discursos em que haja um desacordo entre essas duas instâncias.
>
> ... Essas duas maneiras de construir o discurso impõem, como já foi dito, dois contratos enunciativos diferentes. No caso de um acordo entre enunciado e enunciação, ele explicita-se como "o enunciado *X* deve ser lido como *X*"; no caso oposto, como "o enunciado *X* deve ser interpretado como não-*X*". Esses contratos determinam a atribuição de estatutos veridictórios distintos aos dois tipos de discurso. Trata-se, com efeito, de um jogo que se estabelece entre o ser (dizer) e o parecer (dito).

> O enunciatário atribuirá aos discursos em que haja acordo entre o enunciado e a enunciação o estatuto de *verdade* (/ser/ e /parecer/) ou de *falsidade* (/não-ser/ e /não-parecer/) e àqueles em que se manifeste um conflito o estatuto de *mentira* (/não-ser/ e /parecer/) ou de *segredo* (/ser/ e /não-parecer/). Esses diferentes mecanismos discursivos fazem parte de distintas estratégias de persuasão que visam a revelar um fato (verdade ou falsidade) ou a dissimulá-lo, mas chamando a atenção sobre ele (mentira ou segredo), a desvelar um significado ou a velá-lo. Com esses mecanismos, o enunciador consegue dois efeitos de sentido: a franqueza ou a dissimulação. Esta deve ser entendida como a reunião de dois modos de ver um fato, como a maneira de mostrar a ambigüidade de alguma coisa e as múltiplas maneiras de interpretá-la. (Fiorin, 2001, p.39-40, grifo do autor)

O procedimento de (dis)simulação é uma das estratégias dos textos de Lispector. Por um lado, podemos interpretar "O homem que apareceu", "Por enquanto", "Dia após dia" e "Explicação" sob o viés da vida pessoal de Clarice Lispector. Nele, a própria autora nos apresenta seus depoimentos, suas visões acerca da sociedade em geral, de amigos que encontra, de fatos de seu cotidiano e de sua condição como escritora. Por outro, podemos ler esses textos a partir da tensão entre o *dizer* e o *fazer*. Os índices da vida pessoal de Lispector são apresentados como uma específica estratégia discursiva, a fim de serem problematizadas as relações entre "realidade" e "ficção", as noções de "autor", "narrador", "personagem", "leitor", "texto" e "contexto". Sobretudo, essa última perspectiva de leitura permite que visualizemos o desdobramento polifônico engendrado nesses textos, bem como em outras produções claricianas, nos quais se tem um ponto de intersecção de "vida" e "texto" – o entrelugar no/do discurso – suscitado pelo embaralhamento da(s) pessoa(s) e pelos desdobramentos do tempo e do espaço. No que se refere ao desdobramento da pessoa, tem-se a construção polifônica, entoada a partir das confluências das vozes de:

a) autor empírico: Clarice Lispector, cidadã brasileira, pessoa da sociedade, mãe de dois filhos, dona de um cachorro, moradora de um apartamento na cidade do Rio de Janeiro; desdobra-se em:

b) autor textual: Clarice Lispector, C. L., Cláudio Lemos. Personagem que encena o papel de escritora, que recebeu um pedido para escrever, por encomenda, um livro de contos eróticos, em que abordaria "assunto perigoso" (p.9); desdobra-se em:

c) narrador: narradora-protagonista, que se apresenta como escritora, mãe de dois filhos, que, entre outras ações, está escrevendo um "livro pornográfico" (p.64), "precisa de dinheiro", tem mania de oferecer coca-cola e café (p.68), e tem um cachorro; desdobra-se em:

d) personagem: protagonista dos textos que narra, oferece-nos, a partir de seu papel de narradora, comentários acerca dos fatos de que supostamente participou, e, ainda, comentários acerca de outras personagens.

Segundo Benedito Nunes (1995, p.161), um dos elementos que caracterizam o "drama da linguagem" corresponde ao jogo de identidade que envolve estas instâncias narrativas. Nele se engendra "a problematização das formas narrativas tradicionais em geral e da posição do próprio narrador, em suas relações com a linguagem e a realidade, por meio de um jogo de identidade da ficcionista consigo mesma e com seus personagens". Nesse sentido, Clarice Lispector passa a se constituir numa pessoa, numa *persona*, numa personagem de sua própria ficção e ficcionalização. Assim, a partir dessas vozes, "Clarice Lispector abre o jogo da ficção – e o da sua identidade como ficcionista. Comprometida com o ato de escrever, a ficção mesma, fingindo um modo de ser ou de existir, demandará uma prévia meditação sem palavras e o esvaziamento do eu" (Nunes, 1995, p.165). Podemos afirmar que o desdobramento polifônico converte-se no embate entre as vozes de autor, narrador, personagem. Ou seja, em um "jogo de identidade" em que se tem o esvaziamento do sujeito pleno e consciente e a instauração de múltiplas vozes discursivas, que se acirram por meio dos desdobramentos temporal e espacial.

A marcação temporal apresenta-se nos textos relacionada aos discursos da narradora-personagem em relação a si mesma e às outras personagens. Como foi destacado, essa marcação evidencia o processo de construção do texto – caracterizado por um fingimento ficcional – em que se simula uma realidade cronologicamente marcada para, ao longo do encadeamento narrativo, desconstruí-la. Além do tempo, o espaço também mostra-se significativo, já que, aparentemente, corresponde ao local habitado pela narradora-protagonista (e, assim, remete de forma textual ao que parece ser ocupado pelo autor textual e pelo autor empírico). Porém, a apresentação do espaço é tensionada no momento em que se reescrevem os fatos e as personagens nos diferentes textos – como o botequim de "Manuel" ou "Manoel". Podemos identificar, então, um "espaço literário agônico", um espaço em que se trava um "debate e um embate" (Nunes, 1995, p.168), sobretudo acerca do ato de narrar/escrever e da linguagem. Relacionado a esse "espaço", tem-se, também, a "frustração", que permeia, sob distintas ênfases, a tessitura dos textos do livro. Engenha-se a "frustração": em relação ao que, na visão tradicional, espera-se do narrador; ante o papel do leitor; na própria relação entre as vozes enunciativas de autor/narrador/personagem; ante as expectativas criadas em torno da publicação de *A via crucis do corpo* etc.

O "espaço literário agônico" remete-nos, inclusive, ao paradigma da "agonia". Este, por sua vez, pode ser relacionado, sobretudo, aos papéis desempenhados por narrador e personagem e ao modo como o narrador *atua* na narrativa, manipulando a apresentação dos fatos. A espera pelo *outro*, o desenrolar das ações são apresentados de modo que se tenha, na maioria dos textos, um desfecho "disfórico", que não corresponderia às expectativas acerca de "um livro de contos eróticos". Conseqüentemente, nota-se uma relação desse "espaço" com a falácia da representação da linguagem, na medida em que a "frustração" revela a (im)possibilidade em se abarcar o texto clariciano sob uma única perspectiva de leitura. De acordo com Barros (1999, p.4), com base nas concepções formuladas por Bakhtin, podemos entrever esse "espaço" – o palco, o espetáculo escriturais – como sendo "tecido polifonicamente por fios dialógicos de vozes que polemizam entre si, se completam ou respondem umas às outras". Desse modo, afirma-se "o primado do intertextual sobre o textual: a intertextualidade não é mais uma dimensão derivada, mas, ao contrário, a dimensão primeira de que o texto deriva".

Como podemos notar, as marcações de pessoa, tempo e espaço, bem como a estruturação narrativa, engenham-se com base na desestabilização de fronteiras entre "literatura" e "realidade" e na desconstrução dos papéis tradicionalmente atribuídos a "autor", "narrador" e "personagem". Com isso, os índices da vida pessoal de Clarice Lispector – que, em certas leituras, afirmariam o suposto caráter biográfico dos textos – articulam-se como estratégias discursivas que estabelecem a tensão entre o *dizer* e o *fazer*. Ou seja, entre enunciado e enunciação. O conflituoso "contrato enunciativo" instaurado em *A via crucis do corpo* aponta para a própria linguagem, de modo que o texto encene o espetáculo da escritura, da disseminação e da ambivalência de sentidos.

Conseqüentemente, podemos interpretar *A via crucis do corpo* como um articulado projeto literário em que as convenções do sistema literário, as exigências do mercado, a preocupação com o público leitor, os índices da vida pessoal de Lispector etc. são tematizados nos próprios textos, porém, de maneira ambivalente. O desdobramento polifônico, a calculada marcação temporal e o espaço recorrente são elementos que aproximam esses quatro textos. Instauram uma relação de intersecção e de reescritura em que o "mesmo" e o "outro" dialogam entre si. A noção de "obra híbrida" faz-se, novamente, presente, já que em "O homem que apareceu", em "Por enquanto", em "Dia após dia" e em "Explicação" são observadas estratégias narrativas que revelam, por meio do processo de (re)escritura, a consciência do narrar e do escrever, bem como a falácia da representação da linguagem. Estes últimos temas são colocados em cena no momento em que se nota a frustração em relação ao papel tradicionalmente atribuído ao narrador e à conduta da protagonista; à auto-referencialidade acerca do que se narra; à metafórica "morte" da narradora-personagem ao "ficar a zero", ou ao "estar perdida de qualquer jeito"; ao desdobramento em relação a outras instâncias narrativas etc.

À frustração oriunda da relação entre enunciado e enunciação, ou da auto-referencialidade no/do texto, relaciona-se o "fracasso narrativo". Segundo Nolasco (2001, p.27), "os textos contemporâneos se constroem num lugar de crítica radical: ao falarem de si, de sua construção, não o fazem para provar sua auto-suficiência ou autonomia mas, ao contrário, para justificar o seu fracasso narrativo". Este "fracasso" permeia a construção de *A via crucis do corpo*, na medida em que o (des)compasso entre enunciado e enunciação e a tensão construída a partir da simulação e da dissimulação apontam para o processo de (re)escrita da obra e, ainda, de (re)leitura. Tem-se, portanto, um jogo em que, no palco da escritura, "autor", "narrador" e "personagem" atuam e convidam o "leitor" a participar da encenação. De acordo com essa perspectiva, o próprio "texto" atua, encena o espetáculo escritural, em um diálogo perturbador com o "contexto". Portanto, na nossa visão, o que caracteriza o "primeiro ato" do espetáculo que constitui *A via crucis do corpo* refere-se à desconstrução, e posterior construção textual, das noções comumente atribuídas a "autor", "narrador", "personagem", "leitor", "texto" e "contexto", bem como dos processos de criação e de recriação. Observam-se, portanto, uma desconstrução, um questionamento das noções de subjetividade ou de originalidade, pois engenham-se a construção polifônica do texto e a prática (re)escritural, em que personagens, fatos são (re)apresentados, tendo-se o "mesmo" e o "outro" concomitantemente. O que nos interessa, mais diretamente, é a relação que se estabelece entre enunciado e enunciação, fomentadora do processo de (dis)simulação. Trata-se de texto "em processo", do qual participamos como leitores-autores, como personagens do espetáculo escritural. De acordo com Nolasco (2001):

> voltar-se para o cenário escritural inacabado é procurar esquecer as idéias de sujeito idealista e de discurso logocêntrico, para buscar, através do processo de produção escritural, um texto que se escreve ... e um sujeito que se constrói/volta como ficção nessa "mise-en-scène" que é o texto literário, a que fazemos comparecer nosso plural: autor-leitor/leitor-autor. É com base nessa relação ficcional e desejante que se estabelece qualquer possibilidade de interpretação do que quer que seja: autor, leitor ou texto. Estabelecida a relação, a própria interpretação é quem interpreta.

> Seguir esse caminho crítico em relação ao texto literário, que cada vez menos deixa de ser visto apenas como um objeto a ser analisado e decifrado, para ser lido partindo do ato e da natureza da enunciação, confirma que as figuras do autor, do leitor e do próprio texto são construídas/faladas pela linguagem literária. Longe de qualquer idéia de origem/originalidade, a preocupação do escritor centra-se no *reescrever*; a escritura – perdido o original – nada mais é do que uma escritura paralela, isto é, constrói-se por apropriação, lembrando, por um processo intertextual, de outras escrituras e de si mesma. (p.30-1, grifo do autor)

O que podemos observar, a partir do processo de (dis)simulação e de (re)escritura, aponta o questionamento das convenções que tradicionalmente regem o ato de escrever e o sistema literário. Ao serem desestabilizadas, na própria construção (inter)textual, as noções de originalidade e de literariedade, por meio de uma "confusão de escrituras", são questionadas. Por conseqüência, as noções de criação, criatividade e autoria, na medida em que "O homem que apareceu", "Por enquanto", "Dia após dia" e "Explicação" apresentamse "em processo", "em diálogo", como o "mesmo" e o "outro". A visão tradicional de autor como "aquele que cria o novo, o inédito" é, então, problematizada a partir da polifonia e da construção intra e intertextual. O nome "Clarice Lispector" passa, assim, a atuar no palco da escritura, num processo ambivalente que se instaura na intersecção de realidade e ficção, pois

> Perdida a imagem paterna do autor como aquele sujeito que assinava a sua obra, mas que na contemporaneidade retorna através de um corpo que se inscreve na escritura e é reconhecido/reconstruído pela leitura, a figura desse que escreve – o escritor – entra em cena para atestar a problemática que permeia o processo de escrever na modernidade. Para tanto, o leitor subscreve-se a si nesse processo, apresentando-se como um tema da produção e ao mesmo tempo questionando a (im)possibilidade dessa produção nos dias de hoje. Tal é o processo de criação de Clarice Lispector. (Nolasco, 2001, p.32)

Acreditamos que esse jogo polifônico e polissêmico construído a partir das vozes e dos papéis aparentemente assumidos por autor empírico, autor textual, narrador, personagens e, inclusive, leitor, permite que reavaliemos a fortuna crítica de Lispector. Em especial acerca de *A via crucis do corpo*, a fim de destacarmos as distintas possibilidades de leituras. Em nosso percurso interpretativo, pretendemos trilhar os índices, as marcas que indiciam a própria tessitura narrativa. Dessa maneira, visualizamos, ao menos "didaticamente", as estratégias discursivas utilizadas por Lispector. Neste capítulo, buscamos identificar certos procedimentos discursivos recorrentes em "O homem que apareceu", em "Por enquanto", em "Dia após dia" e em "Explicação", sobretudo os referentes à marcação de pessoa, tempo e espaço, à construção narrativa.

No próximo capítulo destacaremos, com maior atenção, o procedimento de (re)escritura dos textos e de problematização da linguagem, com base na interpretação de "Antes da ponte Rio-Niterói" e de "A língua do 'p'".

7

Segundo ato: a (des)construção da escrita

Segundo Lúcia Helena (1997), o princípio constitutivo responsável pela desestabilização na obra de Clarice Lispector caracteriza-se pela problematização das tradicionais noções de "sujeito", "escrita" e "história". Podemos afirmar que tanto o sujeito cartesiano e logocêntrico, bem como a implicação de autor que dele decorre – como sujeito absoluto, único, autocentrado, responsável pela criação de um texto inédito, em que depositaria sua intenção autoral – são colocados em xeque, ao serem entoadas diferentes vozes, distintas posições enunciativas em textos de *A via crucis do corpo*. Por conseqüência, a noção de literatura como "espelho da realidade" e, assim, as próprias concepções de "boa e má literaturas" são abaladas na dinamicidade da escritura. Texto, autor, narrador, personagem apresentam-se como sujeito/atores da/na narrativa, ora simulando, ora dissimulando a "concepção" de um "livro de contos eróticos, feito por encomenda".

Como foi destacado, a partir do pacto estabelecido no nível discursivo, podemos observar o modo como se arquiteta o processo de (dis)simulação, o qual também implica o embaralhamento entre ficção e realidade. Essa desestabilização das fronteiras tradicionais instaura, por conseqüência, um tempo, um espaço, um discurso ficcional – o entrelugar – no qual vida se constitui em (matéria de) ficção. Acreditamos, como Helena (1997, p.23), que "*sujeito, escrita* e *história* são elementos de uma trajetória da escrita", ou, conforme tem sido destacado, de uma encenação *da* e *com a* linguagem. Nesse momento de nosso estudo, pretendemos discorrer acerca de um segundo elemento dessa "trajetória da escrita", caracterizado pela desestabilização das convenções em relação ao que tradicionalmente se considera "estilo", "gênero" e "literatura", ou seja, das convenções que pautam o sistema literário e a linguagem. A partir da leitura de "Antes da ponte Rio-Niterói" e de "A língua do 'p'", pretendemos observar como as "estratégias para fazer crer" (Fiorin, 2001, p.39) são colocadas em cena especificamente nesses dois textos. Neles não somente se desenrola um jogo polifônico entre autor empírico, autor textual, narrador, personagem e, até, leitor, mas também um (calculado) trabalho *com a* linguagem e *da* linguagem.

Destaca-se na construção de *A via crucis do corpo*, bem como na produção clariciana, um constante "trabalho com a linguagem". Esse é o assunto de expressivos estudos da fortuna crítica e "ponto inquestionável" em qualquer interpretação das obras de Lispector. Contudo, tem sido de nosso interesse não apenas reafirmar a recorrência desse procedimento na produção da escritora – fato que pouco acrescentaria aos estudos já existentes –, mas, sobretudo, elucidar o *modo* como ele se faz presente em *A via crucis do corpo*, uma obra, em certa medida, marginalizada. Tem sido nosso intuito, portanto, trilhar esse percurso, apontando elementos de construção dessa obra que revelem um trabalho *com a* linguagem, bem como um trabalho *da* própria linguagem.

Para que se engenhe, então, esse percurso *do* e *com o* texto, pelo menos duas estratégias apresentam-se em *A via crucis do corpo*, em especial nesses dois textos mencionados: a repetição e o ludismo. A primeira estratégia, já brevemente abordada, caracteriza-se pelo fato de se colocar numa mesma cena – na cena da escritura – tanto textos "reescritos", publicados em épocas e veículos de comunicação distintos, e que foram modificados, quanto textos até então "inéditos". Essa junção, marcada pelo "hibridismo", pela relação entre o "outro" e o "mesmo", mostra-se um dos aspectos singulares de *A via crucis do corpo*, instituindo, por conseqüência, uma tensão em seu conjunto. Esse elemento, bem como seus desdobramentos, serão abordados na leitura de "Antes da ponte Rio-Niterói".

O ludismo, outro elemento produtor de sentido na trajetória da escrita, apresenta-se, sobretudo, na construção discursiva de "A língua do 'p'". Nesse texto "brinca-se seriamente" com a linguagem, vista como um instrumento pleno e eficaz de comunicação, e com as convenções que regem o ato de escrever e o "estilo de Clarice Lispector". Assim, no segundo ato de constituição de *A via crucis do corpo* – a (des)construção da escrita – serão abordados os elementos que apontam a problematização da linguagem e das convenções do sistema literário, a fim de destacarmos como se engenha uma encenação da escrita.

Uma "confusão de escrituras": o texto como ator-personagem de seu próprio espetáculo

O texto "Antes da ponte Rio-Niterói" (p.73-7) estabelece relações não apenas com o conjunto de textos de *A via crucis do corpo*, mas também com, pelo menos, dois outros textos publicados aproximadamente na mesma época: "Um caso complicado" e "Um caso para Nélson Rodrigues". Esse texto foi publicado como "crônica", no *Jornal do Brasil*, em 3 de fevereiro de 1973, sendo relançado na coletânea póstuma *A descoberta do mundo*, em 1984. Já "Um caso complicado" foi publicado em *Onde estivestes de noite*, em 1974. A relação da publicação desses textos em datas próximas ao contexto de vida de Clarice Lispector nesse período estabelece, de imediato, uma indagação. Teria a autora os lançado em decorrência de dificuldades financeiras, da necessidade de publicar (muitos) textos para ganhar dinheiro?

Entretanto, não é essa a questão que move nossa investigação. Acreditamos que o jogo de mascaramento, a instituição de um espaço discursivo no qual a própria vida constitui-se em (matéria de) ficção são índices que apontam para a movente escritura de Clarice

Lispector. Esses três textos, pelo menos, engendram uma relação não menos perturbadora ante as concepções de "autor", "criador", "criação" e "reprodução", pois já em sua inserção no espaço de *A via crucis do corpo* e da produção de Lispector, "Antes da ponte Rio-Niterói" apresenta-se de modo ambivalente. Seria uma "reprodução" desses dois textos, ou seria um texto "inédito"? Novamente, nota-se o embaralhamento das noções de "criação" e de "reprodução", entre outras, que já foram abordadas nesta investigação.

Ao se interpretar esses textos, tem-se um abalo no pólo da produção que repercute no pólo receptivo como uma "confusão de escrituras", em que não se pode delimitar clara e univocamente qual seria o provável "texto-fonte", o "original", e as suas decorrentes "versões". O leitor é levado a esse espaço inter e extratextual, de modo que se dirija à encruzilhada desse percurso: a "confusão de escrituras". Destaca-se, então, a dinamicidade da escritura, em que o texto se faz plural: "Antes da ponte Rio-Niterói", "Um caso complicado" e "Um caso para Nélson Rodrigues" são personagens/atores da (própria) dramatização escritural. Nesse sentido, a relação entre "outro" e "mesmo", "criação" e "reprodução" dá-se, conflituosamente, por meio da contigüidade, estabelecendo-se, num espaço de intersecção e de confluência de sentidos, o entrelugar.

A relação com o *outro* tem sido amplamente discutida na fortuna crítica de Clarice Lispector, a partir de perspectivas interpretativas distintas. Nos diversos textos que exploram essa relação, é idéia central o fato de que a presença do *outro* instaura, por exemplo, um abalo na dinamicidade do enredo, na relação de uma personagem com outra(s), na posição de uma personagem com o mundo que a cerca. Gotlib (1988a), ao discorrer sobre *Uma aprendizagem ou O livro dos prazeres*, elucida o processo de construção dessa obra, afirmando que ela:

> desenha um enredo romanesco calcado na simbiose de duas linhas de ação. Trata-se da história da relação entre um homem e uma mulher: é *uma história de amor*. Trata-se dos modos de ir representando esta realidade em processo: é *uma história de linguagem*.

> Neste caso específico, a literatura mantém conexão com duas esferas de *sentidos*: o *sentir* o outro, na relação amorosa; o *sentir* o outro, na relação lingüística.
>
> Esta aprendizagem incrusta-se no próprio enredar-se da narrativa. A aprendizagem faz-se, simultaneamente, entre o *amar*, ou seja, o darse e o usufruir o outro; e o *falar, ler e escrever*, ou seja, o comunicar-se com e o inventar o outro. (p.12, grifo da autora)

Acreditamos que essa "aprendizagem" é enredada, na produção de Lispector, por meio de um posicionamento em relação ao *outro*, o qual se mascara em um escritor que parece sucumbir às exigências do mercado, um narrador, uma personagem, um provável leitor etc. Como brevemente afirmamos no capítulo anterior, o *outro* é apresentado de maneira que à temática corresponda um modo (dis)simulado de organização e de estruturação do texto clariciano.

A "aprendizagem" constitui-se, ainda, num processo, desdobrando-se em duas vertentes que se relacionam: uma, em que Clarice Lispector, como autor empírico, posiciona-se e posiciona sua prosa no sistema literário, por meio de um trabalho de dramatização *com a* linguagem. Outra, em que "Clarice Lispector ficcional", mascarada de autor textual, narrador e/ou personagem, problematiza os modos de produção e de recepção por meio de um trabalho de encenação *da* linguagem. Nesse sentido, a construção do texto de Lispector concilia a temática e o enredo a um trabalho *com a* e *da* linguagem. Assim, se a construção de "Antes da ponte Rio-Niterói" revela uma relação com outros textos, observamos que as personagens desse texto também desempenham papéis em relação a um conjunto de valores – como discutiremos a seguir –, sendo a própria escrita teatralizada por meio da relação entre a fábula e a fabulação.

A noção de "(re)escritura" é, portanto, um dos elementos que, no texto de Lispector, assinala um trabalho *da* e *com a* linguagem. Escrever um texto "inédito" ou uma "versão" dele é um questionamento que traz a problemática em questão: a impossibilidade de se apreender o texto clariciano sob uma única perspectiva de leitura, sob dicotomias estáveis, na medida em que ele instala(-se em) um espaço híbrido. Assim, "Antes da ponte Rio-Niterói" mostra-se, em nossa interpretação, o "mesmo" e o "outro" concomitantemente.

Essa terceira via de interpretação está presente na produção de Lispector sob distintas temáticas, aludindo, em certo sentido, à impossibilidade de se apreender, de acordo com parâmetros estanques, determinado fato, determinada característica ou personagem. Isso nos remete à falácia da representação da linguagem. E essa ambivalência, gerada a partir da instauração dessa terceira via, tem sido enredada ao longo da produção de Lispector. Um exemplo aparece em *A cidade sitiada*, no momento em que o narrador em terceira pessoa caracteriza a protagonista Lucrécia Neves:

> Lucrécia mesma fora apanhada por alguma roda do sistema perfeito. Se pensara que se aliando a um forasteiro, sacudir-se-ia para sempre de S. Geraldo e cairia na fantasia? enganara-se.
>
> Caíra de fato em outra cidade – o quê! em outra realidade – apenas mais avançada porque se tratava de grande metrópole onde as coisas de tal modo se haviam confundido que os habitantes, ou viviam em ordem superior a elas, ou eram presos em alguma roda. Ela própria fora apanhada por uma das rodas do sistema perfeito.
>
> *Talvez mal apanhada, com a cabeça para baixo e uma perna saltando fora.* (Lispector, 1982, p.112, grifo nosso)

"Uma perna saltando fora" é uma imagem que representa, na trajetória das personagens claricianas, uma forma de resistência em relação à ordem instituída, uma alusão à impossibilidade de adequação a papéis típicos. Mesmo quando uma personagem se vê de volta à sua rotina – como no caso de Ana no conto "Amor", e de outras personagens de *A via crucis do corpo* –, esse retorno dá-se de maneira ambivalente: é uma volta à mesma rotina (mesmo), porém de uma forma diferente (outro). Na narrativa clariciana, a relação entre o "mesmo" e o "outro" representa, em certo sentido, um modo de se colocar em xeque a trajetória das personagens, seus posicionamentos, e os modos de interpretação em relação a elas, ao próprio texto, à linguagem como instrumento de representação.

Ao cotejarmos "Antes da ponte Rio-Niterói", "Um caso complicado" e "Um caso para Nélson Rodrigues", além dos elementos mencionados, destaca-se o conflito entre o "mesmo" e o "outro", dado, por exemplo, por meio da relação entre escrever "por impulso" e escrever "por encomenda", anteriormente comentada. Sabemos que em 1973 e 1974, período em que os referidos textos foram publicados, Lispector encontrava-se em dificuldades financeiras. Todavia, mais do que simplesmente a relação consecutiva entre "escrever e ganhar dinheiro", observa-se, a partir da leitura dessa "confusão de escrituras", um percurso que se desdobra a partir de indagações acerca do que seja "escrever" e de um olhar atento, por parte da escritora, em relação à sua recepção. Assim, autor empírico, autor textual, narrador, personagens, texto(s) dramatizam o espetáculo escritural, colocando em cena uma desconfiança em relação à própria representação, à linguagem. E essa "desconfiança" é projetada, inclusive, por meio do pólo receptivo, já que ao leitor cabe um papel duplo – de "espectador" e de "expectador". Ao mesmo tempo que observa, com suposto distanciamento, a narrativa em questão, o leitor, no intuito de desvendar o jogo de encenação, trilha o percurso escritural como ator-personagem do espetáculo.

A relação entre "escrever por encomenda" e "escrever por impulso" desdobra-se, nessa dramatização, em uma outra relação, também presente na produção clariciana: "escrever livro" e "escrever para jornal". Notamos, assim, um outro procedimento no percurso da escrita: a simulação de uma diferenciação entre os dois meios (jornal e livro), e a posterior reversão dessa suposta categorização ao serem (re)escritos e (re)publicados textos "de jornais" "em livros", e vice-versa. Lispector já havia aludido a essa relação em outros textos, como no caso da "crônica" intitulada "Escrever para jornal e escrever livro", publicada no *Jornal do Brasil*, em 29 de julho de 1972, e apresentada em *A descoberta do mundo*. Novamente, tem-se a desestabilização das tradicionais fronteiras dos gêneros literários, do que seja literatura e dos canais de divulgação, concatenada a partir da própria escritura. Em uma "crônica", feita "para jornal", discorre-se acerca das diferenças entre "escrever para jornal" e "escrever livro", sendo que, posteriormente, esse texto-crônica "de jornal" será divulgado "em livro". A fim de esclarecermos melhor essa "confusão de gêneros", transcrevemos integralmente o referido texto:

> "Escrever para jornal e escrever livro"
>
> Hemingway e Camus foram bons jornalistas, sem prejuízo de sua literatura. Guardadas as devidas e significativas proporções, era isto o que eu ambicionaria para mim também, se tivesse fôlego.
>
> Mas tenho medo: escrever muito e sempre pode corromper a palavra. Seria para ela mais protetor vender ou fabricar sapatos: a palavra ficaria intata. Pena que não sei fazer sapatos.
>
> Outro problema: num jornal nunca se pode esquecer o leitor, ao passo que no livro fala-se com maior liberdade, sem compromisso imediato com ninguém. Ou mesmo sem compromisso nenhum.
>
> Um jornalista de Belo Horizonte disse-me que fizera uma constatação curiosa: certas pessoas achavam meus livros difíceis e no entanto achavam perfeitamente fácil entender-me no jornal, mesmo quando publico textos mais complicados. Há um texto meu sobre o estado de graça que, pelo próprio assunto, não seria tão comunicável e no entanto soube, para meu espanto, que foi parar até dentro de um missal. Que coisa!
>
> Respondi ao jornalista que a compreensão do leitor depende muito de sua atitude na abordagem do texto, de sua predisposição, de sua isenção de idéias preconcebidas. E o leitor de jornal, habituado a ler sem dificuldade o jornal, está predisposto a entender tudo. E isto simplesmente porque "jornal é para ser entendido". Não há dúvida, porém, de que eu valorizo muito mais o que escrevo em livros do que o que escrevo para jornais – isso sem, no entanto, deixar de escrever com gosto para o leitor de jornal e sem deixar de amá-lo. (Lispector, 1999a, p.421)

A partir do próprio título já poderíamos supor uma diferenciação, por parte de Lispector, entre o ato de "escrever para jornal" e o ato de "escrever livro". A utilização da preposição "para" parece remeter-nos ao próprio meio em questão: o jornal, em que "nunca se pode esquecer o leitor", e que "é para ser entendido". A veiculação desse texto em jornal estabelece, aparentemente, uma diferenciação em relação à sua veiculação em livro, já que parece ser instituído um contato mais direto entre escritora e público. Conseqüentemente, tende-se a interpretar a voz narrativa como sendo a de Clarice Lispector, uma escritora que "valoriz[a] muito mais o que escrev[e] em livros", e, assim, o texto como um "depoimento" condizente a uma "verdade" exposta pela voz da autora.

Nesse sentido, poderíamos supor que o ato de escrever especificamente "para jornal" seria, em princípio, delimitado por certas instâncias e exigências referentes a um depoimento e a um "tom" mais direto. Ao passo que a elaboração de um livro ("escrever livro") constituir-se-ia um ato mais valorizado, "livre" e, em certa medida, "sacralizado". Haveria, portanto, uma delimitação clara e precisa acerca das fronteiras entre esses dois meios, a qual influenciaria, até mesmo, a abordagem do texto em questão.

Todavia, essa primeira delimitação, em relação ao ato de escrever, entre o que seria "bom" ou "ruim", "sagrado" ou "profano", mostra-se, como em outros textos de Lispector, tensionada pelo desdobramento da voz, da focalização narrativa. Esta, também, remete à posição de uma escritora conhecida e reconhecida (Clarice Lispector?). A alusão, por parte da escritora-ficcionalizada, a um amigo jornalista, que supostamente lhe contara que "certas pessoas achavam meus livros difíceis e no entanto achavam perfeitamente fácil entender-me no jornal, mesmo quando publico textos mais complicados", estabelece, no desdobramento enunciativo-narrativo, um conflito de vozes e de posições. Esse conflituoso desdobramento, por sua vez, parece deslocar o texto a um espaço de intersecção e de reversão de signos, de modo que se evidencie não somente como um depoimento, mas também como uma narrativa, uma narrativa-depoimento. Assim, o tom confessional, a aparente cumplicidade, o relato objetivo, que seriam supostamente pertinentes ao texto de jornal, embaralham-se a uma estrutura narrativa polifônica, levando à instauração de um texto híbrido.

Conseqüentemente, no papel de leitores-espectadores, passamos a "desconfiar" das palavras da escritora-personagem, ao discorrer acerca do ato de escrever: "num jornal nunca se pode esquecer o leitor, ao passo que no livro fala-se com maior liberdade, sem compromisso imediato com ninguém. Ou mesmo sem compromisso nenhum". E essa desconfiança deve-se, pelo menos, a certos procedimentos engendrados em "Escrever para jornal e escrever livro". Como destacamos, o primeiro procedimento corresponde ao jogo polifônico que embaralha as posições enunciativas e as supostas diferenciações entre os meios. Esse jogo leva o texto a um espaço de intersecção entre as vozes, entre o depoimento (jornal) e a narrativa (livro), entre o "sagrado" e o "profano" ("Há um texto meu sobre o estado de graça que, pelo próprio assunto, não seria tão comunicável e no entanto soube, para meu espanto, que foi parar até dentro de um missal. Que coisa!").

Um outro recurso empregado no texto diz respeito à posição enunciativa, à voz narrativa, que parece revelar uma consciência em relação à dinâmica do sistema literário. Isto é, de produção e de recepção, que acaba, irônica e dissimuladamente, suscitando uma preocupação com o leitor e com a maneira pela qual o (seu) texto é abordado:

> Respondi ao jornalista que a compreensão do leitor depende muito de sua atitude na abordagem de um texto, de sua predisposição, de sua isenção de idéias preconcebidas. E o leitor de jornal, habituado a ler sem dificuldade o jornal, está predisposto a entender tudo. E isto simplesmente porque "jornal é para ser entendido". Não há dúvida, porém, de que eu valorizo muito mais o que escrevo em livros do que escrevo para jornais – isso sem, no entanto, deixar de escrever com gosto para o leitor de jornal e sem deixar de amá-lo. (Lispector, 1999a, p.421)

Essa "consciência" em relação à produção, à veiculação e à recepção de textos, mesmo quando apresentada ironicamente no texto, permite que observemos um trabalho com a linguagem, executado tanto por parte de Lispector, autor empírico, quanto por meio do desdobramento das vozes narrativas no texto – de Clarice Lispector, escritora ficcionalizada; narradora-personagem; amigo jornalista; público-leitor. A partir desse encadeamento polifônico, tem-se, também, um trabalho da própria linguagem, à medida que se constrói a ambivalente tessitura narrativa. Assim, ao se colocar a linguagem em evidência, revela-se, no texto em questão, uma projeção em direção a uma suposta sublimidade da linguagem, como pode ser observado nos dois primeiros parágrafos do referido texto. A colocação da linguagem em um patamar sublime, e, assim, do "escrever livro", leva-nos à abordagem do "escrever para jornal" como não-sublime, ou seja, aquilo que pode corromper a palavra. Entretanto, essa aparente dicotomia é problematizada a partir das posições enunciativas engendradas no texto e do processo de reversão de signos. Desse modo, além da confusão e da problematização dos meios e dos gêneros literários, observa-se, também, um percurso de reversão dos signos, que se direciona à ambivalência da linguagem e da escritura. O que seria "incompreensível" em livro e "compreensível" em jornal seria, também, um "missal"; o que seria "sagrado" (livro), também seria "profano" (jornal).[1] Segundo Franco Junior (1999):

> O projeto de radical descondicionamento presente na escrita de Clarice Lispector não se satisfaz, entretanto, com a mera identificação e ratificação dos eixos de oposições binárias dos quais lança mão. Ele volta-se precisamente para a desconstrução de tais eixos, visando, na contínua liquefação a que submete tais fronteiras, afirmar uma possível via de superação das mesmas e do sistema do qual elas partem e ao qual elas servem. (p.127)

Além das relações apresentadas, notamos que tanto o pólo de produção quanto o de recepção são "afetados" por essa "confusão de escrituras" que se institui nesse espaço de intersecção. É interessante, ainda, observarmos em que medida a própria dinâmica do mercado literário influi na recepção de um texto, em especial do texto de Clarice Lispector. E de que maneira "autor", "texto", "personagem", "leitor" e "contexto" relacionam-se. Se, por um lado, temos aludido à escritura clariciana como aquela que (se) instaura (n)o

---

1 A relação entre esses elementos será abordada no próximo capítulo.

entrelugar, por outro, a encenação discursivo-narrativa gera uma armadilha que faz com que o texto seja abordado somente por um prisma. É nesse sentido que podemos compreender leituras que classificam *A via crucis do corpo* como "lixo literário", "Explicação" apenas como um prefácio, "Antes da ponte Rio-Niterói" apenas como uma "versão" dos outros textos.

No caso de "Antes da ponte Rio-Niterói", podemos notar, na estruturação do texto, um percurso de dramatização em relação ao papel do narrador e ao que, tradicionalmente, deva ser a narrativa, o conto, o texto literário. Essa estratégia de encenação, de assunção de papéis dá-se, à medida que o narrador desempenha seu papel como responsável e direcionador do ato narrativo, porém, de um modo (irônica e dissimuladamente) "confuso". Essa simulação do narrador pode ser observada, por exemplo, nos seguintes trechos do referido texto:

> Bem. Essa mulher ardente lá um dia teve ciúmes. E era requintada. Não posso negligenciar detalhes cruéis. *Mas onde estava eu, que me perdi? Só começando tudo de novo, e em outra linha e outro parágrafo para melhor começar*. (p.74)

> Aí que o pai dela entra como quem não quer nada. Continuou sendo amante da mulher do médico que tratara de sua filha com devoção. Filha, quero dizer, do amante. E todos sabiam, o médico e a mãe da ex-noiva morta. *Acho que me perdi de novo, está tudo um pouco confuso, mas que posso fazer?* (p.75, grifos nossos)

Como em outros textos de *A via crucis do corpo*, o papel do narrador é assumido por uma mulher, "escrivã", "humilde", que tem como função "adivinhar a realidade":

> Peço desculpa porque além de contar os fatos também adivinho e o que adivinho aqui escrevo, escrivã que sou por fatalidade. Eu adivinho a realidade. Mas esta história não é de minha seara. É da safra de quem pode mais do que eu, humilde que sou. (p.73)

Novamente, estabelece-se, na posição discursiva assumida por quem se responsabiliza pela apresentação dos fatos, uma relação entre a narradora-escrivã, Clarice Lispector, autor textual, e Clarice Lispector, autor empírico. Assim como em outros textos, essa relação é um ponto de conflito que assinala um questionamento em torno da linguagem, do sistema literário, do papel de um escritor. Sobretudo se considerarmos que em "Um caso para Nélson Rodrigues" há referências explícitas ao próprio Nelson Rodrigues e, também, a Dalton Trevisan.

O contar, o narrar, o relatar fatos são colocados em questão, assim como a figura e a função do escritor e do narrador. Assim, o assunto do texto – aparentemente, um "caso complicado", uma fofoca – é enredado em favor de um abalo que se instaura na relação entre a fábula e a sua discursivização. De certa maneira, poderíamos resumir a fábula do texto, destacando as personagens e suas ações:

> Jandira, *uma moça de dezessete anos, fogosa que nem potro novo e de cabelos belos* e *cujo pai era amante da mulher do médico.* Bastos, que morava com Leontina, uma *virago*, foi noivo de Jandira até o momento em que ela teve *gangrena na perna e tiveram que amputá-la. Mal o noivo viu a figura de muletas, teve coragem de simplesmente desmanchar sem remorso o noivado, que aleijada ele não queria.* E três meses depois, Jandira faleceu.
>
> Leontina, que era *requintada*, um dia teve ciúmes de Bastos e *enquanto Bastos dormia despejou água fervendo do bico da chaleira dentro do ouvido dele que só teve tempo de dar um urro antes de desmaiar. Bastos foi levado para o hospital e ficou entre a vida e a morte.* Leontina, que ficou presa por *um ano e pouco*, saiu da cadeia e voltou a viver junto com Bastos, que estava *muito mirrado* e *surdo*.
>
> O pai de Jandira, *continuou sendo amante da mulher do médico que tratara de sua filha com devoção.* Tanto o médico quanto a mãe de Jandira sabiam do caso amoroso, que se passou em Niterói, *com suas tábuas do cais sempre úmidas e enegrecidas e sua barcas de vaivém.*[2]

2 O grifo corresponde a trechos do texto, localizados entre as páginas 73 e 77.

Como destacou Nunes (1995, p.83), os contos de Clarice Lispector apresentam uma estrutura narrativa tradicional, com "começo", "meio" e "fim". É nesse sentido que, num primeiro momento, podemos delimitar as ações das personagens, o enredo do texto, e, assim, o modo, muitas vezes irônico, pelo qual elas são caracterizadas.

Contudo, se, por um lado, podemos resumir a fábula do texto, delimitar as trajetórias das personagens, por outro, a relação engendrada entre a fábula e a fabulação revela um desdobramento enunciativo. Este é concatenado por meio de estratégias discursivas típicas da prosa de Lispector. A primeira estratégia que se destaca na construção de "Antes da ponte Rio-Niterói" refere-se especificamente à posição da narradora-escrivã em relação às personagens e aos acontecimentos. Mesmo apresentando-os por meio da focalização em terceira pessoa, a perspectiva da narradora-escrivã oscila, de modo que se coloque ora "próxima", ora "distante" deles, como podemos observar nos seguintes trechos:

> ... mal o noivo viu a figura de muletas, toda alegre, alegria que ele não percebeu que era patética, pois bem, o noivo teve coragem de simplesmente desmanchar sem remorso o noivado, que aleijada ele não queria. (p.74)

> E daí a três meses – como se cumprisse promessa de não pensar nas débeis idéias do noivo – daí a três meses, morreu, linda, de cabelos soltos, inconsolável, com saudades do noivo, e assustada com a morte como criança tem medo do escuro: a morte é de grande escuridão. (p.74)

A narradora-escrivã, portanto, atua no palco narrativo de modo ambivalente. Ao mesmo tempo que apresenta as ações e caracteriza as personagens, projeta um olhar irônico que indicia a sua própria encenação, ao introduzir seus próprios comentários na narração. Mesclam-se, assim, uma apresentação aparentemente objetiva e imparcial dos acontecimentos e uma desconstrução dessa mesma apresentação, dada por meio das interferências da narradora-escrivã, como observamos em: "alegria que ele não percebeu que era patética, pois bem" e "como se cumprisse promessa de não pensar nas débeis idéias do noivo". A caracterização das outras personagens também é pautada por essa atuação: à medida que a narradora-escrivã apresenta os fatos, projeta um olhar irônico e desestabilizador em relação a elas, e discorre acerca do "caso complicado". A atuação da narradora-escrivã, em cujo discurso permeiam-se posições distintas, direciona a apresentação das ações das personagens:

> A virago, chamada Leontina, pegou um ano e pouco de cadeia. De onde saiu para encontrar-se – adivinhem com quem? pois foi encontrar-se com Bastos. A essa altura um Bastos muito mirrado e, é claro, surdo para sempre, logo ele que não perdoara defeito físico. (p.75)

> A mulher do pai – portanto mãe da ex-noivinha – sabia das elegâncias adulterinas do marido que usava relógio de ouro no colete e anel que era jóia, alfinete de gravata de brilhante. Negociante abastado, como se diz, pois as gentes respeitam e cumprimentam largamente os ricos, os vitoriosos, não é mesmo? Ele, o pai da moça, vestido com terno verde e camisa cor-de-rosa de listrinhas. ... Não posso esquecer um detalhe. É o seguinte: o amante tinha na frente um dentinho de ouro por puro luxo. E cheirava a alho. Toda a sua aura era puro alho, e a amante nem ligava, queria era ter amante, com ou sem cheiro de comida. (p.76)

> Acrescento um dado importante e que, não sei por quê, explica o nascedouro maldito da história toda: esta se passou em Niterói, com as tábuas dos cais sempre úmidas e enegrecidas, e suas barcas de vaivém. (p.76)

Essa oscilação da perspectiva da narradora-escrivã em relação às personagens é uma estratégia recorrente na prosa clariciana, conforme destacou Franco Junior (1999). Acreditamos que esse procedimento assinala, na relação entre a fábula e a fabulação, uma encenação, um pacto "frustrado e frustrante" estabelecido entre narrador e personagens, já que "ninguém é poupado". De certa maneira, no desdobramento de posições enunciativas, autor empírico, autor textual, narrador, leitor e, também, o texto protagonizam esse pacto, essa encenação.

A estruturação clássica do conto clariciano é problematizada por meio da encenação do narrador, que, ao relatar os fatos, apresenta um olhar crítico e irônico em relação às personagens e ao próprio contar. Aliado a essa oscilação, tem-se um calculado trabalho com a linguagem, articulado na apresentação dos fatos, na própria posição da narradora, que se apresenta como "escrivã humilde", e no estilo empregado. Podemos notar, ainda, um trabalho da linguagem no relato-escritura da narradora-escrivã, que, ao contar-escrever, coloca-se, aparentemente, como detentora de um saber – o "caso complicado" que aconteceu em Niterói. Bem como no modo como esse suposto "saber" é discursivizado. Portanto, na/por meio da tensão entre o "contar" e o "escrever" engenha-se a fala-escritura dessa narradora-escrivã:

> O que fazer dessa história que se passou quando a ponte Rio-Niterói não passava de um sonho? Também não sei, dou-a de presente a quem quiser, pois estou enjoada dela. Demais até. Às vezes me dá enjôo de gente. Depois passa e fico de novo toda curiosa e atenta.
>
> E é só. (p.77)

A marcação de sua fala e o enredamento de um aparente "estilo" constituem um procedimento da narradora-escrivã ao apresentar os fatos. Frases como "Pois é" (p.73), "Pois" (p.74), "Bem" (p.74), "Eu sei, e pronto" (p.76), "Como é que sei? Sabendo" (p.76), e "E é só" (p.76), entre outras, parecem ser empregadas a fim de instituir um estilo que pudesse dar conta de abarcar os fatos – o "caso complicado". E que se aproximasse de uma linguagem dita "realista". Assim, até mesmo a apresentação dos acontecimentos parece ser encenada, na medida em que se marcam a posição e a voz narrativa. A essa encenação do/no narrar associa-se uma "complicação" do/no narrar, procedimento que remete, de certa forma, ao título "Um caso complicado". Nesse caso, o ludismo também se faz presente, pois a "complicação" parece "mostrar" o modo como a(s) história(s), o(s) caso(s) complicado(s) foram urdidos.

A posição da narradora-escrivã, ao apresentar a história em questão, torna-se emblemática no que se refere à assunção de um "papel teatralizado". Ao mesmo tempo que se coloca como responsável pela apresentação objetiva dos fatos, o modo pelo qual os discursiviza torna-se, em certo sentido, "confuso" e "sinuoso". Portanto, à narradora-escrivã cabe um papel ambivalente: ao mesmo tempo sabe (p.76) e não-sabe (p.77) dos fatos. Além disso, se retomarmos a relação entre "escrever por vocação" e "escrever por encomenda", observaremos que a teatralização se associa à ironia, na medida em que a narradora-escrivã atua e, assim, escreve/inscreve uma história de que está enjoada, uma história que daria de presente, mas não deixa de escrevê-la. É, pois, um paradoxo que assinala a (im)possibilidade narrativa. Há, de fato, um texto, um artefato de linguagem. Porém, esse texto é construído e elaborado de maneira encenada, de forma que a sua própria construção seja evidenciada, por meio da repetição e da ironia.

Nesse sentido, a ambivalência e a ironia que caracterizam a posição da narradora-escrivã assinalam, de certa maneira, uma trajetória enunciativa do texto em questão. Esta se estende do "adivinhar" a realidade em direção à tentativa de se "contar" a realidade; de um suposto "saber" (narrador posicionando-se como responsável pelo ato narrativo) em direção ao "não-saber" (questionamento do ato narrativo, da posição narrativa), como também observamos no fragmento abaixo:

> Mas estou me confundindo toda ou o caso que é tão complicado que se eu puder vou desenrolar. As realidades dele são inventadas. Peço desculpa porque além de contar os fatos eu também adivinho e o que adivinho aqui escrevo, escrivã que sou por fatalidade. Eu adivinho a realidade. Mas esta história não é de minha seara. É da safra de quem pode mais que eu, humilde que sou. (p.73)

O "não-saber", aliado às noções de repetição, de reescritura e de ironia, propicia o questionamento do papel do escritor em um mercado direcionado por ideais capitalistas, em que supostamente deve-se "vender" a palavra. A partir dessa questão, podemos notar como o texto institui a encenação e um jogo de (dis)simulação. Ambos se sustentam, inclusive, na relação entre "escrever por encomenda" e "escrever por vocação": "dou-a de presente a quem quiser" (p.77). O que observamos, sobretudo na estruturação de "Antes da ponte Rio-Niterói", diz respeito ao modo pelo qual os textos de Lispector, a partir de uma estruturação narrativa tradicional, instauram um percurso de problematização do narrar e do escrever, bem como da linguagem como um instrumento pleno e eficaz de comunicação. A narradora-escrivã, ao se colocar como direcionadora do ato narrativo, do relato dos fatos, apresenta-se de maneira "confusa", utilizando-se de um discurso sinuoso, em que um fato remete a outro, em que a própria sintaxe estabelece referências e conexões. Todavia, em algumas passagens, esse discurso auto-referencial não parece ser, de modo algum, "claro" e "preciso". A própria narradora-escrivã teatraliza sua fala: "Mas estou me confundindo toda ou é o caso tão enrolado que se eu puder vou desenrolar" (p.73).

Todavia, à medida que a narrativa se desenvolve, percebemos oscilação na posição da narradora-escrivã, já que ela passa a apresentar, com certo distanciamento, as personagens e os acontecimentos. Notamos, então, que a posição daquela que é responsável pela apresentação dos fatos é encenada: "Não posso negligenciar detalhes cruéis. Mas onde estava que me perdi? Só começando tudo de novo, e em outra linha e outro parágrafo para melhor começar" (p.74-5).

A partir dessa teatralização do próprio papel desempenhada pela narradora-escrivã, notamos que há, também, a assunção encenada de um estilo e de uma técnica ao relatar os fatos que seriam típicos de uma linguagem "realista". Ou, até mesmo, relacionados a um escritor como Nelson Rodrigues, por exemplo. Associadas a uma suposta confusão ao narrar, observam-se a marcação pontual do que se narra e a utilização de frases e temas que rondam o *kitsch* – conforme apontou Franco Junior (1999) –, estratégias discursivas empregadas a fim de se colocar a linguagem, e, com ela, o sistema de representação em questão. Assim, ao mesmo tempo que a narradora-escrivã apresenta-se de modo aparentemente "confuso" ("Acho que me perdi de novo, está tudo um pouco confuso, mas que posso fazer?" – p.75), ela também procura não se esquecer de detalhes (p.76), acrescentar dados importantes (p.76) e não negligenciar detalhes cruéis (p.74). Articulam-se, concomitantemente, o "saber" (e ter domínio em relação à apresentação das ações das personagens) e o "não-saber" (não abarcar todos os fatos, mesmo com "aparente esforço").

Tanto o distanciamento crítico da narradora-escrivã em face das personagens e dos acontecimentos, quanto a trajetória enunciativa do texto, do discurso da narradora ("saber" e "não-saber"; "contar" e "adivinhar" a realidade) são procedimentos discursivos enredados que problematizam o próprio ato narrativo, o escrever, o contar histórias. Junto a esses recursos está a assunção de um estilo "realista", que, em certo sentido, frustraria as expectativas em relação à prosa de Clarice Lispector, usualmente lida sob um prisma cristalizado. Como apontou Lúcia Helena (1997), acreditamos que a *simulação* de uma linguagem realista é uma estratégia colocada em cena por Clarice Lispector e que caracteriza singularmente o projeto literário de *A via crucis do corpo*, bem como os de outras produções veiculadas por Lispector nos anos 1970. É, portanto, um ponto fundamental em nosso percurso interpretativo o debate acerca do que se entende por uma "linguagem realista" e do modo como a autora coloca, no cenário da literatura brasileira, a (sua) linguagem, a (sua) escritura.

Tradicionalmente, a linguagem dita "realista" está relacionada a uma tentativa e a um intuito de se apreender a realidade. Supostamente, haveria uma proximidade entre o referente em questão e a linguagem, já que essa seria capaz de abarcá-lo, traduzi-lo. Se, partindo dessa perspectiva, interpretássemos os textos de *A via crucis do corpo*, ou, no caso, "Antes da ponte Rio-Niterói", teríamos, desde já, o nosso intuito frustrado. A linguagem realista seria problematizada em sua base: a apreensão da realidade. A partir dessas considerações, podemos abordar a linguagem "realista" de *A via crucis do corpo* sob a perspectiva da encenação, por constituir um procedimento empregado com o propósito de questionar a própria base que o sustenta. Diríamos que seria um "realismo às avessas", pois, a partir do enredamento desse estilo, aponta-se a impossibilidade de apreensão do real, a falácia da representação da linguagem.

Ao "realismo às avessas" de "Antes da ponte Rio-Niterói", de *A via crucis do corpo*, podemos associar o processo de (dis)simulação, em que se engenha um trabalho com a linguagem, por meio da posição da narradora-escrivã, ao relatar os acontecimentos e as características das personagens, ao simular uma realidade, um "caso complicado". A posição da narradora é relacionada à posição de uma escritora ("escrivã"), de modo que se tenha um embaralhamento de vozes, de perspectivas, instituindo um trabalho da linguagem. Relata-se/escreve-se uma "história que se passou quando a ponte Rio-Niterói não passava de um sonho" (p.77), e da qual a narradora-escrivã está "enjoada" (p.77). Assim, a oscilação da perspectiva da narradora-escrivã permite que se engendre o processo de (dis)simulação, por meio da proximidade em relação aos acontecimentos e às personagens, e do distanciamento ante eles e sua posição ao narrar/escrever.

Conforme foi destacado, a relação entre a fábula e a fabulação molda singularmente o projeto literário de *A via crucis do corpo*. Observar o modo pelo qual se tem a apresentação de um estilo, de uma técnica "realista", é um dos parâmetros para a abordagem dessa obra. Ele permite o debate acerca de seu lugar na literatura nacional. O "realismo simulado" é um dos recursos narrativos empregados em *A via crucis do corpo*, por exemplo, na focalização das personagens, apresentadas por meio de um olhar detalhista, atento, muitas vezes irônico, como no seguinte trecho:

> Essa Jandira, de dezessete anos, fogosa que nem potro novo e de cabelos belos, estava noiva. Mal o noivo viu a figura de muletas, toda alegre, alegria que ele não percebeu que era patética, pois bem, o noivo teve coragem de simplesmente desmanchar sem remorso o noivado, que aleijada ele não queria. (p.74)

Ao se instaurar a ironia ("alegria que ele não percebeu que era patética"), há um afastamento entre narrador e personagens e, como decorrência, um abalo no propósito realista: a apresentação dos fatos, a apreensão da realidade. A ironia tem a função de instituir uma ruptura no enredamento realista, de modo que assinale a dissimulação em relação ao próprio conteúdo exposto:

> Não posso esquecer um detalhe. É o seguinte: o amante tinha na frente um dentinho de ouro, por puro luxo. E cheirava a alho. Toda a sua aura era alho puro, e a amante nem ligava, queria era ter amante, com ou sem cheiro de comida. Como é que sei? Sabendo.
>
> Não sei que fim levaram essas pessoas, não soube mais notícias. Desagregaram-se? pois é história antiga e talvez já tenha havido mortes entre elas, as pessoas. A escura, escura morte. Eu não quero morrer. (p.76)

A estruturação de "Antes da ponte Rio-Niterói" e os procedimentos utilizados permitem, por um lado, que se tenha uma história que pode ser delimitada, personagens que podem ser caracterizadas. Entretanto, ao mesmo tempo que se observam esses elementos, nota-se um conflito em seu conjunto, dado por meio da fabulação, que se alicerça em uma construção polifônica, extra e intratextual. Nessa construção, as perspectivas de autor empírico, autor textual, narradora-escrivã, personagens e a projeção de um suposto leitor cruzam-se. Assim se colocam em tensão o contar, o relatar, o escrever, e, em certo sentido, uma determinada concepção de linguagem "realista". Veja-se, por exemplo, como o narrador solicita a participação do narratário nesse jogo de entrecruzamento de vozes:

> O médico, mesmo sabendo ser o pai da mocinha amante de sua mulher, cuidara muito da noivinha espaventada demais *com o escuro de que falei*. A mulher do pai – portanto mãe da ex-noivinha – sabia das elegâncias adulterinas do marido que usava relógio de ouro no colete e anel que era jóia, alfinete de gravata de brilhante. Negociante abastado, *como se diz*, pois as gentes respeitam e cumprimentam os ricos, os vitoriosos, *não é mesmo*? Ele, o pai da moça, vestido com terno verde e camisa cor-de-rosa de listrinhas. *Como é que sei? Ora simplesmente sabendo,*

> *como a gente faz com a adivinhação imaginadora. Eu sei e pronto.* (p.76, grifo nosso)

À medida que se tem a simulação de um estilo realista, tem-se, também, uma auto-referencialidade em relação à própria construção discursiva, ao próprio texto, como foi observado nos trechos destacados anteriormente. Por meio desse procedimento, notamos que o conteúdo narrado (o caso complicado) desdobra-se em direção a outras instâncias narrativas, que são permeadas por um tom reflexivo e metalingüístico. Nesse desdobramento, surge a "morte" como impossibilidade de se abarcar, de se totalizar os fatos apresentados:

> ... a morte é de grande escuridão. Ou talvez não. Não sei como é, ainda, não morri, e depois de morrer nem saberei. Quem sabe se não tão escura. Quem sabe se é um deslumbramento. A morte, quero dizer. (p.74)

> Não sei que fim levaram essas pessoas. Não soube mais notícias. Desagregaram-se? pois esta história é tão antiga e talvez já tenha havido mortes entre elas, as pessoas. A escura, escura morte. Eu não quero morrer. (p.76)

A "morte", juntamente com o "não-saber", mencionado anteriormente, instaura-se em/por meio de uma "confusão de perspectivas", uma oscilação da posição da narradora-escrivã. Correspondem a um desdobramento metalingüístico em que parece haver um questionamento do narrador em relação à sua própria função. Tem-se, novamente, uma problematização do narrar e do escrever que pode ser enfatizada a partir do cotejo de "Antes da ponte Rio-Niterói" com "Um caso para Nélson Rodrigues" e "Um caso complicado".

Nesses três textos, como tem sido apontado, destaca-se a construção inter e extratextual como um dos procedimentos que engendram os sentidos neles e, conseqüentemente, instauram a auto-referencialidade. É o texto – uma "confusão de escrituras" – que, na/por meio da relação entre a fábula e a fabulação, aponta sua própria construção. E essa "confusão de escrituras" instaura-se em um espaço de intersecção, em que tanto a diferença quanto a continuidade são engenhadas como recursos produtores de sentido. Numa primeira abordagem dos textos, o que se destaca é o "apagamento" de referências explícitas a escritores contemporâneos de Clarice Lispector – Dalton Trevisan e Nelson Rodrigues –, à prosa, ao estilo da autora, enfim, ao sistema literário. Contudo, esse "apagamento" das marcas explícitas ocorre nos textos "Um caso complicado" e "Antes da ponte Rio-Niterói". Estes foram publicados posteriormente a "Um caso para Nélson Rodrigues", que apresenta tais trechos:

> Mas estou me confundindo toda ou o caso é tão enrolado que se puder vou desenrolar se bem que Dalton Trevisan narraria com o poder maior que tem. As realidades dele são inventadas. Peço desculpa porque além de contar os fatos eu também adivinho e o que adivinho aqui escrevo. Eu adivinho a realidade. Mas esta história não é de minha seara. É da safra de quem pode mais do que eu. (Lispector, 1999a, p.448)

> Bem. Essa mulher lá um dia teve ciúmes. E – tão requintada como Nélson Rodrigues que não negligencia detalhes cruéis. Mas onde estava eu, que me perdi? Só começando tudo de novo, e em outra linha e parágrafo para melhor começar. (Lispector, 1999a, p.449)

É curioso observar que, na relação entre esses textos, instaura-se outra perspectiva de leitura, transpassada pela ironia e por um distanciamento crítico e avaliativo, tanto no pólo da produção e da enunciação, quanto no receptivo. Ao cotejarmos esses textos, destaca-se, juntamente com a auto-referência e o desdobramento metalingüístico, a repetição com diferença. Uma das características da paródia, que opera "como um método de inscrever a continuidade, permitindo embora a distância crítica" (Hutcheon, 1985, p.33). A repetição com diferença associa-se, portanto, à noção de "(re)escritura", tendo-se, de modo conflitivo, um *mesmo* texto e um *outro* texto concomitantemente. Embora o que nos interesse seja, em princípio, a interpretação de *A via crucis do corpo*, e, assim, de "Antes da ponte Rio-Niterói", não podemos desconsiderar as referências presentes em "Um caso para Nélson Rodrigues". E essas referências permitem que trilhemos um percurso de leitura, direcionado à problematização das formas e das convenções recorrentes no sistema literário, em especial na época de publicação de tais textos. Na sua organização, mantém-se, de certa maneira, a fábula já comentada (o "caso complicado"). Contudo, o modo pelo qual ela é encenada, ou seja, a fabulação, adquire um engendramento próprio em cada texto. Sobre a base de uma mesma fábula, encenam-se, pois, três perspectivas de fabulação. Ao mesmo tempo que se tem uma fábula identificada, a fabulação "perturba" tanto a história em questão, quanto a sua própria discursivização. Em "Um caso para Nélson Rodrigues", como foi destacado, a partir do próprio título cria-se um espaço de intersecção. Nele, as convenções em relação à "boa literatura", as avaliações do público acerca de Lispector e desta acerca do público, a assunção de um estilo "realista", as referências, muitas vezes irônicas, a Dalton Trevisan e a Nelson Rodrigues, entre outros elementos, são revistas no contexto de uma suposta intenção da escritora: a problematização do sistema literário.

Essa problematização pode ser inferida a partir de certos procedimentos empregados nos referidos textos, dentre os quais se destacam a (re)escritura, a repetição, a auto-referencialidade, o desdobramento metalingüístico, a ironia, e, também, a paródia. Esta, por sua vez, é um elemento fundamental para a interpretação tanto desses textos, quanto de "A língua do 'p'", já que seria "híbrida e de voz dupla" (Hutcheon, 1985, p.41). Um exemplo da instauração da ambigüidade faz-se presente nos trechos selecionados de "Um caso para Nélson Rodrigues", como na seguinte passagem: "As realidades dele são inventadas" (Lispector, 1999a, p.448). O dêitico "dele" institui a pluralidade, o jogo de sentidos, a (dis)simulação: refere-se ao "caso enrolado" e/ou a Dalton Trevisan? Nesse texto tem-se, novamente, uma narradora que se apresenta na posição de uma escritora, simulando estar num patamar inferior ao de Dalton Trevisan, e projetando uma perspectiva irônica em relação a Nelson Rodrigues. Ao mesmo tempo que a narradora se mostra como não estando no mesmo nível que um escritor contemporâneo ("É da safra de quem pode mais do que eu" – Lispector, 1999a, p.448), aparentemente assume um estilo realista, que foi comumente associado aos referidos escritores. Essa atuação da narradora, que caracteriza tanto esses textos como outros, engenha a (dis)simulação: simula-se uma escrita que contesta as bases que a sustentam. O "realismo" é simulado e transpassado, na relação entre a fábula e a fabulação, por meio de uma construção paródica, polifônica, ambivalente – uma (re)escritura.

A noção de (re)escritura pode ser abordada, ainda, sob a perspectiva de uma suposta intenção de Clarice Lispector ao publicar esses textos, em se colocar criticamente perante o sistema que a rotulava como grande autora, atenta às questões "do espírito", e que rotulava a sua prosa. Considerando o contexto de produção, Hutcheon (1985) argumenta que:

> Existe, obviamente, um novo interesse pelo "contextualismo" hoje, e qualquer teoria da paródia moderna deve partir igualmente do pressuposto de que "*os textos só podem ser entendidos quando situados contra o cenário das convenções de onde emergem*; e ... os mesmos textos contribuem, paradoxalmente, para os cenários que determinam os seus sentidos" (Schleusener, 1980, p.669). Quando o cenário é efectivamente enxertado no texto, como acontece na forma da paródia, não se pode evitar esse contextualismo. (p.36, grifo nosso)

Contudo, mesmo projetando uma suposta intenção da autora em se colocar criticamente perante o sistema literário, não podemos afirmar que essa é a única perspectiva plausível de leitura tanto desses textos, quando de outros de *A via crucis do corpo*. O que se destaca no cotejo desses textos é, também, a desestabilização da visão de obra autônoma e, em certa medida, da própria intencionalidade, que seriam, muitas vezes, relacionadas a uma visão fechada em relação a tais textos. Como temos defendido, *A via crucis do corpo* institui o e institui-se no entrelugar e, nesse sentido, o que é pertinente à nossa leitura é o jogo entre as possibilidades de interpretação suscitadas no próprio texto. Assim, podemos afirmar que a intenção de Clarice Lispector em se colocar claramente perante o sistema literário é um dos passos do percurso interpretativo de *A via crucis do corpo* que conduz ao entrelugar, a uma "confusão de escrituras". A intenção articula-se no texto e conduz à ambivalência, a uma gama de possibilidades interpretativas em que se destacam elementos da vida pessoal e cotidiana de Clarice, porém, de modo ficcionalizado. Desestabilizam-se as fronteiras entre literatura e realidade e, inclusive, entre "intencionalidade" e "textualidade", de modo que se instaurem a pluralidade, o hibridismo, a "confusão de leituras".

Conseqüentemente, nessa "confusão de escrituras e de leituras" destaca-se, ainda, o papel do leitor, ao (re)construir esse percurso a partir da fábula e dos procedimentos engendrados em cada texto. Nesse sentido, podemos afirmar que o leitor também atua como ator/personagem no palco da escritura, e sua atuação é de fundamental importância para que se engenhe o espetáculo de uma escritura: *A via crucis do corpo*. No item seguinte, a partir da leitura de "A língua do 'p'", trilharemos mais uma etapa de nosso percurso interpretativo, observando como o ludismo, associado à paródia e à simulação de um estilo realista, caracteriza a (des)construção da escrita.

Uma brincadeira séria, uma séria brincadeira: a escrita encenada

O texto "A língua do 'p'" (p.85-9) constitui-se por meio de, pelo menos, dois caminhos significativos que se cruzam, caracterizando a encenação da fábula e da fabulação. O primeiro fundamenta-se no "caso" apresentado, que aconteceu com Maria Aparecida, "Cidinha", uma professora de inglês, "nem rica, nem pobre: remediada" (p.85). O segundo percurso de sentido engendra-se por meio da inserção, no discurso das personagens, da "língua do 'p'", de modo que assinale, a partir da utilização dessa "língua", a auto-referencialidade da linguagem. Ambos os percursos entrecruzam-se, tecendo a singularidade do referido texto: uma brincadeira séria, uma séria brincadeira da e com a linguagem – a encenação *da* e *com a* linguagem.

Em "A língua do 'p'", tem-se a protagonista da história, Cidinha, apresentada por um narrador em terceira pessoa:

> Maria Aparecida – Cidinha, como a chamavam em casa – era professora de inglês. *Nem rica nem pobre: remediada.* Mas vestia-se com apuro. *Parecia rica.* Até suas malas eram de boa qualidade.
>
> Morava em Minas Gerais e iria de trem para o Rio, onde passaria três dias, e em seguida tomaria o avião para Nova Iorque.
>
> *Era muito preocupada como professora.* Gostava da perfeição e *era afetuosa, embora severa.* Queria aperfeiçoar-se nos Estados Unidos. (p.85, grifo nosso)

Desde os parágrafos iniciais do texto, percebemos que, na focalização de Cidinha, destaca-se o discurso modalizante, o qual ressalta a "aparência" da personagem. A opção do narrador pelo relato dos fatos e pela caracterização da protagonista, por meio de frases como as destacadas, implica uma estratégia discursiva que acentua o contraste entre o "parecer" e o "ser". Desse modo, a caracterização de Cidinha, ao longo do texto, dá-se por meio de uma aproximação e de um distanciamento crítico do narrador, de modo que as vozes de narrador e personagem sejam colocadas em conflito:

> Na próxima estação subiram dois homens que se sentaram no banco em frente ao banco de Cidinha. O trem em marcha. Um homem era alto, magro, de bigodinho e olhar frio, o outro era baixo, barrigudo e careca. Eles olharam para Cidinha. Esta desviou o olhar, olhou pela janela do trem.
>
> Havia um mal-estar no vagão. Como se fizesse calor demais. A moça inquieta. Os homens em alerta. Meu Deus, pensou a moça, o que é que eles querem de mim? Não tinha resposta. E ainda por cima era virgem. Por que, mas por que pensara na própria virgindade? (p.86)

Não somente são abaladas as vozes de narrador e de personagem, mas também, em determinadas passagens, as vozes se sobrepõem, instaurando a ambigüidade enunciativa. Na frase "Por que, mas por que pensara na própria virgindade?", tanto podemos identificar a voz da personagem, quanto a voz do narrador, como efeito do embaralhamento de vozes propiciado pelo discurso indireto livre. Todavia, mesmo havendo a sobreposição de vozes, a perspectiva do narrador em relação à personagem enreda-se num caminho próprio, de modo que ele ora se coloque "próximo" à personagem, ora "distante".

À oscilação da perspectiva do narrador relaciona-se a tensão, que se dá por meio da oposição entre "parecer" e "ser". Bem como por meio do contato com o *outro* – que é simbolizado, inicialmente, pelos homens, caracterizados no trecho anterior, e, posteriormente, pela própria personagem. O contato com o *outro* instaura, na estrutura do texto de Lispector, uma reversão, um abalo na trajetória da personagem. Contudo, essa reversão não corresponde, em princípio, a um abandono, a uma modificação total de sua condição. Corresponde, sobretudo, a um momento-chave em sua trajetória, a partir do qual se apresenta em uma outra condição – mesmo retornando ao lugar, à posição social corriqueiros. Gotlib (1988b) destaca, em sua interpretação de *A paixão segundo G. H.*, procedimentos recorrentes na estruturação do texto de Lispector:

> ... *A paixão segundo G. H.* ... reúne, concentradamente, duas tendências que vinham se experimentando nas obras anteriores. De um lado, o tema da relação entre os seres, até a identificação máxima do eu com esta identidade, que é feminina, que é pessoal, que é animal, identidade de *ser* enquanto tal, *sendo*. De outro, uma estrutura narrativa típica de alguns contos, em que esse processo se desenvolve gradativamente por etapas bem definidas e que se representam pela figura de um grande X: dualidades em cotejo, embatendo-se, uma, o contrário da outra, até o ponto de encontro e de contato, a partir do qual continuam o seu percurso, especularmente, no avesso, no contrário, excluindo-se e identificando-se, enquanto projeções das primeiras que nelas se refletiram. (p.173, grifo da autora)

Baseados nas afirmações de Gotlib (1988b), podemos ressaltar que a estrutura dos textos de *A via crucis do corpo* é típica da prosa clariciana. Eles se constroem a partir de um enredamento narrativo em que se tem o contato entre *eu* e *outro*. Todavia, o que caracteriza essa obra como um projeto literário singular é o fato de que esse contato entre as personagens realiza-se por meio de um enredamento calculado e encenado, o qual se desdobra, na fabulação, em distintas vozes e posições enunciativas. Ao mesmo tempo que, na fábula, uma personagem identifica-se, de maneira conflituosa, com o (seu) *outro*, na fabulação engenha-se um desdobramento que institui a pluralidade na construção narrativa – a "mise-en-abyme" (Helena, s.d., p.1). Desse modo, não só as personagens travam esse contato, mas, também, autor textual, narrador, texto e leitor são postos em uma relação conflituosa de aproximação e de distanciamento – ante a (própria) existência, ante a palavra.

No texto em questão, a reversão é enredada, na trajetória da personagem, a partir do encontro com os homens no trem ("Havia um mal-estar no vagão. Como se fizesse calor demais. – p.86), especialmente no momento em que eles dialogam entre si por meio da "língua do 'p'":

> Então os dois homens começaram a falar um com o outro. No começo Cidinha não entendeu palavra. Parecia brincadeira. Falavam depressa demais. E a linguagem pareceu-lhe vagamente familiar. Que língua era aquela?
>
> De repente percebeu: eles falavam com perfeição a língua do "p". Assim:
>
> – Vopocêpê reperaparoupou napa mopoçapa boponipitapa?
>
> – Jápá vipi tupudopo. Épé linpindapa. Espestápá nopo papapopo.
>
> Queriam dizer: você reparou na moça bonita? Já vi tudo. É linda. Está no papo. (p.86)

A língua do "p" corresponde, no texto, a um elemento que desestabiliza e tensiona tanto a trajetória da protagonista (fábula) quanto a discursivização narrativa (fabulação). Ao mesmo tempo, instaura o *outro* e o diálogo do *outro*, e funde fala/escrita na voz de narrador e de personagens. A partir do encontro com os homens no vagão do trem, Cidinha revela-se de um outro modo. A caracterização do narrador em relação a essa personagem, bem como a oposição entre as suas vozes, suscita, assim, o jogo entre o "parecer" e o "ser", entre o "eu" e o "outro":

> Cidinha fingiu não entender: entender seria perigoso para ela. A linguagem era aquela que usava, quando criança, para se defender dos adultos. Os dois continuaram:
>
> – Queperopo cupurrapar apa mopoçapa. Epe vopocepê?
>
> – Tampembempem. Vapaipi serper nopo tupunelpel.
>
> Queriam dizer que iam currá-la no túnel... O que fazer? Cidinha não sabia e tremia de medo. Ela mal se conhecia. Aliás nunca se conhecera por dentro. Quanto a conhecer os outros, aí então é que piorava. Me socorre, Virgem Maria! me socorre! me socorre! (p.86-7)

O narrador coloca-se na função de relatar fielmente a história, com aparente objetividade e imparcialidade. Em outros momentos do texto, essa posição do narrador é enfatizada por meio da utilização de termos como "De repente", "Então", "Assim", entre outros, bem como por meio da "tradução" da língua do "p": "Queriam dizer que iam currá-la no túnel". Acreditamos que o narrador se apresenta de modo ambivalente, ora *simulando* o "relato fiel da realidade", dos fatos "tal como aconteceram", ora afastando-se dessa posição, colocando-se crítica e ironicamente perante a protagonista – tendo-se, então, a *dissimulação* ("Ela mal se conhecia. Aliás nunca se conhecera por dentro", por exemplo). Tanto a posição do narrador quanto a das personagens são, assim, dinamizadas pela língua do "p". O engendramento dessa língua – proferida pelos homens, compreendida pela protagonista e, de certa forma, manipulada pelo narrador – institui a transformação da narrativa, o momento-chave em que a personagem passa a se mostrar *outra*. Essa posição da personagem é assumida, sobretudo, ao descodificar a língua do "p", momento em que fica sabendo que provavelmente seria morta pelos homens:

> – Sepe repesispistirpir popodepemopos mapatarpar epelapa.
>
> Se resistisse podiam matá-la. Era assim então.

> – Compom umpum punpunhalpal. Epe roupoubapar epela.
>
> Matá-la com um punhal. E podiam roubá-la.
>
> Como lhes dizer então que não era rica? que era frágil, qualquer gesto a mataria. Tirou um cigarro da bolsa para fumar e acalmar-se. Não adiantou. Quando seria o próximo túnel? Tinha que pensar depressa, depressa, depressa.
>
> Então pensou: se eu me fingir de prostituta, eles desistem, não gostam de vagabunda.
>
> Então levantou a saia, fez trejeitos sensuais – nem sabia que sabia fazê-los, tão desconhecida ela era de si mesma – abriu os botões do decote, deixou os seios meio à mostra. Os homens de súbito espantados. (p.87)

Na trajetória de Cidinha, o "parecer" dá lugar ao "ser", pois ao fingir ser uma prostituta, ela mostra-se/descobre-se uma "descarada" (p.89). A encenação de Cidinha tensiona, portanto, a relação entre "parecer" e "ser". Essa reversão é acentuada pelo discurso do narrador, por sua focalização em relação à personagem, ao apresentar, pausada e medidamente, as atitudes de Cidinha. A fala do narrador proporciona, ao enredamento do texto, uma ritualização da atitude da personagem, caracterizando a passagem do "parecer" em direção ao "ser". Mesmo quando o narrador se coloca em uma posição supostamente "objetiva" e "imparcial", suscita índices, sobretudo a partir da sobreposição de seu discurso ao discurso da personagem (discurso indireto livre). Eles permitem ao leitor vislumbrar uma possível transformação da personagem. Na relação entre as personagens do texto, após o encontro no trem e o diálogo em língua do "p", percebemos "a figura de um grande X", a que se referiu Gotlib (1988b): o momento de encontro corresponde ao entendimento da língua do "p", que institui um abalo, sobretudo, na trajetória de Cidinha. Após o encontro-decifração, a trajetória das personagens é abalada, porém, não é modificada totalmente, já que essa transformação não implica um abandono total da condição anterior: Cidinha, então, "puta" (p.89), chega à cidade do Rio de Janeiro, provavelmente com o intuito de se dirigir a Nova York, como planejara antes do encontro com os homens, antes da língua do "p".

Os homens, de fato, continuam sua viagem e matam outra moça, que desprezara Cidinha na estação. Contudo, Cidinha e os homens continuam suas trajetórias, levando as experiências do encontro, que se deu por meio da linguagem. Assim, *eu* (mesmo) e *outro* apresentam-se concomitantemente.

A língua do "p", como notamos a partir do próprio título do conto, desempenha função de destaque em sua estruturação. Ela é instrumento por meio do qual as personagens e, até mesmo, o narrador traçam estratégias de aproximação e de distanciamento, como também corresponde a um procedimento narrativo que assinala a reflexividade e a referencialidade em torno da linguagem. Nesse sentido, a língua do "p" é um recurso que evidencia a função e o alcance da linguagem, os papéis de emissor (codificador) e de receptor (descodificador). Por esse motivo, a estruturação narrativo-discursiva de "A língua do 'p'" adquire caráter duplo, destacando tanto a trajetória de Cidinha, que decifrou essa língua, quanto a própria construção textual, como exemplificado a seguir:

> Cidinha fingiu não entender: entender seria perigoso para ela. A linguagem era aquela que usava, quando criança, para se defender dos adultos. (p.86)

> O maquinista desceu, falou com um soldado por nome de José Lindalvo. José Lindalvo não era de brincadeira. Subiu no vagão, viu Cidinha, agarrou-a com brutalidade pelo braço, segurou como pôde as três maletas, e ambos desceram.
>
> Os dois homens às gargalhadas.
>
> Na pequena estação pintada de azul e rosa estava uma jovem com uma maleta. Olhou para Cidinha com desprezo. Subiu no trem e esse partiu.
>
> Cidinha não sabia como se explicar ao polícia. A língua do "p" não tinha explicação. Foi levada ao xadrez e lá fichada. Chamaram-na dos piores nomes. E ficou na cela por três dias. Deixaram-na fumar. Fumava como uma louca, tragando, pisando o cigarro no chão de cimento. Tinha uma barata gorda se arrastando no chão. (p.88-9)

Nesses fragmentos, assim como ao longo do texto, relacionam-se dois percursos de sentidos, que evidenciam, respectivamente, a história e a linguagem. O conto engendra-se metalingüisticamente, de modo que se coloque em questão o contar/escrever a história de Cidinha – por meio da relação conflituosa entre o "parecer" e o "ser", entre o "mesmo" e o "outro" – e o escrever/inscrever a linguagem como instrumento pleno de comunicação e de apreensão do real. Esse desenrolar metalingüístico é, por sua vez, dinamizado pela ironia, que perpassa a caracterização da personagem, o seu relacionamento com o *outro*, e evidencia sua encenação como prostituta. Nessa encenação, a personagem utiliza-se de um código específico (gestos, cores), no nível do "parecer" (o "brincar" de prostituta), que é decodificado pelas outras personagens (os dois homens do trem, o bilheteiro, o maquinista, a moça que seria morta, os policiais) como relativo ao "ser" e, assim, à "verdade". Essa visão das personagens acerca de Cidinha é o que a salva da morte. Todavia, essa relação entre o "parecer" e o "ser" é, novamente, dinamizada pela ironia, à medida que Cidinha descobre seus verdadeiros desejos e se identifica com a prostituição. Desse modo, no jogo entre a brincadeira e a seriedade, há outra reversão, do "falso" para o "verdadeiro", do "parecer" para o "ser", que, assim, revela a estruturação ambivalente do texto.

Esses dois eixos significativos são transpassados pela língua do "p", que implica o "ludismo" e a auto-referencialidade da linguagem. O caráter lúdico da língua do "p", uma brincadeira de e para crianças, molda-se sob o sentido de uma brincadeira levada a sério, de uma séria brincadeira em que se assinala a construção do próprio texto. Gotlib (1988a), ao interpretar o primeiro capítulo de *Perto do coração selvagem*, destacou o caráter lúdico da prosa de Lispector:

> esse primeiro capítulo funciona, no conjunto da narrativa de Clarice Lispector, como um pórtico de sua produção, marcada, que é, pelo *caráter lúdico da palavra com acentuado teor de consciência metalingüística, paralelamente a um sempre duplo jogo do sentido*, em histórias que são de amor e de linguagem, e em direções que se bifurcam, entre as

> coisas que ao se manifestarem, manifestam-se no nada, *entre o ter e o não ter sentido*. (p.2, grifo nosso)

A língua do "p" remete, portanto, a um procedimento recorrente na prosa clariciana, o qual indicia o "caráter lúdico da palavra com acentuado teor de consciência metalingüística, paralelamente a um sempre duplo jogo de sentido" (Gotlib, 1988a, p.2). Assim como em *Perto do coração selvagem*, o ludismo em *A via crucis do corpo* adquire um caráter ambivalente. Tanto é elemento da fábula que enfatiza o contato com o *outro* – a alteridade –, quanto instaura um apontamento auto-referencial da/em relação à própria linguagem. É, portanto, no entrecruzamento dessas possibilidades interpretativas que se instalam "A língua do 'p", *A via crucis do corpo*.

O caráter lúdico inerente à construção desse texto permite que visualizemos, ao decodificarmos essa língua e ao observarmos como o narrador nos apresenta os acontecimentos, a ambivalência e, até mesmo, a ironia que cercam as personagens. Por meio da língua do "p", colocam-se em questão a linguagem e o jogo entre "ser" e "parecer". Cidinha se salva por meio da decodificação da língua do "p", utilizada pelos homens para se comunicar e para se referir a ela como um "objeto de prazer". A partir do momento em que a personagem se mostra uma prostituta, comunicando-se por meio da mesma linguagem que os homens utilizam, a relação entre "parecer" e "não-ser"/"ser" e "não-parecer" é tensionada. Há uma inversão dessa relação e um apontamento em relação à linguagem. A linguagem é vista, então, em sua representação falaciosa, em sua encenação irônica.

Além desses elementos, observa-se, na relação entre "parecer" e "ser", o conflito entre o "compreender" e o "não-compreender": Cidinha, que compreendera a língua do "p" e se parecera com uma prostituta, a fim de escapar da morte, não foi compreendida por uma jovem que, na estação, olhou-a "com desprezo, pois "a língua do 'p' não tem explicação" (p.86). A mesma jovem que, não "compreendendo" esse jogo de linguagem, foi morta pelos homens. Ao longo do texto, a língua do "p", que, de início é proferida pelos dois homens, passa a ser apropriada por Cidinha e, de certa maneira, pelo narrador. A partir da perturbação entre "compreender" e "não-compreender", é dado a essa língua o caráter de auto-reflexividade, que evidencia a própria construção narrativa, a enunciação. É a partir do engendramento da língua do "p" que vemos o narrador atuando no seu papel de "(des)codificador". Tanto nos apresenta a história e essa língua, quanto a "traduz".

O narrador, mesmo se colocando em aparente posição de objetividade e de imparcialidade ao se apresentar como responsável pelo ato narrativo, ao relatar os fatos, *interfere* na história, por vezes sutilmente, mascaradamente. A sobreposição de vozes e a tensão entre elas são índices que assinalam o papel e a atuação do narrador, das personagens e, de certo modo, do próprio texto como "narrativa realista". Atraindo a atenção do leitor para a encenação da personagem (prostituição), que é explícita, o narrador constrói implicitamente a sua encenação de linguagem, pela focalização de várias línguas/linguagens: a língua inglesa, pois Cidinha é apresentada como professora de inglês, que se dirigia a Nova York. A "língua do 'p'", que tem caráter metalingüístico na constituição do texto. A linguagem da prostituição, que, na relação "parecer"/"ser", evidencia o encontro de Cidinha-professora com Cidinha-prostituta. A língua portuguesa, que dirige a encenação e, juntamente com essas outras línguas, corporifica o texto como encenação, como trabalho artístico.

Destacando-se o papel encenado do narrador, podemos questionar, ainda, em que medida autor textual e autor empírico projetam-se, também, na narrativa, atuando no palco da escritura. Acreditamos que na construção discursiva desse texto, a língua do "p", bem como as outras línguas, é um dos recursos que propiciam a confluência de sentidos e de vozes, na medida em que se relacionam "eu" e "outro", "parecer" e "ser", e em que se fundem "fala" e "escrita", de modo que as falas das personagens e a "tradução" do narrador dessas falas sejam engenhadas por meio de um estilo realista simulado – uma escrita encenada.

A partir dessa conjunção conflituosa de línguas, de vozes de autor textual, narrador, personagens, bem como dos elementos significativos apontados que engenham a relação entre a fábula e a fabulação, propicia-se o questionamento acerca do papel destinado ao escritor (autor empírico), como o responsável pela codificação, pela elaboração de um texto, e, assim, à (sua) escrita. Evidencia-se, nos termos de Gotlib (1988a, p.2), um "acentuado teor de consciência metalingüística", que coloca em pauta o papel do escritor, a noção de estilo e, assim, a própria noção de escrita/escritura.

Em *A via crucis do corpo*, "Antes da ponte Rio-Niterói" e "A língua do 'p'" apresentam-se elementos de construção narrativo-discursiva que assinalam o percurso de elaboração, de escrita de cada texto, e da obra em si. Ou seja, a dramatização da escrita. Em ambos os textos, engenham-se a auto-referencialidade e a auto-reflexividade da linguagem, de modo que instaure uma construção paródica, com a continuidade e a diferença, com o "mesmo" e o "outro". Nos termos propostos por Hutcheon (1985, p.48), entendemos a paródia não meramente como uma construção depreciativa e/ou satírica, mas, sobretudo, como um procedimento em que há uma incorporação de elementos textuais e temáticos com diferença crítica, isto é, uma "oposição ou contraste de textos".

Todavia, a paródia não se instala da mesma forma nos dois textos. Em "Antes da ponte Rio-Niterói" tem-se, em princípio, a construção paródica na/por meio da *repetição*, da relação entre esse texto, "Um caso complicado", e "Um caso para Nélson Rodrigues", pelo menos. O conflito entre o "mesmo" e o "outro" evidencia-se, também, por meio da relação entre "criação" e "reprodução", instaurando uma "confusão de escrituras", um espaço extra e intertextual em que se dinamiza a escritura clariciana. Em "A língua do 'p'", a paródia é engendrada, sobretudo, por meio do procedimento de (dis)simulação: no/por meio do ludismo, na/por meio da relação conflituosa entre "parecer" e "ser", *simula-se* uma linguagem "realista" a fim de se assinalar, metalingüisticamente, a própria tessitura narrativa, a construção do texto como veículo de comunicação, objeto comercial, literatura. À (dis)simulação associa-se, inclusive, a ironia, implicada, por exemplo, na relação entre "escrever por encomenda" e "escrever por vocação". Na alusão a escritores como

Nelson Rodrigues e Dalton Trevisan, em "Antes da ponte Rio-Niterói", e, em "A língua do 'p'". Na encenação da prostituição, na focalização de Cidinha por parte do narrador e na visão dos outros personagens acerca de Cidinha-prostituta.

A maneira como Cidinha é apresentada revela a ironia que perpassa o jogo entre "parecer" e "ser", de modo que a encenação da prostituição desencadeie um "erro"/"engano" na leitura que as personagens fazem dela. Desse modo, há uma construção textual que refrata a encenação, o jogo entre "ser" e "parecer", "verdade" e "mentira", tanto na fábula, quanto na fabulação. Ao mesmo tempo que as personagens se deparam com a simulação de uma prostituta, nós, leitores, somos conduzidos pelo ambivalente encadeamento narrativo a esse jogo de (dis)simulação. Este acaba revertendo as expectativas oriundas de uma leitura totalizadora acerca do texto e da produção de Lispector: Cidinha, no contato com (seu) outro, *é* e *não é* prostituta, *é* e *não é* uma professora. A prostituição alude, ainda, à relação entre "sagrado" e "profano", que pode ser vislumbrada na relação entre "escrever por vocação" e "escrever por encomenda". A encenação da prostituição projeta-se, ironicamente, por meio da encenação do "erotismo", ou, até mesmo, da "pornografia" (vender o corpo), que se traduz em "vender a palavra", escrever por encomenda. Todavia, essa encenação constitui-se um mascaramento, uma elaboração poética, caracterizando *A via crucis do corpo* como um projeto literário pautado pela paródia, pelo ludismo e pela ironia.

Segundo Hutcheon (1985, p.128):

> A paródia, na maior parte da arte do século XX, é um modo maior de estruturação temática e formal ... Como tal, trata-se de uma das formas mais freqüentemente adoptadas pela auto-reflexividade do nosso século. Assinala a intersecção da criação e da recriação, da invenção e da crítica. A paródia "deve ser entendida como um modo de colocação estética em primeiro plano no romance. Define uma forma particular de consciência histórica, por meio da qual a forma é criada para se interrogar face a precedentes significantes; é um modo sério" (Burden 1979, 136).

Essa "séria brincadeira", "brincadeira séria" – "A língua do 'p'" – põe em cena, no palco da narrativa, a linguagem. A paródia, segundo Hutcheon (1985, p.129), é uma "transgressão autorizada", que permite tanto a "duplicação textual" quanto a "diferenciação". Desse modo, assinala a recorrência de um estilo realista (encenado). Tanto a repetição quanto o ludismo apontam para a construção estético-formal do texto de Clarice Lispector, em especial de *A via crucis do corpo*, uma obra encomendada sob o rótulo de um "livro de contos eróticos" e caracterizada como "realista". É necessário, portanto, focalizarmos o "realismo" de *A via crucis do corpo* como um estilo proposital, uma linguagem encenada, em que aflora um teor metalingüístico e metaficcional. A escrita se tece e é tecida sob os olhos de autor, narrador, leitor, personagens do espetáculo escritural. O "realismo" dessa obra mostra-se, assim, uma "perturbação autorizada", na medida em que se tem, de fato, um tom figurativo, porém, com um grau acentuado de auto-referência e de denúncia de sua construção/condição. Isso é evidenciado na posição do narrador em face das personagens, no desdobramento polifônico, na repetição, na ironia, no ludismo, enfim, na (dis)simulação que se instaura na fábula/fabulação. No capítulo seguinte, o "terceiro ato" do espetáculo escritural, observaremos de que maneira o realismo é exacerbado na construção dos demais contos de *A via crucis do corpo*, caracterizando, por conseqüência, o modo como a história é (des)construída.

8

TERCEIRO ATO: A (DES)CONSTRUÇÃO DA HISTÓRIA

O desdobramento polifônico, a conseqüente desestabilização dos papéis tradicionalmente atribuídos a autor, personagem, narrador, leitor e, também, obra-texto, e a simulação de um estilo realista são procedimentos que caracterizam singularmente *A via crucis do corpo*. Aliada à (des)construção do sujeito e da escrita, tem-se, também, uma minuciosa construção-apresentação da trajetória e das características das personagens. A apresentação das personagens é dramatizada, de modo que se enrede um "transbordamento" na caracterização delas: narrador e personagens atuam em seus papéis fabulares, na encenação de um "livro de contos eróticos".

Nesse terceiro ato do espetáculo escritural é nosso intuito focalizar o modo como se apresentam as personagens e como suas trajetórias são tecidas na estrutura narrativa. Acreditamos que, além dos elementos já apontados, o engendramento de um "realismo transbordado", os conjuntos de valores e a (aparente) adequação das personagens a eles, a relação entre "sagrado" e "profano", as noções de "corpo" e de "livro de contos eróticos" são as diretrizes de interpretação dos demais textos de *A via crucis do corpo*. Nos itens seguintes, abordaremos esses elementos, a fim de concluirmos nosso percurso de leitura.

Sagrado-profano, profano-sagrado: *a via crucis do corpo*

Em *A via crucis do corpo* não poderíamos deixar de focalizar, ante o conjunto de procedimentos aqui apontados, a noção de "corpo", já aludida no título da obra. Essa noção adquire função exemplar no projeto literário de *A via crucis do corpo*, pois, como outros recursos, instala-se a partir de/em uma confluência de sentidos. "Corpo" refere-se às personagens, e, assim, à relação entre "sagrado" e "profano", como, também, adquire caráter metalingüístico, apontando a encenação, a construção da obra como "corpo escritural". Nesse sentido, o título do livro é resultante dessa confluência de sentidos e de possibilidades interpretativas, conjugando tanto a imagem do "sagrado" – por trazer referências à *via crucis* e, assim, à *Bíblia Sagrada* e à tradição judaico-cristã –, quanto um apontamento em relação à construção da obra como uma produção textual singular, um "livro de contos eróticos", escrito por encomenda ("lixo literário", "profano"). Conseqüentemente, *A via crucis do corpo*, título-obra, instala-se nesse espaço textual híbrido, em que "sagrado" e "profano" coexistem a partir dessa confluência de sentidos.

O título, por sua vez, relaciona-se, no corpo do livro, às epígrafes, que, na edição de 1974 (Artenova), estão localizadas em posição anterior ao texto "Explicação". Transcrevemos, a seguir, as epígrafes:

> A minha alma está quebrantada pelo teu desejo (Salmos 119:12)
>
> Eu, que entendo o corpo. E suas cruéis exigências. Sempre conheci o corpo. O seu vórtice estonteante. O corpo grave. (Personagem meu ainda sem nome)
>
> Por essas cousas eu ando chorando. Os meus olhos destilam águas. (Lamentações de Jeremias)
>
> E bendiga toda a carne do seu santo nome para todo o sempre. (Salmo de David)

Quem viu jamais vida amorosa que não a visse afogada nas lágrimas do desastre ou do arrependimento? (Não sei de quem é). (p.7)

Como foi destacado, a posição de "Explicação" no corpo textual de *A via crucis do corpo* permite que se tracem distintas relações no conjunto de textos do livro. Acreditamos que as epígrafes, tradicionalmente, já têm como função articular sentidos, reafirmando ou contrastando posições discursivas, elementos de construção da obra, por exemplo. O modo como Clarice Lispector concilia os pólos da relação dialética, oferecendo uma terceira via de interpretação, faz-se presente em *A via crucis do corpo* desde o título, nas epígrafes e nos demais textos. É essa "terceira via" que permite que reavaliemos leituras recorrentes dessa produção, bem como acerca de outras de Lispector. Tanto o título quanto as epígrafes engenham(-se em) um ponto de intersecção no qual se tem o corpo carnal-escritural: sagrado-profano, profano-sagrado.

Nas epígrafes, ao se focalizar o "corpo grave", articulam-se sentidos que indiciam tanto o corpo "carnal" das personagens (ou, também, da escritora, que parece "sucumbir" aos padrões impostos pelo mercado), como o corpo "escritural". Este, na relação inter e extratextual dos textos, molda *A via crucis do corpo* num projeto literário específico. Ao "carnal" contrapõe-se o "sublime", que parece caracterizar um corpo "espiritual, transcendental", que não padece as convenções, os desejos e os sofrimentos humanos. A relação "sublime"/"banal", também visualizada como "sublime"/ "carnal", de certa maneira, percorre os textos dessa obra, sob distintos temas. Por exemplo, a escritora que sucumbe às exigências do mercado; a escritora que encontra um poeta fracassado; a escritora que deseja que a literatura e seu nome se danem; a escritora-mãe que pede a seu filho que ele não sucumba à "imposição do comércio que explora o dia das mães" (p.59). "Grave" é vocábulo recorrente no livro. Em "Explicação" e "Dia após dia" há referências que aludem a "Miss Algrave", título de um texto, nome de sua protagonista:

> – Já pedi licença a meu filho, disse-lhe que não lesse meu livro. Eu lhe contei um pouco as histórias que havia escrito. Ele ouviu e disse: está bem. Contei-lhe que meu primeiro conto se chamava "Miss Algrave". Ele disse: "grave" é túmulo. ("Dia após dia", p.64)

> O poeta Álvaro Pacheco, meu Editor na Artenova, me encomendou três histórias que, disse ele, realmente aconteceram. Os fatos eu tinha, faltava a imaginação. E era assunto perigoso. Respondi-lhe que não sabia fazer história de encomenda. Mas – enquanto ele me falava ao telefone – eu já sentia nascer em mim a inspiração. A conversa telefônica foi na sexta-feira. Comecei no sábado. No domingo de manhã as três histórias estavam prontas: "Miss Algrave", "O corpo", "Via crucis". Eu mesma espantada. ... ("Explicação", p.9)

"Grave", de adjetivo em português a substantivo em inglês, concatena o eixo significativo relacionado à tensão entre o "sublime" e o "banal", entre o "sagrado" e o "profano", entre o "transcendental" e o "carnal". Nos textos de *A via crucis do corpo*, acreditamos que essas relações se engendram sob distintas tessituras, relacionadas aos assuntos específicos de cada texto. Mas tematizadas por meio da desestabilização das convenções que as regem – sobretudo, pela desestabilização de sujeito, escrita e história. Nas epígrafes, assim como em outros textos do livro, percebemos que se instaura um discurso híbrido, em que vozes são entoadas em conjunto. Há, novamente, um desdobramento polifônico, em que a fala-escrita de personagens bíblicos coexiste, no corpo escritural, com as de uma personagem sem nome e de uma desconhecida. Além disso, notamos que há uma aparente contradição, ao se apresentar o desejo e o corpo "carnal" no mesmo espaço discursivo dos Salmos. Essa aparente incoerência, por sua vez, tipifica o discurso híbrido e o desdobramento polifônico recorrentes em *A via crucis do corpo*, caracterizadores do entrelugar discursivo. Vilma Arêas (1978), em relação ao discurso suscitado nas/pelas epígrafes, destaca que a partir delas:

> *A via crucis do corpo* destrói a hierarquização do saber de nossa tradição cultural, através de um de seus princípios organizadores (lógi-

> cos): o discurso bíblico. Há cinco epígrafes: 3 repetem versículos dos Salmos e das Lamentações de Jeremias; misturadas a essas 3, portanto colocando-se no mesmo pé de igualdade, há as palavras de um "personagem meu ainda sem nome" e o último, afirmação de um anônimo ("não sei de quem é"). O portal deste caminho (chamado *via crucis*) nos ordena por conseguinte que abandonemos à entrada toda esperança: não haverá um princípio "organizado" que sustente, como um calço sagrado, a moral tradicional das estórias e nos garanta o privilégio de excluir outras vozes de seus espaços. Esta luta contra a tirania dos discursos privilegiados é retomada no curso do livro com relação à tradição literária nacional, que é afastada de sua posição de centro: a personagem-escritora de "Por enquanto" não tem nenhum livro de Machado de Assis em sua estante e não se lembra de algum dia ter lido José de Alencar. (p.48)

Arêas (1978), ao aludir à "tirania dos discursos privilegiados", leva-nos a refletir acerca da imagem de Clarice Lispector como grande autora, na medida em que parece haver uma tensão decorrente da nomeação e da posição de autoridade discursiva. Um "personagem meu ainda sem nome" e "não sei de quem é" são referências que suscitam o jogo de (dis)simulação, típico (da prosa) de Clarice Lispector. Ao mesmo tempo que há um calculado trabalho com a linguagem, há a possível simulação de um desconhecimento, ou, até mesmo, uma despreocupação em se nomear as personagens, em se publicar um texto, por exemplo. A simulação do escrever "por inspiração", sem apego a convenções ou a nomeações, pode se relacionar ao "corpo grave" apresentado em uma epígrafe: "Eu, que entendo o corpo. E suas cruéis exigências. Sempre conheci o corpo. O seu vórtice estonteante. O corpo grave". Como afirmamos na primeira parte do presente estudo, o "corpo grave" parece corresponder, ainda, à dinâmica do mercado literário, às convenções que regem esse sistema. Conseqüentemente, o "corpo grave" corporificaria um procedimento de (dis)simulação empregado por Clarice em sua prosa, ao simular maior atenção ante o corpo carnal, ante os desejos (escrever "por impulso"), em detrimento do escrever por obrigação, de acordo com as convenções (escrever "por encomenda"). Tem-se, portanto, um jogo entre esses elementos, de modo que o "escrever por vocação" se conciliaria à imagem de Clarice Lispector como escritora renomada, e o "escrever por encomenda, por dinheiro" se conciliaria ao eixo de sentidos relacionado ao profano, à prostituição, à submissão ao mercado. Clarice Lispector, uma escritora sacralizada, vendendo seu nome, sua palavra, "prostituindo-se". Todavia, essa simulação desfaz-se em favor de uma construção que concilia o "sagrado" e o "profano", o "carnal" e o "transcendental", o "sublime" e o "banal", o "escrever por vocação" e o "escrever por encomenda", a "sacralização" e a "prostituição", a "vida" e a "morte". Desse modo, a imagem de Clarice Lispector e a projeção autoral de sua voz são (des)construídas ao longo desse percurso de sentidos, dessa "*via crucis* escritural".

A "*via crucis*" adquire, portanto, múltipla significação na obra. Como ressaltamos, corresponde, na tradição judaico-cristã, às etapas de sofrimento pelas quais Jesus Cristo padece, a fim de alcançar-nos a salvação. De acordo com essa perspectiva, poderíamos relacionar a idéia de "sofrimento", implícita nessa definição, ao "sofrimento" pelo qual, supostamente, passaria Clarice Lispector, ao escrever um "livro de contos eróticos", ao "sucumbir" às exigências do mercado, ao "se vender" e "vender a sua palavra", como foi simulado em "Explicação": "Sucumbi. Que podia fazer? senão ser a vítima de mim mesma. Só peço a Deus que ninguém me encomende mais nada. Porque, ao que parece, sou capaz de revoltadamente obedecer, eu a inliberta" (p.10). Além disso, considerando a dinâmica do sistema literário em seus pólos de produção e de recepção, poderíamos relacionar essa idéia ao papel do leitor. Este, de certa maneira, passaria por um "suplício" ao ler os textos sob a perspectiva tradicional que se construiu em torno da produção de Lispector, ou, ainda, com base no que se divulgou acerca de *A via crucis do corpo* (um livro de contos eróticos). Essas idéias associam-se, por sua vez, aos sentidos oriundos da noção de "frustração". Há, reiteradamente, uma perturbação dos papéis que, tradicionalmente, são atribuídos a "autor", "narrador", "personagem", "leitor" e "texto", bem como das expectativas criadas em relação à obra.

Como podemos notar em "Explicação", a tensão oriunda dessa desestabilização é revelada, ao ser afirmado que a narradora-escrivã/Clarice Lispector "sucumbe", ao mesmo tempo que "obedece revoltadamente". Essa ambivalência remete-nos, pois, à observação do modo como esses elementos são apresentados e tramados em *A via crucis do corpo*, por meio do processo de (dis)simulação, do jogo entre o "ser" e o "parecer", entre o "escrever por vocação" e o "escrever por encomenda", bem como de seus desdobramentos. Arêas (1978) iluminou uma das faces desse jogo ao afirmar que:

> A "Explicação", que funciona como prefácio, vai por sua vez dinamitar uma das invenções tão caras ao romantismo, qual seja, o mito da criação livre e desinteressada, posicionando-se o artista acima das estruturas. Ao contrário, este é um empregado do editor que lhe encomenda estórias. (p.48)

A estudiosa, ao delimitar "Explicação" como prefácio, não explorou, todavia, o jogo de (dis)simulação engendrado a partir das distintas posições suscitadas pela imagem da autora, pela voz autoral e pelo desdobramento dessa nos textos: narrador, personagem, leitor. Tem sido de nosso interesse observar em que medida o "mito da criação livre e desinteressada" também é posto em jogo, instalando-se num espaço textual híbrido com o "sucumbir às exigências", o "padecer às influências". O escrever "por vocação" ("sublime") e o escrever "por obrigação", "por encomenda" ("banal") desdobram-se na relação entre o "sagrado" e o "profano", enredada, também, por meio da referência à *via crucis* e aos textos judaico-cristãos. Nesse sentido, a alusão, no título, nas epígrafes e em certos textos, a esse repertório parece ser uma estratégia reiterada na produção de Lispector. Contudo, essa alusão não se faz como mera citação intertextual; corporifica-se a partir da relação fábula/fabulação. Ao se enfocar a *via crucis* – as etapas de sofrimento pelas quais Jesus Cristo, o Salvador, passa a fim de redimir a humanidade –, observam-se, nos textos de *A via crucis do corpo*, as trajetórias das personagens e suas caracterizações dadas, por vezes, por um narrador distante e irônico, e eixos significativos, recorrentes, que enredam as etapas da "*via crucis* escritural": a (des)construção das noções de sujeito, escrita e história.

Na produção de Clarice Lispector, a relação entre "sagrado" e "profano", em suas diversas tipificações, adquire caráter ambivalente, na medida em que se tem uma inversão e/ou uma problematização dos valores, das ações das personagens. Ao mesmo tempo que, na fábula, apresentam-se questões que tangem o universo de valores judaico-cristãos, a fabulação é concatenada por meio de um realismo simulado e exacerbado. Um exemplo é o texto "Via crucis" (p.39-44), em que os episódios bíblicos da "Anunciação do Anjo à Virgem Maria" e do "Nascimento de Jesus Cristo" são (re)contados. Desse modo, destacam-se, por meio do realismo simulado, do calculado narrar, os aspectos corporais-carnais e os universos de valores das personagens, caracterizando um estranhamento em relação à tradição:[1]

> Maria das Dores se assustou. Mas se assustou de fato.
>
> Começou pela menstruação que não veio. Isso a surpreendeu porque ela era muito regular.
>
> Passaram-se mais de dois meses e nada. Foi a uma ginecologista. Esta diagnosticou uma evidente gravidez.
>
> – Não pode ser! gritou Maria das Dores.
>
> – Por quê? a senhora não é casada?
>
> – Sou, mas sou virgem, meu marido nunca me tocou. Primeiro porque ele é homem paciente, segundo porque já é meio impotente.
>
> A ginecologista tentou argumentar:
>
> – Quem sabe se a senhora em alguma noite...
>
> – Nunca! mas nunca mesmo!
>
> – Então, concluiu a ginecologista, não sei como explicar. A senhora já está no fim do terceiro mês.
>
> Maria das Dores saiu do consultório toda tonta. Teve que parar num restaurante e tomar um café. Para conseguir entender.

---

1 Conforme "Evangelho de São Lucas", capítulo 2, versículos 1 a 21 e 31, respectivamente.

> O que é que estava lhe acontecendo? Grande angústia tomou-a. Mas saiu do restaurante mais calma.
>
> Na rua, de volta para casa, comprou um casaquinho para o bebê. Azul, pois tinha certeza que seria menino. Que nome lhe daria? Só podia lhe dar um nome: Jesus.
>
> Em casa encontrou o marido lendo jornal e de chinelos. Contou-lhe o que acontecera. O homem se assustou:
>
> – Então eu sou São José?
>
> – É, foi a resposta lacônica. (p.39-40)

No início de "Via crucis" percebemos, de imediato, a conciliação do estilo realista simulado e do narrar calculado. Há tanto uma saturação desse realismo quanto uma ludicidade, até mesmo, irônica, ao se (re)contar o episódio da cultura judaico-cristã: Jesus, filho de Maria das Dores e de "São José", volta a nascer, no interior de Minas Gerais, na fazenda de tia Mininha. Neste texto, um dado curioso, que reforça o abalo das fronteiras entre "realidade" e "ficção" e permite que focalizemos *A via crucis do corpo* como produção textual híbrida, instalada no "entrelugar". É a referência à tia Mininha e à fazenda no interior de Minas Gerais. Segundo Gotlib (1995):

> A desficcionalização dos textos escritos nessa época manifesta-se também pela sua inscrição, como pessoa e escritora, na sua obra, agora registrando fatos diários, em seqüências por vezes com intervalo de poucos minutos, num conjunto autobiográfico, ainda que supostamente involuntário.
>
> É bem verdade que, por vezes, aparece sutilmente pela sugestão de um pormenor. No conto "Via crucis", por exemplo, o nascimento de Jesus, no conto chamado Emmanuel, passa-se numa fazenda de Minas Gerais, fazenda "da tia Mininha". Como não se lembrar da tia de Clarice, tia Mina, à qual tantas vezes se refere com carinho? No entanto, se essa menção poderia ser uma extrapolação sem interesse para a leitura do conto, não é o que acontece em certos dados de outros textos do volume. (p.421)

Outro dado, e que enfatiza a construção de *A via crucis do corpo* como projeto literário coeso e perturbador, corresponde ao tempo de gestação. Maria das Dores soube que estava grávida no fim do terceiro mês; como a criança nasceria em outubro (p.41), era, talvez, o mês "maio". "Maio", no conjunto de textos da obra, conjuga todo um eixo significativo referente aos valores que cerceiam as personagens, entre elas, a escritora-narradora (e, assim, autor textual): é o mês do Dia das Mães e do Dia da Libertação dos Escravos. Conforme lemos em "Explicação", supostamente corresponde ao período em que os textos de *A via crucis do corpo* foram escritos. Mesmo não correspondendo, de fato, ao mês "maio", o terceiro mês de gestação ressalta a simbologia da trindade, tão recorrente e significativa na cultura judaico-cristã. Conseqüentemente, pensamos no modo como Clarice Lispector concatena, em sua prosa, essa simbologia, em especial em "Via crucis": na relação entre a ginecologista, que alude, de certa maneira, ao anjo anunciador (Espírito Santo); Maria das Dores, que era virgem; e o marido, "paciente e meio impotente", que passou a ser chamado de "São José".

Maria das Dores, que "fora escolhida por Deus para dar ao mundo o novo Messias" (p.40), passa, então, a desempenhar o papel de "mãe do Salvador". "São José" a acompanha:

> Enquanto isso a barriga crescia. O feto era dinâmico: dava-lhe violentos pontapés. Às vezes ela chamava São José para pôr a mão na sua barriga e sentir o filho vivendo com força.
>
> São José então ficava com os olhos molhados de lágrimas. Tratava-se de um Jesus vigoroso. Ela se sentia toda iluminada.
>
> A uma amiga mais íntima de Maria das Dores contou a história abismante. A amiga também se assustou:
>
> – Maria das Dores, mas que destino privilegiado você tem!
>
> – Privilegiado, sim, suspirou Maria das Dores. Mas que posso fazer para que meu filho não siga a via crucis?
>
> – Reze, aconselhou a amiga, reze muito.
>
> E Maria das Dores começou a acreditar em milagres. Uma vez julgou ver de pé ao seu lado a Virgem Maria que lhe sorria. Outra vez ela mesma fez o milagre: o marido estava com uma ferida aberta na perna, Maria das Dores beijou a ferida. No dia seguinte nem marca havia.
>
> Fazia frio, era mês de julho. Em outubro nasceria a criança.

> Mas onde encontrar um estábulo? Só se fosse para uma fazenda do interior de Minas Gerais. Então resolveu ir à fazenda da tia Mininha.
>
> O que lhe preocupava é que a criança não nasceria em vinte e cinco de dezembro. (p.40-1)

Apresenta-se a história de Maria das Dores, "a mãe do Salvador", e de sua família, por meio de um calculado trabalho com a/da linguagem. Narra-se meticulosamente. O que se destaca, portanto, é o estilo realista simulado, que, juntamente com a perspectiva do narrador em terceira pessoa – que, ora compartilha do universo e da posição da personagem, ora se distancia ironicamente dela –, caracteriza a construção da história. No enredamento desse último conjunto de textos de *A via crucis do corpo*, destaca-se a sobreposição de eixos significativos que, sobretudo, tensiona as noções de "corpo", "sagrado" e "profano", bem como as trajetórias das personagens e os seus universos de valores. No texto, ao ser (re)contado um episódio bíblico, a partir do estilo realista enfatizado, evidenciam-se, contrastivamente, os aspectos corporais e materiais relacionados às personagens:

> E assim foi se passando o tempo. *Maria das Dores engordara brutalmente e tinha desejos estranhos*. Como o de comer uvas geladas. São José foi com ela para a fazenda. E lá fazia seus trabalhos de marcenaria.
>
> Um dia Maria das Dores *empanturrou-se demais* – vomitou muito e chorou. E pensou: começou a via crucis de meu sagrado filho.
>
> Mas parecia-lhe que se desse à criança o nome de Jesus, ele seria, quando homem, crucificado. Era melhor dar-lhe o nome de Emmanuel. Nome simples. Nome bom.
>
> Esperava Emmanuel sentada debaixo de uma jabuticabeira. E pensava:
>
> – Quando chegar a hora, não vou gritar, vou só dizer: ai Jesus! E comia jabuticabas. *Empanturrava-se a mãe de Jesus*. (p.42, grifo nosso)

> De noite acendiam a lareira e ficavam sentados ali a se esquentarem. São José arranjara para si um cajado. E, como não mudava de roupa, *tinha um cheiro sufocante*. Sua túnica era de estopa. Ele tomava vinho

junto da lareira. Maria das Dores tomava grosso leite branco, com o terço na mão.

De manhã bem cedo ia espiar as vacas no estábulo. As vacas mugiam. Maria das Dores sorria-lhes. *Todos humildes: vacas e mulher*. Maria das Dores a ponto de chorar. Ajeitava as palhas no chão, preparando lugar onde se deitar quando chegasse a hora. *A hora da iluminação*.

São José, com seu cajado, ia meditar na montanha. *A tia preparava lombinho de porco e todos comiam danadamente*. E a criança nada de nascer. (p.43, grifo nosso)

Na descrição das personagens, destacam-se, principalmente, os verbos e os adjetivos, que pontuam o estilo empregado em *A via crucis do corpo*. A marcação pontual do que se narra articula-se à oscilação da perspectiva do narrador em relação às personagens, como observamos nos trechos destacados. Como em outros textos, a ironia faz-se presente na caracterização das personagens, de modo que abale a relação "sagrado"/"profano", "carnal"/"transcendental". Essa relação, por sua vez, é reiterada a partir da noção de "corpo", ou seja, da ênfase nos valores e desejos humanos: Maria das Dores, esperando pela "hora da iluminação", "empanturrava-se" e era "humilde" como o era a vaca. "São José", o marido, fedia; tia Mininha preparava lombinho de porco e, juntamente com os outros, "comia danadamente".

Na caracterização das personagens e na construção da fábula, tem-se, então, a "hiperbolização" das características que estabelecem a relação "carnal"/"transcendental", bem como suas variações. O realismo parece ser empregado em *A via crucis do corpo* com a função de estabelecer um apontamento metalingüístico da própria narrativa. O texto constrói-se e aponta a sua própria construção, por meio de certos procedimentos, tais como o desdobramento polifônico; a oscilação da perspectiva do narrador; a construção paródica; a ênfase, na descrição das personagens, dos aspectos carnais; a reversão de signos e de sentidos; o embaralhamento do "ficcional" e do "real".

Ao (re)contar os episódios bíblicos, nota-se, a partir da relação "sagrado"/"profano", outro eixo de sentidos, que percorre o referido livro, dado, sobretudo, pela relação entre repetição e diferença. A repetição, por si só, já estabelece uma rede de significações em que contrastam, e coabitam num espaço inter e intratextual, o "mesmo" e o "outro" – a "confusão de escrituras". Por exemplo, o nascimento de Jesus Cristo, episódio primordial à cultura judaico-cristã, no texto de Lispector, é (re)apresentado da seguinte forma:

> Até que numa noite, às três horas da madrugada, Maria das Dores sentiu a primeira dor. Acendeu a lamparina, acordou São José, acordou a tia. Vestiram-se. E com um archote iluminando-lhes o caminho, dirigiram-se através das árvores para o estábulo. Uma grossa estrela faiscava no céu negro.
>
> As vacas, acordadas, ficaram inquietas, começaram a mugir.
>
> Daí a pouco nova dor. Maria das Dores mordeu a própria mão para não gritar. E não amanhecia.
>
> São José tremia de frio. Maria das Dores, deitada na palha, sob um cobertor, aguardava.
>
> Então veio uma dor forte demais. Ai Jesus, gemeu Maria das Dores. Ai Jesus, pareciam mugir as vacas.
>
> As estrelas no céu.
>
> Então aconteceu.
>
> Nasceu Emmanuel.
>
> E o estábulo pareceu iluminar-se todo.
>
> Era um forte e belo menino que deu um berro na madrugada.
>
> São José cortou o cordão umbilical. E a mãe sorria. A tia chorava.
>
> Não se sabe se esta criança teve que passar pela via crucis. Todos passam. (p.44)

A repetição com diferença instaura a ambivalência no/do texto de Clarice Lispector. No trecho anterior, ao mesmo tempo que se notam índices de um episódio tradicional à cultura ocidental ("sagrado"), observa-se que esse mesmo episódio é recontado e re(a)presentado de uma outra forma, sob a estilização de um realismo hiperbolizado. Neste se evidenciam, sobretudo, os aspectos carnais – e não transcendentais – das personagens ("profano"). Tem-se, portanto, o "mesmo" e o "outro" concomitantemente.

O realismo hiperbolizado, ou simulado, é engenhado pela posição discursiva do narrador ante as personagens, e, assim, pela posição de quem detém a voz narrativa, o poder da palavra, da apresentação dos fatos. Não poderíamos deixar de pensar no desdobramento polifônico que caracteriza *A via crucis do corpo*. A partir da voz de um narrador em terceira pessoa, notamos como ele se coloca em face das personagens, dá voz a elas, caracteriza-as (ironicamente). E como, a partir da função que o narrador desempenha, podemos, até mesmo, questionar em que medida não se projetam nos textos a voz de autor textual, ou, até mesmo, a imagem de Clarice Lispector como "grande autora", imbuída de posição autoral e de autoridade. Portanto, o *modo como se conta* determina, no conjunto de textos da obra, os procedimentos narrativos e os percursos de sentido construídos neles.

Ao discorrermos acerca dos recursos empenhados nos textos de *A via crucis do corpo*, em especial nas referências à tradição cultural judaico-cristã, e, assim, à relação "corpo"/"carne", "sagrado"/"profano", duas questões, pelo menos, emergem da problematização dessas referências. A primeira diz respeito ao modo como esse repertório faz-se presente na produção de Lispector e, em contrapartida, ao modo como, na fortuna crítica, ele é abordado. A segunda questão, relacionada à primeira, focaliza o modo como a projeção autoral repercute na interpretação de tais textos e na elucidação do realismo simulado. Ambas as questões circundam, portanto, a voz narrativa, o modo como a palavra é empenhada/lida nos textos.

Ao se identificar, na produção de Lispector, as referências à cultura judaico-cristã, haveria a ("perigosa") possibilidade de se delimitar a prosa da autora ao paradigma das "questões do espírito". Segundo nossa perspectiva, não "banimos" do território escritural clariciano essa possibilidade de interpretação. Temos advertido para o fato de que destinar a prosa clariciana a uma única perspectiva de leitura não contemplaria a ambivalência inerente aos sentidos suscitados pela (dis)simulação, pela repetição paródica, entre outros procedimentos. Se abordarmos *A via crucis do corpo* com base na rígida dicotomia "sagrado" *versus* "profano", no conjunto de textos, o que se destacaria seria o pólo "profano", principalmente se considerarmos a caracterização das personagens ("Maria das Dores engordara brutalmente e tinha desejos estranhos" – p.42). Se não estabelecermos uma terceira via de interpretação – a "confusão de escrituras" –, em que os pólos dessas relações formam um conjunto híbrido, um espaço de intersecção ("sagrado-profano"; "profano-sagrado"), *A via crucis do corpo* pode ser considerada, de fato, uma obra "profana", em que haveria uma "mudança clara" no estilo da autora.

Nelson Vieira, em outro texto, intitulado "A linguagem espiritual de Clarice Lispector", publicado em 1987, destaca, com base em um trecho de *A paixão segundo G. H.*, que:

> interligando a narrativa de Clarice Lispector com a da Bíblia, desejamos propor a existência de elementos bíblicos e judaicos na sua linguagem, além daqueles motivos cristãos já mencionados por outros críticos e evidentes na simbologia de obras tais como *A Maçã no Escuro* e *A Via Crucis do Corpo*. Portanto, este estudo pretende demonstrar que *a linguagem e a obra de Clarice Lispector refletem e respeitam a estética da narrativa bíblica, especialmente a retórica do Antigo Testamento, onde o poder concreto da palavra, a repetição de palavras chaves e de uma sintaxe evocativa, mais o elemento mítico paradoxal e ilógico apresentam ao leitor um estilo sério, sagrado e espiritual, pleno de enigmas e perguntas.* (Vieira, 1987, p.82-3, grifo nosso)

As palavras de Vieira (1987) destacam-se por estabelecer relação direta entre a *Bíblia Sagrada* e obras de Lispector. Contudo, convém questionar em que medida a caracterização como uma "sintaxe evocativa" ou um "estilo sério, sagrado e espiritual, pleno de enigmas e perguntas" poderia ser, em princípio, atribuída ao livro de Lispector. Haveria um risco decorrente em se relacionar a prosa clariciana ao paradigma do "sagrado", do espiritual ou, como o fizeram, da temática metafísico-existencialista. Não basta, apenas, identificarmos esses elementos na prosa da autora. É necessário, sobretudo, investigar o modo como são apresentados e, assim, o modo como podem caracterizar singularmente determinado texto e este em relação aos demais.

Acreditamos que em *A via crucis do corpo*, a alusão ao repertório bíblico corporifica-se em uma estratégia narrativa, por meio da qual as convenções relacionadas à tradição ocidental, ao sistema de representação são desestabilizadas. Nesse sentido, podemos afirmar que Maria das Dores, ao mesmo tempo, mostra-se "carne"/"profana", em seus desejos e em suas vicissitudes, e "espírito"/"sagrada", em seu sentimento materno, seu amor. O modo como o nascimento de seu filho é-nos apresentado pelo narrador concilia tanto a (suposta) "sacralidade" que caracteriza o nascimento de Emmanuel, quanto a ironia e a paródia condizentes à reescritura: "Então veio uma dor forte demais. Ai Jesus, gemeu Maria das Dores. Ai Jesus, pareciam mugir as vacas" (p.44).

Passamos, por conseguinte, a enfocar a "temática da existência em Clarice Lispector" como outro procedimento narrativo por meio do qual a palavra, o sistema de representação, o narrar são engendrados em favor de um questionamento dos parâmetros que os sustentam. O realismo simulado, por exemplo, é uma estratégia discursiva em que a construção narrativa é evidenciada em sua (tentativa de) representação e apreensão da realidade. O exagero, a hipérbole, a desestabilização, a paródia são índices que apontam a linguagem em seu processo de significação, de (dis)simulação, de re(a)presentação – o texto encenando-se e sendo encenado.

Em conseqüência, somos levados a observar a projeção autoral nos textos de *A via crucis do corpo*. Pensamos de que modo a imagem de Clarice Lispector como "grande autora" permite a interpretação dessa obra a partir de uma (dissimulada) sanção autoral. Em "Explicação", ao lermos "É um livro de treze (13) histórias. Mas poderia ser de quatorze. Eu não quero" (p.10), somos levados a questionar em que medida Clarice Lispector (autor empírico) e suas projeções textuais (autor textual, narrador, personagem) atuam no palco da escritura, levando-nos a interpretar sua obra enquanto tal. Nolasco (2001), procurando investigar as projeções autorais nos textos de Lispector, afirma que:

quando se pergunta sobre o estatuto da criação do texto literário, sobrepõe-se uma pergunta que diz respeito à encenação do sujeito (autor-ator/escritor, leitor) no cenário da linguagem literária. Se, antes, decretou-se a "morte do autor", agora, diferentemente, indaga-se sobre o "lugar" que esse autor/ator representa na teatralização textual, dividindo com o leitor o mesmo espetáculo na/da escritura. O lugar que esses atores-personagens ocupam no corpo da escritura, ou que passam a ocupar na sua prática pela leitura, não só desconstrói a identidade do *sujeito do saber*, que se pensava dono de uma verdade totalizadora/tantalizadora, como traz para o centro da reflexão crítica o processo de produção do objeto literário: o texto. (p.23)

Em *A via crucis do corpo*, destacamos que se articula a desestabilização da posição do sujeito, entendendo-se este como autor, narrador, personagem, leitor ou, até mesmo, como "texto". O que se focaliza, então, é o próprio processo de (des)construção da obra como objeto artístico, literário. Mesmo em "Explicação", no momento em que a escritora-personagem *parece* sucumbir às exigências, observamos que há um desdobramento na estrutura narrativa que permite outras interpretações, por meio do jogo de (dis)simulação. Nesse sentido, "C. L." corporifica, em seu traço-escritura, a ambivalência inerente à tecedura de *A via crucis do corpo*.

Tanto as referências ao repertório judaico-cristão quanto os desdobramentos polifônicos nos textos de *A via crucis do corpo* correspondem a estratégias reiteradas na produção da autora. A (re)escritura paródica tensiona esses mesmos elementos, e, assim, o sistema literário. Poderíamos lembrar outros textos de Lispector em que o uso do repertório judaico-cristão corporifica um procedimento discursivo. Citaremos apenas dois, que foram lançados em 1964: *A paixão segundo G. H.*, texto largamente divulgado e conhecido, e "Na manjedoura", texto pouco conhecido, presente em "Fundo de gaveta", a segunda (e renegada) parte de *A legião estrangeira*:

Eu me sentia imunda como a Bíblia fala dos imundos. Por que foi a Bíblia que se ocupou tanto dos imundos, e fez uma lista dos animais imundos e proibidos? por que se, como os outros, também eles haviam sido criados? E por que o imundo era proibido? Eu fizera o ato proibido de tocar no que é imundo. (Lispector, 1964b, p.46)

Mas com alívio infernal eu me despeço dela. O que sai do ventre da barata não é transcendentável – ah, não quero dizer que o contrário da beleza, "contrário de beleza" nem faz sentido – o que sai da barata é: "hoje", bendito o fruto do teu ventre – eu quero a atualidade sem enfeitá-la com um futuro que a redima, nem com uma esperança – até agora o que a esperança queria em mim era apenas escamotear a atualidade.

Mas eu quero muito mais que isto: quero encontrar a redenção no hoje, no já, na realidade que está sendo, e não na promessa, quero encontrar a alegria neste instante – quero o Deus naquilo que sai do ventre da barata – mesmo que isto, em meus antigos termos humanos, signifique o pior, e, em termos humanos, o infernal. (Lispector, 1964b, p.83-4)

"Na manjedoura"

Na manjedoura estava calmo e bom. Era de tardinha, ainda não se via a estrela. Por enquanto o nascimento era só de família. Os outros sentiam mas ninguém via. Na tarde já escurecida, na palha cor de ouro, tenro como um cordeiro refulgia o menino, tenro como nosso filho. Bem de perto, uma cara de boi e outra de jumento olhavam, e esquentavam o ar com o hálito do corpo. Era depois do parto e tudo úmido repousava, tudo úmido e morno respirava. Maria descansava o corpo cansado, sua tarefa no mundo seria a de cumprir o seu destino e ela agora repousava e olhava. José, de longas barbas, meditava; seu destino, que era o de entender, se realizara. O destino da criança era o de nascer. E o dos bichos ali se fazia e refazia: o de amar sem saber que amavam. A inocência dos meninos, esta a doçura dos brutos compreendia. E, antes dos reis, presenteavam o nascido com o que possuíam: o olhar grande que eles têm e a tepidez do ventre que eles são.

A humanidade é filha de Cristo homem, mas as crianças, os brutos e os amantes são filhos daquele instante na manjedoura. Como são filhos de menino, os seus erros são iluminados: a marca do cordeiro é o seu destino. Eles se reconhecem por uma palidez na testa, como a de uma estrela de tarde, um cheiro de palha e terra, uma paciência de infante. Também as crianças, os pobres de espírito e os que se amam são recusados nas hospedarias. Um menino, porém, é o seu pastor e nada lhes faltará. Há séculos entre eles se escondem em mistérios e estábulos onde pelos séculos repetem o instante do nascimento: a alegria dos homens. (Lispector, 1964a, p.147-8)

A partir da alusão a esses textos, podemos inferir em que medida o repertório judaico-cristão é parodiado, nos termos de Hutcheon (1985), por meio da repetição com diferença, da tensão. Ricardo Iannace (2001, p.22), ao estabelecer relações intertextuais a partir da produção de Lispector, iluminou a presença desse repertório, afirmando que: "A *Bíblia*, quer o Velho ou o Novo Testamento, é constantemente referida. Presente em momentos de 'revelação' das personagens, faz-se muitas vezes parodiada". A investigação do modo como essas referências se apresentam na produção da autora parece ser, portanto, um campo de leitura fecundo.

Acreditamos, pois, que, em *A via crucis do corpo*, o repertório bíblico é (re)escrito singularmente. Há índices que apontam para uma calculada estruturação da obra como projeto literário – por exemplo, o mês de maio, a trindade (três), o número de etapas da *via crucis* bíblica (quatorze). E tecem toda uma rede de significações em torno da *via crucis*: *via crucis* bíblica (episódios são (re)contados), *via crucis* textual (projeções da voz autoral em seu calvário), *via crucis* escritural (o livro em processo de (re)construção).

A "via crucis bíblica" corresponde ao episódio bíblico sendo (re)apresentado por meio de um discurso paródico, em que o "mesmo" e o "outro", o "sagrado" e o "profano", o "carnal" e o "transcendental" se relacionam conflituosamente. Assim, Maria das Dores que, às vezes, parece estar no mesmo patamar de uma vaca, dá à luz Emmanuel, o seu "sagrado filho" (p.42). Ao mesmo tempo que se tem essa fábula, na fabulação notamos como a oscilação da perspectiva do narrador em relação às personagens coloca em questão o próprio narrar, o estilo empregado para tal função. Temos, então, a *via crucis* textual, em que a posição de autor textual, narrador e personagens e a estrutura paródica se articulam em favor de uma auto-referencialidade discursiva. Ao se inscrever o texto e seus elementos em um processo auto-referencial de construção, engendra-se a *via crucis* escritural em que a tecedura narrativa oferece seus múltiplos sentidos, a pluralidade que a corporifica.

Não obstante essa rede de significações, poderíamos abordar *A via crucis do corpo* como um livro que corporificaria, de maneira própria, o episódio da "Paixão de Cristo". Tradicionalmente, a "Paixão de Cristo" é composta de quatorze episódios, que simbolizam a trajetória de Jesus Cristo rumo ao Calvário e, então, à salvação. Poderia ser traçada uma relação entre cada texto de *A via crucis do corpo* e as etapas da *via sacra*, destacando-se o modo como o texto de Lispector (re)articula, de maneira perturbadora, as referências à cultura judaico-cristã. E, de certa forma, à tradição ocidental. Se considerarmos "Explicação" como a primeira etapa ("Jesus é condenado à morte"), teríamos quatorze contos-etapas, em que a *via crucis* é dramatizada, porém, às avessas. A simbologia da *via sacra* torna-se, portanto, uma alegoria da construção da obra. Embora não tenhamos seguido esse percurso de leitura, podemos salientar alguns aspectos dessa simbologia na interpretação de "Ele me bebeu" (p.53-8), texto que, por sua posição em *A via crucis do corpo* e por seu assunto, parece aludir à sexta estação da *via sacra*, "Jesus encontra Verônica".[2]

Todavia, o sacro encontro entre Jesus e Verônica, no texto clariciano, é subvertido, na medida em que as personagens que o encenam são representadas por Aurélia Nascimento, que era "loura, usava peruca e cílios postiços" (p.53), e Serjoca, que "era maquilador de mulheres. Mas não queria nada com mulheres. Queria homens" (p.53). Nesse texto, como em outros, a voz do narrador é marcada pontualmente e é revestida de um tom aparentemente objetivo e imparcial. É o narrador em terceira pessoa que apresenta, com suposto distanciamento, Serjoca e Aurélia.

> É. Aconteceu mesmo.

2 Essa passagem pode ser lida na *Bíblia Sagrada* em "Isaías", capítulo 53, versículos 2 a 4.

> Serjoca era maquilador de mulheres. Mas não queria nada com mulheres. Queria homens.
>
> E maquilava Aurélia Nascimento. Aurélia era bonita e, maquilada, ficava deslumbrante. Era loura, usava peruca e cílios postiços. Ficaram amigos. Saíam juntos, essa coisa de ir jantar em boates.
>
> Todas as vezes que Aurélia queria ficar linda, ligava para Serjoca. Serjoca também era bonito. Era magro e alto.
>
> E assim corriam as coisas. Um telefonema e marcavam encontro. Ela se vestia bem, era caprichada. Usava lentes de contato. E seios postiços. Mas os seus mesmos eram lindos, pontudos. Só usava os postiços porque tinha pouco busto. Sua boca era um botão de vermelha rosa. E os dentes grandes, brancos. (p.53-4)

A caracterização das personagens torna-se exemplar do papel que o narrador em terceira pessoa assume, ao se colocar como responsável pela condução do narrar: mesmo simulando um aparente distanciamento, caracteriza Aurélia como uma mulher "postiça", mascarada. Nesse sentido, sua perspectiva em relação às personagens, mesmo quando dotada de aparente imparcialidade, é crítica e irônica. Além disso, ao afirmar "É. Aconteceu mesmo." (p.53), e, ao longo da caracterização das personagens, apresentar um olhar irônico, o narrador institui uma tensão entre o "real" e o "ficcional", entre a "verdade" e a "mentira". Destina seu discurso e, assim, as personagens, a um espaço híbrido e ambivalente: da simulação (parecer e não-ser) e da dissimulação (ser e não-parecer).

A atuação do narrador manifesta-se, também, no momento em que uma terceira personagem atua no palco da narrativa: Affonso Carvalho, "industrial de metalurgia" (p.54). É Affonso que desestabilizará a relação entre Aurélia e Serjoca, na medida em que ambos o desejam. E o desejo, juntamente com os vocábulos ligados ao corpo, aos impulsos humanos, são evidenciados na focalização das personagens, caracterizando a linguagem realista encenada de *A via crucis do corpo*:

> Então foram para a boate, a essa hora quase vazia. E conversaram. Affonso falou de metalurgia. Os outros dois não entendiam nada. Mas

fingiam entender. Era tedioso. Mas Affonso estava entusiasmado e, embaixo da mesa, encostou o pé no pé de Aurélia. Justo o pé que tinha calo. Ela correspondeu, excitada. Aí Affonso disse:

– E se fôssemos jantar na minha casa? Tenho hoje escargots e frango com trufas. Que tal?

– Estou esfaimada.

E Serjoca mudo. Estava também aceso por Affonso.

O apartamento era atapetado de branco e lá havia escultura de Bruno Giorgi. Sentaram-se, tomaram outro drinque e foram para a sala de jantar. Mesa de jacarandá. Garçom servindo à esquerda. Serjoca não sabia comer escargots e atrapalhou-se todo com os talheres especiais. Não gostou. Mas Aurélia gostou muito, se bem que tivesse medo de ter hálito de alho. Mas beberam champanha francesa durante o jantar todo. Ninguém quis sobremesa, queriam apenas café.

E foram para a sala. Aí Serjoca se animou. E começou a falar que não acabava mais. Lançava olhos lânguidos para o industrial. Este ficou espantado com a eloqüência do rapaz bonito. No dia seguinte telefonaria para Aurélia para lhe dizer: o Serjoca é um amor de pessoa. (p.55-6)

O corpo adquire destaque na caracterização das personagens. Essa é uma estratégia recorrente em *A via crucis do corpo* – dado a destacar também em relação a outros textos –, que institui, no desenrolar da narrativa, um abalo na relação "corpo"/"alma", e em seus desdobramentos "carne"/"espírito", "profano"/"sagrado", principalmente se considerarmos a relação que o texto pode estabelecer com o episódio bíblico. A tensão que une esses elementos aponta, também, para a atuação das personagens, em especial de Aurélia: do "parecer" em direção ao "ser". A transformação de Aurélia pode ser vislumbrada, sobretudo, no momento em que é colocada fora do triângulo de sedução:

Mas antes de se encontrarem, Aurélia telefonou para Serjoca: precisava de maquilagem urgente. Ele foi à sua casa.

Então, enquanto era maquilada, pensou: Serjoca está me tirando o rosto.

A impressão era a de que ele apagava os seus traços: vazia, uma cara só de carne. Carne morena.

> Sentiu mal-estar. Pediu licença e foi ao banheiro para se olhar ao espelho. Era isso mesmo que ela imaginara: Serjoca tinha anulado o seu rosto. Mesmo os ossos – e tinha uma ossatura espetacular – mesmo os ossos tinham desaparecido. Ele está me bebendo, pensou, ele vai me destruir. E é por causa do Affonso.
>
> Voltou sem graça. No restaurante quase não falou. Affonso falava mais com Serjoca, mal olhava para Aurélia: estava interessado no rapaz.
>
> Enfim, enfim acabou o almoço.
>
> Serjoca marcou encontro com Affonso para de noite. Aurélia disse que não podia ir, estava cansada. Era mentira: não ia porque não tinha cara para mostrar.
>
> Chegou em casa, tomou um longo banho de imersão com espuma, ficou pensando: daqui a pouco ele me tira o corpo também. O que fazer para recuperar o que fora seu? A sua individualidade? (p.56-7)

Contudo, a transformação de Aurélia dá-se de maneira conflituosa, pois o narrador aponta sua mentira, sua simulação: "Era mentira: não ia porque não tinha cara para mostrar" (p.57). A maquilagem alude, em certo sentido, ao mascaramento de Aurélia, e é o elemento que a unia a Serjoca. Sem maquilagem, Aurélia, num primeiro momento, é abordada de maneira singular: ela está sem "cara para mostrar", sem individualidade, um "nada" (p.57). Todavia, lentamente, efetiva-se a sua transformação, o seu caminhar em direção ao oposto, o seu "nascimento", como podemos observar nos últimos parágrafos do texto:

> Foi ao espelho. Olhou-se profundamente. Mas ela não era mais nada.
>
> Então – então de súbito deu uma bruta bofetada no lado esquerdo do rosto. Para se acordar. Ficou parada, olhando-se. E, como se não bastasse, deu mais bofetadas na cara. Para encontrar-se.
>
> E realmente aconteceu.
>
> No espelho viu enfim um rosto humano, triste, delicado. Ela era Aurélia Nascimento. Acabara de nascer. Nas-ci-men-to. (p.57-8)

Considerando-se a transformação de Aurélia, bem como sua relação com outras personagens, podemos afirmar que esse texto se constrói tendo como base dois eixos de sentidos: a encenação de uma linguagem realista, que tende a ressaltar os elementos corporais, e o percurso da personagem em direção ao seu oposto, ou seja, a estrutura "em X" destacada por Gotlib (1988b). Ambos relacionam-se de modo que inscreva o percurso de sentidos do texto – a *via crucis* escritural – como uma "sub-versão" do episódio bíblico "Jesus encontra Verônica". Além da simbologia que cerca esse episódio ("sagrado"), podemos ressaltar, ainda, que o termo "verônica" corresponde, além da mulher que auxilia Cristo, a "vera icon", ou seja, "verdadeira imagem".[3] Na (re)escritura clariciana, notamos que Serjoca parece corresponder a uma Verônica às avessas, contrapondo-se à Aurélia, de modo que possa "beber"/apagar sua (verdadeira) face, por meio da maquilagem, do realce dos "elementos postiços". Aurélia, que, em sua *via crucis*, vive por meio da máscara, quando está sem ela, "morre". Em seu percurso, dirige-se ao seu "nascimento", à sua transformação. Na *via sacra*, Cristo dirige-se à morte, etapa necessária à ressurreição, à vida.

Podemos afirmar, então, que Clarice Lispector se utiliza das convenções relacionadas tanto à cultura judaico-cristã quanto ao sistema literário para engendrar sua prosa. Como temos ressaltado, em *A via crucis do corpo* observam-se estruturas típicas de uma narrativa convencional, por exemplo, o "conto clássico", e da cultura ocidental, porém, tramadas de modo ambivalente. É de nosso interesse elucidar o modo como tais estruturas são encenadas, no palco da escritura, por meio da simulação de uma linguagem, de um estilo próprios: o "realismo transbordado". No item seguinte, focalizaremos como a noção de "corpo" e seus desdobramentos são engenhados de modo que autor, narrador, personagem e leitor trilhem "a *via crucis* do corpo", a *via crucis* da linguagem.

---

3 No *Dicionário Houaiss*, tem-se a seguinte definição: "santa mulher que, segundo a lenda, teria apresentado o véu com que cobria a cabeça a Jesus, a caminho do Calvário, para que enxugasse a face; como recompensa, Jesus teria deixado no véu a impressão de seu rosto".

O corpo carnal, o corpo escritural: o realismo encenado

Além da múltipla simbologia relacionada à *via crucis*, ao repertório judaico-cristão, destaca-se, na tessitura de *A via crucis do corpo*, a caracterização das personagens realizada por meio de vocábulos ligados à noção de "corpo". O "corpo" – das personagens, da escritura – mostra-se a partir da focalização do narrador em relação a si mesmo, quando é protagonista, ou a outras personagens. Em "O corpo" (p.27-37), a caracterização das personagens é exemplar no que se refere à função atribuída ao "corpo" na narrativa – insinuada desde o título da obra, o título do texto:

> Xavier era um homem truculento e sangüíneo. Muito forte esse homem. Adorava tangos. Foi ver "O último tango em Paris" e excitou-se terrivelmente. Não compreendeu o filme: achava que se tratava de filme de sexo. Não descobriu que aquela era a história de um homem desesperado.
>
> Na noite em que viu "O último tango em Paris" foram os três para a cama: Xavier, Carmem e Beatriz. Todo mundo sabia que Xavier era bígamo: vivia com duas mulheres.
>
> Cada noite era uma. Às vezes duas vezes por noite. A que sobrava ficava assistindo. Uma não tinha ciúme da outra.
>
> Beatriz comia que não era vida: era gorda e enxundiosa. Já Carmem era alta e magra.
>
> A noite do último tango em Paris foi memorável para os três. De madrugada estavam exaustos. Mas Carmem se levantou de manhã, preparou um lautíssimo desejum – com gordas colheres de grosso creme de leite – e levou-o para Beatriz e Xavier. Estava estremunhada. Precisou tomar banho de chuveiro gelado para se pôr em forma de novo. (p.27-8)

O destaque ao corpo e aos vocábulos relacionados a ele, já nos primeiros parágrafos do texto, evidencia-se como uma estratégia de construção de *A via crucis do corpo*. Assim, é válido indagarmos: a que corresponde o erotismo em *A via crucis do corpo*? Como é apresentado? Acreditamos que a noção de "corpo" aponta para uma das possibilidades de leitura do livro e de debate acerca dessa questão – que tem sido, ainda, "tão cara" à imagem de Clarice Lispector como escritora "voltada para as questões do espírito".

A ênfase dada aos elementos corporais remete-nos, de imediato, às palavras de Bakhtin (1987) acerca das imagens grotescas, as quais:

> conservam uma natureza original, diferenciam-se claramente das imagens da vida cotidiana, preestabelecidas e perfeitas. São imagens ambivalentes e contraditórias, que parecem disformes, monstruosas e horrendas, se consideradas do ponto de vista da estética "clássica", isto é, da estética da *vida cotidiana preestabelecida e completa. A nova percepção histórica* que as trespassa, confere-lhes um sentido diferente, embora conservando seu conteúdo e matéria tradicional: o coito, a gravidez, o parto, o crescimento corporal, a velhice, a desagregação e o despedaçamento corporal, etc., com toda a sua materialidade imediata, continuam sendo os elementos fundamentais do sistema de imagens grotescas. São imagens que se opõem às imagens clássicas do corpo humano acabado, perfeito e em plena maturidade, depurado das escórias do nascimento e do desenvolvimento. (p.22, grifo do autor)

A partir das considerações de Bakhtin (1987), podemos ressaltar que o corpo "grotesco" corresponde tanto às características das personagens iluminadas pelo narrador, quanto ao próprio enredamento discursivo que se "fomenta" no transbordamento dessas mesmas características. O "corpo" passa a ser enfocado, em sua ambivalência, em sua transformação: é o corpo das personagens, em suas trajetórias; é o corpo textual, escritural, em processo. O teórico russo destaca, ainda, que:

> Em oposição aos cânones modernos, o corpo grotesco não está separado do resto do mundo, não está isolado, acabado nem perfeito, mas ultrapassa-se a si mesmo, franqueia seus próprios limites. Coloca-se ênfase nas partes do corpo em que ele se abre ao mundo exterior, isto é, onde o mundo penetra nele ou dele sai ou ele mesmo sai para o mundo, através de orifícios, protuberâncias, ramificações e excrescências, tais como a boca aberta, os órgãos genitais, seios, falo, barriga e nariz. É em

> atos tais como o coito, a gravidez, o parto, a agonia, o comer, o beber, e a satisfação de necessidades naturais, que o corpo revela sua essência como princípio em crescimento que ultrapassa seus próprios limites. É um corpo eternamente incompleto, eternamente criado e criador, um elo na cadeia da evolução da espécie ou, mais exatamente, dois elos observados no ponto onde se unem, onde entram um no outro. (Bakhtin, 1987, p.23)

Essas considerações permitem que abordemos a noção de "corpo" sob o prisma da transformação das personagens e, também, do texto como produtor e produto de sentidos. Essa perspectiva torna-se acentuada na interpretação da trajetória das personagens, sobretudo ao considerarmos a estrutura "em X" proposta por Gotlib (1988b) e retomada por Helena (s.d., p.6) sob "a figura retórica do quiasmo". A trajetória das personagens revela, por conseqüência, a transformação desta em direção ao seu oposto, que se acentua pela perspectiva do narrador. Contudo, como temos enfatizado, essa metamorfose não implica o abandono de situação ou de valores anteriores. "Outro" e "mesmo" coabitam o mesmo espaço corpóreo, o mesmo espaço discursivo. É nesse sentido que podemos interpretar o "corpo", no texto clariciano, como índice da conflituosa metamorfose das personagens e como alegoria da própria construção da obra, como meio de representação/reapresentação do real. E, no caso de *A via crucis do corpo*, como um livro (singularmente) feito "por encomenda". Segundo Helena (s.d.),

> É também de maneira entrecruzada (em *quiasmo*) a relação que a autora esboça entre a linguagem e a representação do real, para discutir o que da cultura a literatura retém e o que, na cultura, faz implantar. Estabelecer cruzamentos e reflexos, num itinerário de mão dupla, em que se aponta, simultaneamente para o olhar e as vísceras, rumo ao movimento que "transborda para dentro" é um dos modelos da outra-lógica do real adivinhado de Lispector. Auto-intitulando-se "fiandeira de achados e perdidos", sua tessitura de fragmentos semanticamente desestruturados desenha uma sintaxe recorrente que, baseada na repetição, acaba por criar não o mesmo, mas a diferença. (p.6, grifo da autora)

A estudiosa auxilia-nos na discussão da noção de "transbordamento", pertinente à produção clariciana. Muitos textos da fortuna crítica associaram o "transbordamento para dentro" a um movimento centrípeto, intimista, de elaboração poética realizado por Clarice Lispector. Dessa forma, associaram a imagem da autora ao produzir "em transe" e, assim, sua prosa à palavra "sublime" e "sacralizada". De certa forma, a própria posição da escritora contribuiu para a efetivação dessa perspectiva, como demonstramos na parte inicial do presente estudo. Todavia, acreditamos que a construção da história, isto é, a relação entre fábula e fabulação baseia-se no "transbordamento", entendido como a ambivalência, a desestabilização de supostas fronteiras, a (im)possibilidade de se abarcar o texto clariciano sob uma perspectiva única de leitura. Considerando a (dis)simulação enredada na prosa de Lispector, podemos destacar que:

> a narrativa da autora trabalha a linguagem fingindo não possuir sistema algum. Para firmar tal crença, busca a cumplicidade do leitor, seduzindo-o com a repetição sistemática de afirmativas do tipo "Eu sou atrás do pensamento", ou "Escrevo sem modelos", simulando escrever sem pensar o que o inconsciente lhe grita. Todavia, seus textos obedecem a uma rigorosa lógica subterrânea. Ela tem sua chave numa especial relação com os limites, trabalhados de acordo com alguns procedimentos que privilegiam, como estratégias condutoras, o cruzamento, a repetição e a circularidade. (Helena, s.d., p.1)

O "trabalhar a linguagem fingindo não possuir sistema algum" desdobra-se no trabalhar a linguagem fingindo possuir estrutura e assuntos predeterminados: "Ele (Álvaro Pacheco) pediu para ela escrever um livro erótico" (Borelli, 1987, p.9). O *modo* como Clarice articula essa predeterminação é um dos elementos pelos quais se pode considerar *A via crucis do corpo* como um espaço discursivo em que as convenções do sistema literário são (re)organizadas perturbadoramente, por meio do cruzamento, da repetição e da circularidade: "Uma pessoa leu meus contos e disse que aquilo não era literatura, era lixo. Concordo. Mas há hora para tudo. Há também a hora do lixo" (p.10). O embaralhamento de "ficcional" e "real", "obra" e "vida" dá-se por meio do fingimento, da (dis)simulação, que permeia(m) a relação da escritora com seu editor, e, assim, com as instâncias relacionadas ao sistema literário. E permeia também a construção de *A via crucis do corpo* como obra encomendada.

O jogo de (dis)simulação implica, então, a abordagem da obra tendo em vista duas noções distintas, embora relacionadas: "texto programado" e "texto em processo".[4] Podemos relacionar o "texto programado" ao paradigma que predeterminava, por volta de 1974, a elaboração de *A via crucis do corpo* como livro de contos eróticos. Muitas das leituras acerca dessa produção baseiam-se, ainda, nessa perspectiva. Todavia, o "texto programado", quando discursivizado ambivalentemente, instaura o "texto em processo", a escritura clariciana, à medida que se enredam, por meio da (dis)simulação, um abalo nos parâmetros ao quais foi imposto e a desestabilização de noções vigentes no sistema literário. Desse modo, é válido questionarmos: em que medida o erotismo, no livro, implica, de fato, sua caracterização como obra menor, sua rotulação? Ou, como ressaltamos, a que corresponde o erotismo em *A via crucis do corpo*?

Uma das diretrizes para a investigação dessa questão relaciona-se às noções de "corpo" e de "realismo", já que certas personagens em *A via crucis do corpo* têm suas trajetórias pautadas pela intensificação de suas características corporais, carnais, sexuais. Um dos exemplos corresponde ao texto "O corpo", cujas personagens foram apresentadas com base em seus traços "grotescos": o corpo viril, esfaimado, insaciável. No texto, o corpo grotesco, conforme Bakhtin (1987, p.23), "franqueia seus próprios limites". Ou, em outras palavras, "transborda". É esse transbordamento na caracterização das personagens que permite que relacionemos o estilo em-

---

4 Propomos esses termos a partir das considerações de Willemart (1996).

penhado em *A via crucis do corpo* a um "realismo simulado", que aponta a sua (auto)construção. Os textos são, de certa maneira, articulados sob os moldes de uma narrativa clássica; contudo, *o que se narra* e *como se narra* são direcionados pelo modo (dis)simulado como se tece o texto: uma escritura em processo, encenada e se encenando. Observemos, pois, "O corpo":

> E assim era, dia após dia.
>
> Xavier trabalhava muito para sustentar as duas e a si mesmo, as grandes comidas. E às vezes enganava a ambas com uma prostituta ótima. Mas nada contava em casa pois não era doido.
>
> Passavam-se dias, meses, anos. Ninguém morria. Xavier tinha quarenta e sete anos. Carmem tinha trinta e nove. E Beatriz já completara os cinqüenta.
>
> A vida lhes era boa. Às vezes Carmem e Beatriz saíam a fim de comprar camisolas cheias de sexo. E comprar perfume. Carmem era mais elegante. Beatriz, com suas banhas, escolhia biquíni e um sutiã mínimo para os enormes seios que tinha. (p.27-8)

O que se evidencia, a partir da perspectiva do narrador em relação às personagens, é o transbordamento, a "saturação" de suas características e a ênfase na duração, no tempo, como forma de acentuálas. As ações transbordadas, que parecem ser cotidianas, corriqueiras, indiciam a mudança no percurso das personagens:

> Xavier comia com maus modos: pegava a comida com as mãos, fazia muito barulho para mastigar, além de comer com a boca aberta. Carmem, que era mais fina, ficava com nojo e vergonha. Sem vergonha mesmo era Beatriz que até andava nua pela casa.
>
> Não se sabe como começou. Mas começou.
>
> Um dia Xavier veio do trabalho com marcas de batom na camisa. Não pôde negar que estivera com a sua prostituta preferida. Carmem e Beatriz pegaram cada uma um pedaço de pau e correram pela casa toda atrás de Xavier. Este corria feito um desesperado, gritando: perdão! perdão! perdão!
>
> As duas, também cansadas, afinal deixaram de persegui-lo.

> Às três horas da manhã Xavier teve vontade de ter mulher. Chamou Beatriz porque ela era menos rancorosa. Beatriz, mole e cansada, prestou-se aos desejos do homem que parecia um super-homem.
>
> Mas no dia seguinte avisaram-lhe que não cozinhariam mais para ele. Que se arranjasse com a terceira mulher.
>
> As duas de vez em quando choravam e Beatriz preparou para ambas uma salada de batata com maionese. (p.31)

À medida que Xavier, "que parecia um super-homem" (p.31), truculento e viril como um touro, aproxima-se da prostituta preferida, Carmem e Beatriz também se aproximam, conciliando uma espécie de "pacto" opositivo a Xavier:

> Às vezes as duas se deitavam na cama. Longo era o dia. E, apesar de não serem homossexuais, se excitavam uma à outra e faziam amor. Amor triste.
>
> Um dia contaram esse fato a Xavier.
>
> Xavier vibrou. E quis que nessa noite as duas se amassem na frente dele. Mas, assim encomendado, terminou tudo em nada. As duas choraram e Xavier encolerizou-se danadamente. (p.30)

> Como é que começou o desejo de vingança? As duas cada vez mais amigas e desprezando-o.
>
> Ele não cumpriu a promessa e procurou a prostituta. Esta excitava-o porque dizia muito palavrão. E chamava-o de filho da puta. Ele aceitava tudo.
>
> Até que veio um certo dia.
>
> Ou melhor, uma noite. Xavier dormia placidamente como um bom cidadão que era. As duas ficaram sentadas junto de uma mesa, pensativas. Cada uma pensara na infância perdida. E pensaram na morte. Carmem disse:
>
> – Um dia nós três morreremos.
>
> Beatriz retrucou:
>
> – E à toa.
>
> – Tinham que esperar pacientemente pelo dia em que fechariam os olhos para sempre? E Xavier? O que fariam com Xavier? Este parecia uma criança dormindo.

> – Vamos esperar que Xavier morra de morte morrida? perguntou Beatriz.
>
> Carmem pensou, pensou e disse:
>
> – Acho que devemos as duas dar um jeito.
>
> – Que jeito?
>
> – Ainda não sei.
>
> – Mas temos que resolver.
>
> – Pode deixar por minha conta, eu sei o que faço. (p.32-3)

Assim, Carmem e Beatriz pactuam a morte de Xavier. O modo como se apresenta a história adquire, no desenrolar da narrativa, um caráter dramatizado, com as ações marcadamente acentuadas. As personagens, com características transbordadas, encenam a vida cotidiana exacerbada, em direção ao "destino-determinado" de Xavier – a morte. Ao mesmo tempo que destaca o corpo grotesco, a narrativa aponta a degradação das personagens, rumo ao "baixo":

> Então foram à cozinha. Os dois facões eram amolados, de fino aço polido. Teriam força?
>
> Teriam, sim.
>
> Foram armadas. O quarto estava escuro. Elas faquejaram erradamente, apunhalando o cobertor. Era noite fria. Então conseguiram distinguir o corpo adormecido de Xavier.
>
> O rico sangue de Xavier escorria pela cama, pelo chão, um desperdício.
>
> Carmem e Beatriz sentaram-se junto à mesa da sala de jantar, sob a luz amarela da lâmpada nua, estavam exaustas. Matar requer força. Força humana. Força divina. As duas estavam suadas, mudas, abatidas. Se tivessem podido, não teriam matado o seu grande amor.
>
> Então as duas foram ao jardim e com o auxílio de duas pás abriram no chão uma cova.
>
> E, no escuro da noite, carregaram o corpo pelo jardim afora. Era difícil porque Xavier morto parecia pesar mais do que quando vivo, pois escapara-lhe o espírito. Enquanto o carregavam, gemiam de cansaço e de dor. Beatriz chorava.
>
> Puseram o grande corpo dentro da cova, cobriram-na com a terra úmida e cheirosa do jardim, terra de bom plantio. Depois entraram em

> casa, fizeram de novo café, e revigoraram-se um pouco. Beatriz, muito romântica que era – vivia lendo fotonovelas onde acontecia amor contrariado ou perdido – Beatriz teve a idéia de plantarem rosas naquela terra fértil.
>
> Então foram de novo ao jardim, pegaram uma muda de rosas vermelhas e plantaram-na na sepultura do pranteado Xavier. Amanhecia. O jardim orvalhado. O orvalho era uma bênção ao assassinato. Assim elas pensaram sentadas no branco banco que lá havia. (p.34-5)

O "baixo" corresponde ao movimento ambivalente pelo qual esse texto de Lispector molda-se: ao evidenciar o "corpo", em toda a sua virilidade, no triângulo amoroso, acentua um eixo de sentidos relacionados à degradação das personagens, à "terra úmida", à vida e à morte. Xavier, morto, é retratado como um corpo que pesa, sem espírito, de modo que tensione a relação "carnal"/"espiritual", recorrente em *A via crucis do corpo*. Em relação à degradação característica do realismo grotesco, Bakhtin (1987) destaca que:

> a degradação do sublime não tem um caráter formal ou relativo. O "alto" e o "baixo" possuem aí um sentido absoluta e rigorosamente *topográfico*. O "alto" é o "céu"; o "baixo" é a "terra"; a terra é o princípio de absorção (o túmulo, o ventre) e, ao mesmo tempo, de ressurreição (o seio materno). Este é o valor topográfico do alto e do baixo no seu aspecto cósmico. No seu aspecto *corporal*, que nunca está separado com rigor do seu aspecto cósmico, o alto é representado pelo rosto (a cabeça), e o baixo pelos órgãos genitais, o ventre e o traseiro ... A degradação cava o túmulo corporal para dar lugar a um *novo* nascimento. E por isso não tem somente um valor destrutivo, negativo, mas também um positivo, regenerador: é *ambivalente*, ao mesmo tempo negação e afirmação. (p.18-9, grifo do autor)

Conforme aponta Bakhtin (1987), a ambivalência é pertinente ao grotesco, na medida em que conjuga pólos que, tradicionalmente, seriam opostos e inconciliáveis. Em "O corpo", a ambivalência, oriunda do realismo transbordado, engendra eixos de sentidos relacionados à noção de corpo, e, assim, à tensão entre o "espiritual" e o "carnal", entre o "sagrado" e o "profano": "Matar requer força. Força humana. Força divina" (p.34). A morte de Xavier enfatiza o corpo grande e pesado, o corpo sem espírito. "Naquela terra fértil", entretanto, concilia tanto a "morte" (ausência de espírito) quanto a "vida" (fertilidade), de modo acentuadamente irônico: "Beatriz, muito romântica que era – vivia lendo fotonovelas onde acontecia amor contrariado ou perdido – Beatriz teve a idéia de plantarem rosas naquela terra fértil" (p.35). Essa ironia é adensada pelo realismo simulado que, em sua auto-referencialidade, revela, ainda, a perturbação de convenções relacionadas ao mercado consumidor e ao sistema literário: "Vivia lendo fotonovelas onde acontecia amor contrariado ou perdido" (p.35). As referências ao mercado literário – dadas pela alusão às fotonovelas – e à tradição literária – dadas por meio dos nomes "Carmem" e "Beatriz", que retomam, respectivamente, obras de Mérimée e de Dante – indiciam um olhar acurado de Lispector em relação à sua posição no sistema literário.[5] A ironia, que desestabiliza as bases da tradição literária, também pode ser observada em outros textos de *A via crucis do corpo*, como, por exemplo, na alusão a "Nélson Rodrigues" [sic], a Machado de Assis, ou a Baudelaire, bem como na alusão (dis)simulada de Clarice Lispector autora-narradora-personagem à elaboração de textos do livro.

Na tessitura de *A via crucis do corpo*, ao mesmo tempo que se apresenta o corpo carnal, desejante e viril das personagens, aponta-se o texto, como corpo escritural, construindo-se e sendo construído. Nesse sentido, podemos destacar, ainda, o corpo-texto como "escritura programada" e como "escritura em processo". Essa relação, sobretudo, permite que a noção de erotismo seja (re)avaliada na obra em questão. Ao se articularem, na fábula e na fabulação, referências e procedimentos relacionados ao sistema literário, tem-se mais uma estratégia discursiva na/da prosa clariciana. Todavia, muitos estudiosos não refletiram, devidamente, acerca da noção de erotismo oriunda dessa posição. Chiara (1992), além de ter escrito a

---

5 Alighieri, 1984; Mérimée, 1989.

apresentação de *A via crucis do corpo* para a edição da Rocco (1998), publicou um artigo intitulado "Clarice: essa grande e inumana galinha..." em que indaga:

> Mas e se de repente você me pergunta se Clarice – "essa grande e inumana galinha" – é pornográfica em *A via crucis do corpo*, o pequeno e estranho livro bastardo. Como responder?
>
> Como dizer simplesmente: "Sim, é claro. Clarice já o confessava no prefácio do livro". Ou então como apenas refutar a pecha do escândalo para deixar o mito intocado? (p.66)

A estudiosa discorre acerca dessas questões considerando a noção de pornografia que:

> deve ser colocada onde, geralmente, nunca está, ou seja, no campo da escritura (da grafia mesmo) e não no âmbito da moral. Pornografia é termo relativo à representação do real. Não está na "coisa", está nos fantasmas, na fantasia, no imaginário, na imaginação. É imagem-em-ação alucinada e alucinatória. (Chiara, 1992, p.66)

Concordamos com Chiara (1992) no que se refere à dimensão escritural, à representação do real relacionadas ao conceito de pornografia. Todavia, discordamos da estudiosa em relação ao uso do próprio termo "pornografia", à medida que, em seu artigo, apresenta uma leitura que aborda "Explicação" como prefácio e, conseqüentemente, não entrevê o jogo de (dis)simulação presente na obra. Para Chiara (1992, p.66), o "pornográfico, nesse livro, advém da conjunção entre sexo e a morte, narrados num tom patético, mas não piegas". Retomando as noções de "texto programado" e "texto em processo", podemos relacionar o conceito de pornografia à dimensão da primeira noção, em que se tem uma visão predeterminada acerca da obra. A estudiosa parece compartilhar dessa posição ao ressaltar que:

> Com efeito, *A via crucis do corpo* é um livro em que é prometida ao leitor uma outra Clarice. Uma Clarice que abandona a estética da alu-

> são, como anuncia Álvaro Pacheco na orelha do livro: "Eis aqui uma Clarice Lispector que os leitores não conheciam... provando que ela não é apenas a artista que cria o mistério literário". A própria autora colabora com essa imagem: "Uma pessoa leu meus contos e disse que aquilo não era literatura, era lixo". *Com relação à escritura, o livro corresponde mesmo a uma Clarice mais direta, com uma sintaxe menos complexa, e de linguagem mais desabrida, enfim uma Clarice menos epifânica. A sexualidade está presente em todos os contos, mas nem sombra daquilo que os americanos chamam de "hard pornography"; então pornográfico por quê?* (Chiara, 1992, p.66, grifo nosso)

Chiara (1992), mesmo sendo uma das poucas estudiosas que abordaram as noções de "pornografia" e de "erotismo" em *A via crucis do corpo*, ainda lê a obra sob o prisma da tradição. Afirma que a prosa de Lispector se apresenta de maneira "mais direta, com uma sintaxe menos complexa, ... menos epifânica". Ora, a estudiosa não explora a ambivalência da/na obra, sustentando sua leitura em uma noção singular de pornografia: "expressão do espanto diante da mudez diante das coisas e do silêncio da Morte" (Chiara, 1992, p.66). Todavia, em que medida *A via crucis do corpo* se apresenta como uma obra "pornográfica"? Ou, ainda, qual seria a distinção entre "erotismo" e "pornografia" pertinente à interpretação do livro?

Um dos caminhos para a resolução dessa questão é, inicialmente, a elucidação da ocorrência dos termos em nosso sistema cultural. Segundo o *Dicionário Houaiss*, o termo "erotismo" corresponde ao (à):

> 1 estado de excitação sexual;
>
> 2 tendência a experimentar a excitação sexual mais prontamente que a média das pessoas;
>
> 3 tendência a se ocupar com ou de exaltar o sexo em literatura, arte ou doutrina;
>
> 4 estado de paixão amorosa.

Já o termo "pornografia", segundo o mesmo dicionário, alude a:

1 estudo da prostituição;

2 coleção de pinturas ou gravuras obscenas;

3 característica do que fere o pudor (numa publicação, num filme etc.); obscenidade, indecência, licenciosidade;

4 qualquer coisa feita com o intuito de ser pornográfico, de explorar o sexo tratado de maneira chula, como atrativo (p.ex., revistas, fotografias, filmes etc.);

Ex.: <vende pornografias> <fica vendo p. pela televisão>;

5 (1899) violação ao pudor, ao recato, à reserva, socialmente exigidos em matéria sexual; indecência, libertinagem, imoralidade.

É curioso observar que o termo "pornografia" seria, em certo sentido, pertinente à divulgação de *A via crucis do corpo* no mercado, como uma obra em que o sexo é prometido como "atrativo". Contudo, há uma frustração dessa expectativa na medida em que o sexo, quando abordado explicitamente, é explorado a partir de procedimentos discursivos que se embasam no realismo encenado. Ou seja, no transbordamento das características das personagens. É, pois, uma questão que deve ser posta no "campo da escritura" (Chiara, 1992, p.66).

Nesse sentido, seria plausível a relação do termo "erotismo" a *A via crucis do corpo*, pois, em certos textos, há alusão ao sexo, à sexualidade por meio de procedimentos discursivos próprios. Embora o engendramento de um estilo realista pudesse apresentar esse assunto "de maneira chula" (pornografia), o que notamos na construção estético-formal da obra é a auto-referencialidade discursiva que atravessa os textos e desestabiliza o próprio assunto em questão: o livro não é, meramente, "sobre sexo"; é um livro em que o erotismo se apresenta como uma estratégia de construção do texto, de (dis)simulação. O modo como se apresenta a história é, portanto, fator constitutivo do erotismo em *A via crucis do corpo*, já que a oscilação da voz do narrador concatena a apresentação dos fatos com base na ironia e no realismo simulado. Além dos exemplos já comentados, podemos citar outros que nos permitem observar o modo como a noção de erotismo é desestabilizada a partir da atuação do narrador, de como se tece a história. Os textos "Ruído de passos", "Melhor do que arder", "Miss Algrave", "Mas vai chover" e "Praça Mauá" são exemplares do modo como o sexo e o erotismo são articulados no livro.

Em "Ruído de passos" (p.69-71), a protagonista Cândida Raposo, que "tinha oitenta e um anos de idade" (p.69), é apresentada pelo narrador da seguinte forma:

> Essa senhora tinha a vertigem de viver. A vertigem se acentuava quando ia passar dias numa fazenda: a altitude, o verde das árvores, a chuva, tudo isso a piorava. Quando ouvia Liszt se arrepiava toda. Fora linda na juventude. E tinha vertigem quando cheirava profundamente uma rosa.
>
> Pois foi com dona Cândida Raposo que o desejo de prazer não passava.
>
> Teve enfim a grande coragem de ir a um ginecologista. E perguntou-lhe envergonhada, de cabeça baixa:
>
> – Quando é que passa?
>
> – Passa o quê, minha senhora?
>
> – A coisa.
>
> – Que coisa?
>
> – A coisa, repetiu. O desejo de prazer, disse enfim.
>
> – Minha senhora, lamento lhe dizer que não passa nunca. (p.69-70)

Cândida Raposo sofria da "coisa" e por causa da "coisa". Não havia remédio e teria de se arranjar sozinha (p.70). É desse modo que o narrador apresenta a personagem. No desenrolar da narrativa, a marcação pontual do que se narra e a (aparente) objetividade do narrador cedem espaço à caracterização irônica da personagem, como notamos no primeiro parágrafo da citação anterior. Além da ironia, a apresentação dos fatos molda-se pelo embaralhamento das perspectivas da personagem e do narrador, e, ainda, pela ambigüidade suscitada pelo "ruído de passos":

> Então saiu do escritório. A filha esperava-a embaixo, de carro. Um filho Cândida Raposo perdera na guerra, era um pracinha. Tinha essa intolerável dor no coração: a de sobreviver a um ser adorado.

> Nessa mesma noite deu um jeito e solitária satisfez-se. Mudos fogos de artifícios. Depois chorou. Tinha vergonha. Daí em diante usaria o mesmo processo. Sempre triste. É a vida, senhora Raposo, é a vida. Até a bênção da morte.
>
> A morte.
>
> Pareceu-lhe ouvir ruído de passos. Os passos de seu marido Antenor Raposo. (p.70-1)

Já foi afirmado que em *A via crucis do corpo* "predomina um tema a que Clarice Lispector se mostra mais sensível, e por isso talvez seja ele recorrente, nessa época em que ultrapassara os cinqüenta anos: o da velhice" (Gotlib, 1995, p.416). Em certo sentido, concordamos com essa afirmação, pois em "Ruído de passos" a velhice e o sexo são assuntos postos em cena. Todavia, se enfocarmos esse texto em cotejo com os textos que interpretamos anteriormente, podemos suscitar certos procedimentos recorrentes no livro. A atuação do narrador é um procedimento essencial para que observemos os sentidos engendrados, sobretudo se considerarmos os últimos parágrafos do texto, transcritos anteriormente. Já apontado no título, o "ruído de passos" enreda a ambigüidade discursiva e institui um percurso de releitura do texto, dando um caráter cíclico a ele, de modo que busquemos elementos que nos auxiliem no desvendamento dessas questões: Cândida Raposo é viúva? Antenor Raposo está vivo ou morto? Quem é o "ser adorado": o filho, o marido? A que corresponde a "morte"?

Observamos, novamente, um conto pautado pela estrutura tradicional. Todavia, seu desfecho não é "fechado", na medida em que o "ruído de passos" e a "morte" conferem ao texto um caráter ambivalente. Além disso, a perspectiva do narrador contribui para que observemos sua atuação, o desempenho de seu papel – o contar histórias –, porém, de maneira encenada: "E tinha vertigem quando cheirava profundamente uma rosa" (p.69); "É a vida, senhora Raposo, é a vida. Até a bênção da morte" (p.71). Ao apresentar a trajetória de Cândida Raposo, o narrador caracteriza-a sob um olhar irônico, que, de certa maneira, pode provocar o *riso* no leitor: "A vertigem se acentuava quando ia passar dias numa fazenda: a altitude, o verde das árvores, a chuva, tudo isso a piorava" (p.69). O riso, oriundo de uma caracterização que tange o cômico, é dado pela desautomatização: não se espera que dias numa fazenda acentuem a vertigem, a "coisa". O realismo encenado desestabiliza, inclusive, a recepção da obra.

O erotismo em *A via crucis do corpo* é, de certo modo, articulado a partir de um deslocamento de valores tradicionais para a sociedade, ao que é tido como corriqueiro. Todavia, essa desestabilização implica o transbordamento, a hiperbolização de certas características, de certas atitudes das personagens. Isso nos permite observar o modo como o narrador apresenta os fatos, o modo como se conta a história. Conseqüentemente, o erotismo relaciona-se à comicidade por meio da hiperbolização, da focalização do corpo grotesco em sua ambivalência constitutiva: as personagens parecem ser touros, vacas, animais (profano) e, também, puras, virgens, "angelicais", "cândidas", "claras" (sagrado).[6] O realismo transbordado mostra-se como uma estratégia de construção da obra e de tipificação do narrar que tem como base a relação "sagrado"/"profano" e seus desdobramentos. Assim, como um dos efeitos do erotismo enredado por esse realismo há um abalo no pólo receptivo: não se espera que um "livro de contos eróticos", e, ainda, um "livro de contos eróticos escrito por Clarice Lispector" apresentem-se dessa forma. Segundo Durigan (1986):

> Há, assim, um conceito de representação erótica previsto pelo discurso da autoridade, que circunscreve a representação em um espaço restrito. Sua presença é admitida desde que realizada de uma forma específica e predeterminada, desde que aconteça no lugar adequado. (p.22)

Ao se focalizar o erotismo em *A via crucis do corpo*, e suas conseqüências para a abordagem do livro e da produção de Lispector, de-

---

6 Os nomes das personagens dos textos de *A via crucis do corpo* adquirem, assim, significação, suscitando relações que envolvem suas caracterizações.

vemos nos amparar no modo como um texto programado e preconcebido é enredado, "discursivizado", a partir das próprias noções que o determinavam – texto em processo. Assim, em *A via crucis do corpo* observam-se, de fato, "textos eróticos", no sentido proposto por Durigan (1986):

> O texto erótico ... se apresenta como um tecido, um espetáculo, uma textura de relações significativas que no seu conjunto configura e entrelaça papéis e características com a finalidade de mostrar uma representação cultural particular, singular, da sexualidade.
>
> Sem a pretensão *de definir* texto erótico, é possível esboçar algumas constantes que o norteiam. É uma representação da representação cultural da sexualidade, que depende necessariamente da época, dos grupos sociais, das pessoas, e que se afirma sempre através da diferença, mesmo que essa diferença seja conseguida por um conjunto de redundâncias. (p.38, grifo do autor)

A sexualidade é apresentada na obra. Todavia, a sexualidade, a noção de corpo, o erotismo enredam-se de modo singular, frustrando, até mesmo, a expectativa do leitor em relação ao que foi divulgado sobre a obra. Se considerarmos somente a imagem dessa obra divulgada no mercado literário ("livro de contos eróticos", "pornográfico", "lixo literário"), como focalizar "Explicação", "O homem que apareceu", "Por enquanto", "Dia após dia", por exemplo? Devemos considerar *A via crucis do corpo* como um projeto literário próprio, em que os textos estabelecem relações inter e intratextuais, por meio de um conjunto de procedimentos discursivos empregados a fim de se colocar a escritura em processo: "o cruzamento, a repetição e a circularidade" (Helena, s.d., p.1).

No que se refere ao modo como o narrador atua, apresentando as personagens, podemos relacionar "Ruído de passos" a "Melhor do que arder" (p.91-4). Nesse texto, a protagonista, logo no primeiro parágrafo, é caracterizada pelo narrador com base em seus aspectos carnais, sexuais, viris – o corpo grotesco: "Era alta, forte, cabeluda. Madre Clara tinha buço escuro e olhos profundos, negros" (p.91). É estabelecida, então, uma tensão entre o corpo profano e viril e o corpo sacro, pois Clara era "Madre Clara"; "clara", assim como a hóstia que comungava:

> Entrara no convento por imposição da família: queriam vê-la abrigada no seio de Deus. Obedeceu.
>
> Cumpria suas obrigações sem reclamar. As obrigações eram muitas. E havia as rezas. Rezava com fervor.
>
> E se confessava todos os dias. Todos os dias a hóstia branca que se desmanchava na boca.
>
> Mas começou a se cansar de viver só entre mulheres. Mulheres, mulheres, mulheres. Escolheu uma amiga como confidente. Disse-lhe que não agüentava mais. A amiga aconselhou-a:
>
> – Mortifique o corpo. (p.91)

A relação "sagrado" e "profano" intensifica-se à medida que a protagonista se mortifica, de modo que seu corpo viril "transborde" ante o corpo sacro:

> Confessou-se ao padre. Ele mandou que continuasse a se mortificar. Ela continuou.
>
> Mas na hora em que o padre lhe tocava a boca para dar a hóstia tinha que se controlar para não morder a mão do padre. Este percebia, nada dizia. Havia entre ambos um pacto mudo. Ambos se mortificavam.
>
> Não podia mais ver o corpo quase nu de Cristo.
>
> Madre Clara era filha de portugueses e, secretamente, raspava as pernas cabeludas. Se soubessem, ai dela. Contou ao padre. Este ficou pálido. Imaginou que suas pernas deviam ser fortes, bem torneadas. (p.92)

O modo pelo qual o narrador em terceira pessoa apresenta os fatos adquire, de certa maneira, um tom irônico, e, inclusive, cômico, devido à caracterização da personagem e do pacto silencioso e ambiguamente mortificante entre Madre Clara e o padre: ambos "ardiam". O que salta aos olhos, pois, é a sexualidade, a virilidade de Clara, que não mais queria permanecer no convento:

E daí em diante vivia chorando. Apesar de comer pouco, engordava. Mas tinha olheiras arroxeadas. Sua voz, quando cantava na igreja, era contralto.

Até que disse ao padre no confessionário:

– Não agüento mais, juro que não agüento mais!

Ele disse meditativo:

– É melhor não casar. Mas é melhor casar do que arder.

Pediu uma audiência com a superiora. A superiora repreendeu-a ferozmente. Mas Madre Clara foi firme: queria sair do convento, queria achar um homem, queria casar-se. A superiora pediu-lhe que esperasse mais um ano. Respondeu que não podia, que tinha que ser já.

Arrumou a sua pequena bagagem e deu o fora. Foi morar num pensionato de moças. (p.92-3)

Assim como em outros textos, o narrador desse conto marca as ações pontualmente, com frases curtas, formatando um estilo sucinto e eficaz de apresentar a história. Associado a essa marcação, há um viés irônico que permeia a caracterização da protagonista: "E nada acontecia. Rezava muito que alguma coisa boa lhe acontecesse. Em forma de homem" (p.93). "E aconteceu mesmo" (p.93): Clara conhece um "guapo português", dono de botequim, "que se encantou com os modos discretos de Clara" (p.93). Curiosamente, Madre Clara, no convento, "transbordava"; longe dele, não "parecia transbordar", era discreta: "Os vestidos de manga comprida, sem decote, abaixo do joelho" (p.93). Contudo, na ambivalência do corpo grotesco, no jogo entre "parecer" e "ser", Clara, desejante, ainda transbordava; queria se casar:

Foram os dois ver um filme e não prestaram nele a mínima atenção. No fim do filme, estavam de mãos dadas.

Passaram a se encontrar para longos passeios. Ela, com seus cabelos pretos. Ele de terno e gravata.

Então uma noite lhe disse:

– Sou rico, o botequim dá bastante dinheiro para nós nos casarmos. Queres?

– Quero, respondeu grave.

> Casaram-se na igreja e no civil. Na igreja quem os casou foi o padre que lhe dissera que era melhor casar do que arder. Foram passar a ardente lua-de-mel em Lisboa. Antônio deixou o botequim entregue aos cuidados do irmão.
>
> Ela voltou grávida, satisfeita, alegre.
>
> Tiveram quatro filhos, todos homens, todos cabeludos. (p.94)

"Tiveram quatro filhos, todos homens, todos cabeludos" (p.94) é a frase que encerra o texto. Assim como em outros textos, geralmente tem-se, ao final, uma frase-síntese da idéia central do texto, um índice que o narrador nos fornece a respeito da trajetória das personagens, e, assim, de sua posição em relação a elas. Podemos afirmar que, na relação entre "sagrado" e "carnal", o corpo grotesco, desejante e viril, destaca-se na construção do texto, de modo que apresente a trajetória da protagonista de maneira eufórica, por vezes "cômica". Contudo, em outros textos de Lispector, o corpo grotesco, embora relacionado a um conjunto ambivalente de imagens, é apresentado de maneira disfórica:

> "Aldeia italiana"
>
> Os homens têm lábios vermelhos e se reproduzem. As mulheres se deformam amamentando. Quanto aos velhos, os velhos não são excitados. O trabalho é duro. A noite, silenciosa. Não há cinemas. Na porta de casa a beleza das moças é a de ficar de pé no escuro. A vida é triste e ampla como deve ser uma vida na montanha. (Lispector, 1964a, p.160)

Esse texto, publicado em "Fundo de gaveta", pode ser lido em cotejo com "Melhor do que arder", na medida em que em ambos se evidencia o corpo grotesco como um dos eixos de sentido. Ao corpo grotesco relaciona-se o corpo escritural. O realismo simulado, ao se estruturar, "denuncia" a sua própria construção. Assim, podemos focalizar os dois textos como variações do modo de narrar, que se articula a partir desse estilo realista.

Além desses elementos, em "Melhor do que arder" destaca-se o vocábulo "grave", recorrente na prosa de Lispector. Como afirmamos, "grave" concatena uma ambivalente gama de possibilidades interpretativas e, nesse texto, tem como função acentuar a posição da protagonista, traçando sua trajetória em direção ao casamento. Em outros textos, como destacamos, essa palavra adquire outros sentidos, como em "Miss Algrave" (p.15-25).

Miss Algrave, a protagonista desse conto, é apresentada pelo narrador em terceira pessoa do seguinte modo:

> *Solteira, é claro, virgem, é claro.* Morava sozinha numa cobertura em Soho. Nesse dia tinha feito suas compras de comida: legumes e frutas. *Porque comer carne ela considerava pecado.*
>
> Quando passava pelo Picadilly Circle e via as mulheres esperando homens nas esquinas, só faltava vomitar. *Ainda mais por dinheiro!* Era demais para se suportar. *E aquela estátua de Eros, ali, indecente.* (p.15-6, grifo nosso)

Como podemos notar, a caracterização de Ruth Algrave suscitada pelo narrador em terceira pessoa concilia posições, vozes da personagem e do próprio narrador, instaurando, por conseqüência, um espaço discursivo conflituoso. Os juízos de valor do narrador ecoam juntamente com os da protagonista. Não obstante essa tensão polifônica, o texto é enredado por meio do realismo transbordado, concatenando eixos significativos que remetem, respectivamente, ao corpo grotesco e à trajetória da protagonista estruturada "em quiasmo" (Helena, s.d., p.6).

"Miss Algrave" estrutura-se na/por meio da transformação da protagonista – fato já indiciado no título e nos sentidos relacionados ao termo "grave". Ruth Algrave, antes pudica (sacra), passa por um "ritual de iniciação", de modo que concretize os seus desejos carnais (profana). O meio dessa transformação é o próprio corpo sacro-profano da personagem, focalizado pelo narrador minuciosamente:

> Foi depois do almoço ao trabalho: era datilógrafa perfeita. Seu chefe nunca olhava para ela e tratava-a felizmente com respeito, chamando-a Miss Algrave. Seu primeiro nome era Ruth. E descendia de irlandeses. Era ruiva, usava cabelos enrolados na nuca em coque severo. Tinha

> muitas sardas e pele tão clara e fina que parecia uma seda branca. Os cílios também eram ruivos. Era uma mulher bonita.
>
> Orgulhava-se muito de seu físico: cheia de corpo e alta. Mas nunca ninguém havia tocado nos seus seios.
>
> Costumava jantar em Soho mesmo. Comia macarrão com molho de tomate. E nunca entrara num "pub": nauseava-a o cheiro de álcool, quando passava por um. Sentia-se ofendida pela humanidade. (p.16)

A marcação espacial (Londres) e a marcação temporal convergem em favor de um modo de narrar calculado, em que se privilegia a metamorfose de Miss Algrave, o seu ritual de iniciação nos "prazeres da carne", nos prazeres mundanos. A transformação de Ruth Algrave dá-se no "sábado de noite" (p.15), a partir do contato com o "outro" – outro corpo, outro ser –: Ixtlan, que era de Saturno. Como nos adverte o narrador, logo no primeiro parágrafo do texto:

> Ela era sujeita a julgamento. Por isso não contou nada a ninguém. Se contassem não acreditariam porque não acreditavam na realidade. Mas ela, que morava em Londres, onde os fantasmas existem nos becos escuros, sabia da verdade. (p.15)

Podemos afirmar que, dada a estranheza de Ixtlan, esse parágrafo, o primeiro do texto, apresenta-se como índice de leitura para "Miss Algrave" e, assim, para *A via crucis do corpo*, na medida em que concilia tanto a tensão entre "verdade"/"mentira", "realidade"/"ficção", quanto o posicionamento do narrador ao apresentar os fatos. Há, portanto, um embaralhamento dessas noções, de modo que ficção, tradicionalmente uma "mentira", passe a se mostrar como uma "verdade", curiosamente por meio da voz do narrador-ator e não da protagonista, que "era sujeita a julgamento" (p.15). Como em outros textos, o narrador atua na narrativa, conduzindo, calculadamente, a apresentação dos fatos, da transformação de Ruth Algrave, em seu corpo "grave":

> Tomava banho só uma vez por semana, no sábado. Para não ver o seu corpo nu, não tirava nem as calcinhas nem o sutiã.

> No dia em que aconteceu era sábado e não tinha portanto trabalho. Acordou muito cedo e tomou chá de jasmim. Depois rezou. Depois saiu para tomar ar.
>
> Perto do Savoy Hotel quase foi atropelada. Se isso acontecesse e ela morresse teria sido horrível porque nada lhe aconteceria de noite. (p.17)

As ações de Ruth Algrave são, portanto, focalizadas de modo que elucide sua relação com o próprio corpo, com a sexualidade. O erotismo, nesse texto, advém da focalização, muitas vezes irônica, do narrador em relação à personagem, a partir da relação "sagrado"/ "profano", e do modo como as ações são medidamente apresentadas. Assim, ao mesmo tempo que, na fábula, tem-se Miss Algrave em seu ritual de desnudamento, observa-se, na fabulação, o caráter ritualístico que o narrador atribui à apresentação dos fatos, marcando pausadamente as ações da personagem. Além disso, o narrador, a partir do desdobramento polifônico, permite-nos observar um motivo que também seria abordado posteriormente na produção de Lispector: o atropelamento. Em *A hora de estrela*, ao ser narrado o fatídico encontro de Macabéa com a cartomante, é interessante observar, no cotejo com "Miss Algrave", o modo como o narrador atua no texto, ao apresentar, controladamente, os fatos, e ao manipular, ironicamente, a personagem e, também, o leitor.[7]

Mesmo não sendo o nosso objetivo discorrer detalhadamente acerca de como o atropelamento é apresentado em *A hora da estrela*, a relação que pode ser estabelecida entre esse texto e "Miss Algrave" permite investigar o modo como procedimentos narrativos e motivos são (re)articulados na produção clariciana. Nesses textos, a atuação do narrador, relacionada ao desdobramento polifônico, conduz o espetáculo da escritura, levando-nos a enfocar a narrativa como uma construção verbal encenada, (dis)simulada. Nessa encenação, o atropelamento remete-nos, de certa forma, às noções de "poder" e de "saber", na medida em que os narradores, em ambos os textos, aparentemente detêm saberes que as outras personagens parecem

---

7 Lispector, 1979, p.94-6.

desconhecer. E, ainda, têm o poder, ou seja, a possibilidade de narrar os fatos. O papel do narrador e, assim, o narrar são, segundo Hansen (1989), alicerces da poética de Clarice Lispector e que põem em foco o próprio conceito de (auto-)representação:

> Segue-se que o problema enfrentado pelos seus narradores não é, de modo algum, o de definir essências, determinando o que seja o orgânico, mas o de determinar a perspectiva pela qual a alegoria orgânica é formulada. *Movendo-se sempre segundo uma relação desigual com o que narra e com sua auto-representação no ato, o narrador produz indeterminação com função operatória, que evidencia contrastivamente o arbítrio da razão narrativa* ... Aqui, pois, a auto-aplicação do dispositivo pelo narrador figura a inépcia, que vinca os textos da Autora fazendo-os gaguejar de estupidez como condição mesma de sua verossimilhança, pois explicita-lhes a razão. (p.109, grifo nosso)

Hansen (1989), para quem *A via crucis do corpo* possui "textos abstratíssimos" (p.108), toca numa questão fundamental para a perscrutação da encenação no livro: o (des)compasso entre o *dizer* e o *fazer*, acentuado pela atuação do narrador, e que envolve a noção de "representação". Para o estudioso, da atuação do narrador advém a "inépcia", cujos efeitos de sentido preferimos investigar a partir das acepções de "fracasso". Ao papel do narrador relaciona-se a (im)possibilidade de se narrarem os fatos, os acontecimentos, isto é, o "fracasso": à medida que se narra, aponta-se o mecanismo de narração e, assim, evidencia-se o texto como dramatização.

Em *A hora de estrela* e em "Miss Algrave", o modo como cada narrador apresenta (sua) história parece possuir algumas semelhanças, sobretudo no que se refere ao contar: o narrador parece buscar, de certa forma, imparcialidade ao narrar, ao ter e deter a palavra. Todavia, essa imparcialidade é aparente e se desconstrói na tessitura de cada texto. Para Hansen (1989), em *A hora da estrela*,

> O contínuo desnudamento do processo como inépcia tem ... justamente a função de evidenciar os limites da prática do narrador, eviden-

ciando-lhes a convenção da competência letrada enquanto evidencia a incompetência da sua convenção. (p.112)

A inépcia que corporifica a fala e a função do narrador evidencia a atuação desse mesmo narrador perante o fato a ser narrado, as personagens, o autor empírico, enfim, as posições discursivas que o circundam. Todavia, precisar "os limites da prática do narrador" parecer ser, em certo sentido, uma questão problemática, na medida em que o narrador de *A hora de estrela* instala(-se em) uma posição conflituosa, para a qual as vozes de autor empírico, autor textual, personagens convergem, caracterizando uma tessitura ambivalente e problemática. Conseqüentemente, esse mesmo desdobramento de vozes acentua o paradoxo que permeia a posição do narrador – a (im)possibilidade de se contarem os fatos: na apresentação dos fatos (possibilidade), tem-se uma construção verbal encenada e que denuncia sua própria encenação (impossibilidade).

Em princípio, esse desdobramento de vozes em "Miss Algrave" parece não ser tão acirrado quanto o que se apresenta em *A hora da estrela*. Todavia, se considerarmos a noção de "realismo simulado", podemos afirmar que ecoa, na/a partir da voz do narrador, a (im)possibilidade discursiva, que aponta o texto como uma representação falaciosa: a partir da saturação do "realismo" em "Miss Algrave", tem-se um transbordamento das características das personagens e, sobretudo, do narrar. Investigando o papel do narrador e as questões a ele relacionadas, vemos que o motivo do atropelamento ainda deve ser mais bem explorado na produção clariciana, em especial se considerarmos a polifonia como uma característica pertinente à prosa da autora.

Assim, considerando o modo como o atropelamento se apresenta nesses textos, notamos que o desdobramento da voz narrativa, ou seja, a relação entre narrador, personagem, autor textual e autor empírico propicia a investigação de recursos recorrentes na poética de Clarice Lispector. A "confusão de escrituras" faz-se presente na medida em que há a repetição, com diferença, de motivos e de procedimentos, instaurando a escritura em processo. De certa forma,

"Miss Algrave" pode ser considerado um texto em que Clarice coloca, na cena discursiva, procedimentos já utilizados em outros textos – por exemplo, a atuação do narrador, ou seja, o modo como os acontecimentos são apresentados por ele, ora aproximando-se, ora distanciando-se das personagens e de seus juízos de valor – e que, também, seriam representados/reapresentados singularmente em outros textos, como em *A hora da estrela*. Nesse sentido, podemos afirmar que, na relação com *A hora da estrela*, "Miss Algrave" apresenta-se como um texto em processo, em "germinação" (Helena, s.d., p.7). O narrador, portanto, ao evidenciar seu posicionamento diante da possibilidade de atropelamento/morte de Ruth Algrave – "Se isso acontecesse teria sido horrível porque nada lhe aconteceria de noite" (p.17) –, questiona o próprio narrar, a maneira como atua no palco da narrativa, na medida em que há um "apontamento", por parte do narrador, ao fatídico encontro de Ruth com Ixtlan e, assim, ao assunto que fomenta o texto. À medida que as ações se desenvolvem, o narrador permite que observemos que ele detém um saber que Ruth e nós, leitores, ainda desconhecemos: "Estava assim deitada na cama com a sua solidão. O embora." (p.19). Esse fato relaciona-se à transformação da protagonista, ao seu ritual de metamorfose: "Era maio. As cortinas se balançavam à brisa dessa noite tão singular. Singular por quê? Não sabia" (p.18).

O ritual de transformação de Ruth é apresentado por meio do diálogo entre essa personagem e Ixtlan. Estabelece-se, então, um eixo conflituoso em relação ao contar, ao narrar, perpassado pela relação entre "verdade"/"mentira", entre "realidade"/"ficção": Miss Algrave, que "era sujeita a julgamento" e "por isso não contou nada a ninguém" (p.15), tem o seu encontro evidenciado por meio do discurso direto (diálogo) e, ainda, dos comentários pontuais do narrador em relação aos fatos, às suas atitudes. Nesse ponto – o encontro com o "outro" – o narrador dá a voz às personagens, não se abstendo, porém, de evidenciar o seu juízo de valor, por meio do modo como narra a história:

Foi então que aconteceu.

Sentiu que pela janela entrava uma coisa que não era um pombo. Teve medo. Falou bem alto:

– Quem é?

E a resposta veio em forma de vento:

– Eu sou um eu.

– Quem é você? perguntou trêmula.

– Vim de Saturno para amar você.

– Mas eu não estou vendo ninguém! gritou.

– O que importa é que você está me sentindo.

E sentia-o mesmo. Teve um frisson eletrônico.

– Como é que você se chama? perguntou com medo.

– Pouco importa.

– Mas quero chamar seu nome!

– Chame-me de Ixtlan.

Eles se entenderam em sânscrito. Seu contato era frio como o de uma lagartixa, dava-lhe calafrios. Ixtlan tinha sobre a cabeça uma coroa de cobras entrelaçadas, mansas pelo terror de poder morrer. O manto que cobria o seu corpo era da mais sofrida cor roxa, era ouro mau e púrpura coagulada.

Ele disse:

– Tire a roupa.

Ela tirou a camisola. A lua estava enorme dentro do quarto. Ixtlan era branco e pequeno. Deitou-se ao seu lado na cama de ferro. E passou as mãos pelos seus seios. Rosas negras.

Ela nunca tinha sentido o que sentiu. Era bom demais. Tinha medo que acabasse. Era como se um aleijado jogasse no ar o seu cajado.

Começou a suspirar e disse para Ixtlan:

– Eu te amo, meu amor! meu grande amor!

É – é, sim. Aconteceu. Ela queria que não acabasse nunca. Como era bom, meu Deus. Tinha vontade de mais, mais e mais.

Ela pensava: aceitai-me! Ou então: "Eu me vos oferto". Era o domínio do "aqui e agora". (p.19-21)

O tom aparentemente imparcial do narrador parece ser desestabilizado por uma tentativa de reafirmação e de ratificação dos fatos ("É – é, sim. Aconteceu"). O modo como o narrador relata os acontecimentos adquire, sobretudo no encontro de Ruth e Ixtlan, caráter de auto-referencialidade e, por conseqüência, de auto-reflexividade em relação ao narrar, ao contar, já que não parece haver um nivelamento dos saberes de narrador, de personagem e de leitor, por exemplo. O narrador conduz a apresentação dos fatos, e, nessa mesma apresentação, afasta-se e/ou aproxima-se das personagens, lançando comentários ao longo da narração que permitem observarmos esse desnivelamento de saberes: "Miss Algrave sentia-se muito feliz, embora... Bem, embora" (p.17-8); "Era maio. As cortinas se balançavam à brisa dessa noite tão singular. Singular por quê? Não sabia." (p.18).

A partir da atuação do narrador e dessa disparidade de saberes, problematizam-se linguagem, o modo de representação do real, por meio da focalização de personagens grotescas e da relação "sagrado"/"profano", ou seja, do modo como se tece a história por meio do realismo encenado. A ambivalência característica do corpo grotesco perpassa a caracterização das personagens, de modo que concilie aspectos supostamente irreconcialiáveis, o "sagrado" e o "profano", o "real" e o "irreal", o "verossímil" e o "inverossímil".

O encontro de Ruth e Ixtlan conjuga dois eixos de sentido: na fábula, aproximam-se pólos opostos, sagrado-profano, profano-sagrado ("Eles se entendiam em sânscrito"). Na fabulação, engendra-se um apontamento em relação à tessitura narrativa, ao modo como o texto se apresenta. Destacam-se, assim, os adjetivos, que suscitam a focalização singular em relação aos acontecimentos, o estilo de Clarice Lispector ao empenhar em sua prosa "o esforço de invenção da linguagem" (Candido, 1988): "O manto que cobria o seu corpo era da mais sofrida cor roxa, era ouro mau e púrpura coagulada".

O modo como se apresenta o encontro evidencia os aspectos carnais, corporais, ao mesmo tempo que propicia um caráter "divino" a ele: "Eu me vos oferto". Em conseqüência desse encontro sagrado-profano, profano-sagrado, Ruth é apresentada de modo diferente, pois "Deus iluminava o seu corpo" (p.22). Percorre o seu caminho diário, sua *via crucis* cotidiana, em direção ao seu oposto:

> Ela não foi à Igreja. Era mulher realizada. Tinha marido.
>
> Então, no domingo, na hora do almoço, comeu filet mignon com purê de batata. A carne sangrenta era ótima. E tomou vinho tinto italiano. Era mesmo privilegiada. Fora escolhida por um ser de Saturno.
>
> Tinha lhe perguntado por que a havia escolhido. Ele dissera que era por ela ser ruiva e virgem. Sentia-se bestial. Não tinha mais nojo de bichos. Eles que se amassem, era a melhor coisa do mundo. E ela esperaria por Ixtlan. Ele voltaria: eu sei, eu sei, eu sei, pensava ela. Também não tinha mais repulsa pelos casais do Hyde Park. Sabia como eles se sentiam. (p.22)

Miss Algrave, então "com marido", mostra-se, a partir do encontro, ambivalentemente: "Era agora imprópria para menores de dezoito anos. E se deleitava, babava-se de gosto nisso" (p.23). Os seus aspectos corporais, os seus desejos são salientados por meio da oscilação da perspectiva do narrador, que cede a sua palavra à personagem:

> Pensou: será que ele gostaria de mim porque sou um pouco estrábica? Na próxima lua cheia perguntaria a ele. Se fosse por isso, não tinha dúvida: forçaria a mão e se tornaria completamente vesga. Ixtlan, tudo o que você quiser que eu faça, eu faço. Só que morria de saudade. Volte, my love.
>
> Sim. Mas fez uma coisa que era traição. Ixtlan a compreenderia e a perdoaria. Afinal de contas, a pessoa tinha de dar um jeito, não tinha? (p.22)

Lucia Helena, em um texto de 1974, diferenciando-se da posição tradicional acerca de *A via crucis do corpo*, afirma que, neste livro,

> onde se encontra a tensão da palavra e da não-palavra, como nas demais obras da autora, é constante a tentativa de, pelo ato de comer e de beber (fecundação, projeção para dentro de si etc.) participar e captar o mundo através dos sentidos. (p.7)

A focalização do narrador em relação à personagem, dada pelo destaque às ações e características relacionadas ao "corpo", permite que observemos o modo como se instaura, no *dizer* e no *fazer*, um movimento de elaboração poética (auto-)referencial e (auto-)reflexivo. Assim como em outros textos, a tensão polifônica oriunda da oscilação de vozes do narrador e da personagem instaura, nesse texto, a problematização do narrar. Essa estruturação metalingüística, ou seja, o apontamento em relação ao narrar é enfatizado por meio do realismo encenado e dos registros discursivos (pontuação, adjetivação, ordem dos sintagmas). A ambivalência é pertinente não somente à caracterização das personagens e de suas ações (fábula), mas também à sua discursivização: "Afinal de contas, a pessoa tinha de dar um jeito, não tinha?" corresponde a uma fala do narrador ou da personagem? Ou, ainda, constitui-se uma sobreposição de perspectivas deles, dada por meio do discurso indireto livre, de modo que aponte uma (calculada) proximidade do narrador em relação à protagonista?

O erotismo encenado de *A via crucis do corpo* destaca-se, inclusive, a partir da atuação do narrador, de modo que, ao serem apresentados os fatos e as características da personagem, esta se mostre atuando, em seu outro papel, pois ela "não ia mais trabalhar como datilógrafa, tinha outros dons", "resolveu-se":

> Na segunda-feira de manhã resolveu-se: não ia mais trabalhar como datilógrafa, tinha outros dons. Mr. Clairson que se danasse. Ia era ficar mesmo nas ruas e levar homens para o quarto. Como era boa de cama, pagar-lhe-iam muito bem. Poderia beber vinho italiano todos os dias. Tinha vontade de comprar um vestido bem vermelho com o dinheiro que o cabeludo lhe deixara. Soltara os cabelos bastos que eram uma beleza de ruivos. Ela parecia um uivo.
>
> Aprendera que valia muito. Se Mr. Clairson, o sonso, quisesse que ela trabalhasse para ele, teria que ser de outro bom modo.
>
> Antes compraria o vestido vermelho decotado e depois iria ao escritório chegando de propósito, pela primeira vez na vida, bem atrasada. E falaria assim com o chefe:
>
> – Chega de dalitografia! Você que não me venha com uma de sonso! Quer saber de uma coisa? deite-se comigo na cama, seu desgraçado! e tem mais: me pague um salário alto por mês, seu sovina!

> Tinha certeza de que ele aceitaria. Era casado com uma mulher pálida e insignificante, a Joan, e tinha uma filha anêmica, a Lucy. Vai é se deliciar comigo, o filho de uma cadela.
>
> E quando chegasse a lua cheia – tomaria um banho purificador de todos os homens para estar pronta para o festim com Ixtlan. (p.24-5)

Como podemos notar a partir da transcrição desses parágrafos, os últimos do texto, "Miss Algrave", texto e protagonista, assim como o narrador, *atuam* no palco escritural – o texto em processo. Essa atuação é conduzida não somente pelo que se narra, mas, sobretudo, pelo modo *como* se narra. Há uma oscilação polifônica que indicia a assunção de vocábulos, de frases peculiares ao paradigma do profano – "deite-se comigo na cama, seu desgraçado!", "Vai é se deliciar comigo, o filho de uma cadela". Ao mesmo tempo, há alusão à purificação, ao sagrado, ao encontro com Ixtlan: "Tomaria um banho purificador de todos os homens para estar pronta para o festim com Ixtlan". Assim, a ambivalência característica do corpo grotesco reverbera na estruturação do texto, na medida em que se conciliam, em um mesmo espaço discursivo, o sagrado e o profano, o espiritual e o carnal, o mesmo e o outro. Por exemplo, o encontro com Ixtlan é sagrado e profano, é um festim purificador. Ruth, que parece ter relações com outros homens e parece ser boa de cama, considera-se a esposa de Ixtlan, de quem morre de saudades.

Desse modo, os tempos verbais propiciam a intensificação da relação, do jogo entre o "ser" e o "parecer", concatenado pela perspectiva do narrador. Há tom hipotético nas frases, que aludem a atitudes "profanas" que a personagem supostamente teria. E, também, há o discurso direto, que permite à protagonista explicitar seu estado, por meio de frases sustentadas pelo realismo encenado. Observamos, pois, tanto a trajetória da protagonista, que, em sua ambivalente metamorfose, assume papéis distintos (esposa e prostituta), quanto a trajetória do próprio texto, como encenação do realismo transbordado. Tem-se, portanto, a encenação na/da fábula – que é tensionada pela estranheza grotesca de Ixtlan, o ser de Saturno, e pela relação entre "verdade"/"mentira" ao se relatar os fatos – e na/

da fabulação, a partir do momento em que o narrar é evidenciado, por meio do posicionamento do narrador diante das personagens, dos fatos. A perturbação do narrar é enfatizada pela alternância das vozes de narrador e de personagens, pela ironia que perpassa a caracterização das personagens, pela assunção de vocábulos, de um estilo aparentemente "chulo", que, por sua vez, engendram a autoreferencialidade do texto, a (dis)simulação do erotismo. O tom aparentemente pornográfico corporifica-se num procedimento discursivo que evidencia o texto como encenação, a escrita como "processo performático" (Franco Junior, 1999, p.120).

Essa encenação, por sua vez, propicia que o pólo receptivo atribua um efeito cômico ao texto ("será que ele gosta de mim porque sou um pouco estrábica?" – p.22), na medida em que há o transbordamento, condizente à focalização do corpo grotesco, que reverbera na discursivização por meio do "procedimento *mise-en-abyme*" (Helena, s.d., p.1). Assim, esse efeito cômico é permeado por uma construção textual que transborda, que se evidencia como simulação, encenação de uma "realidade inventada". Essa "realidade inventada" resulta da relação "verdade"/"mentira" instaurada no/a partir do próprio narrar. O narrador em terceira pessoa, ao mesmo tempo que "esforça-se" para apresentar os fatos com aparente objetividade (parecer verdade), deixa-se ver na condição de ator do espetáculo escritural, evidenciando outra realidade – a do discurso (ser mentira). Isso pode ser observado, sobretudo, nos últimos parágrafos do texto, em que, na caracterização da personagem grotesca, distintos modos e tempos verbais ecoam pelas vozes de narrador e da protagonista.

Em relação ao efeito cômico que, num primeiro momento, pode ser vislumbrado no texto, Vilma Arêas (1997) afirma que:

> "Miss Algrave" é um conto perfeitamente elaborado segundo a convenção cômica, desde a construção da personagem com sua idéia fixa pureza revirada pelo avesso pelo despertar instantâneo da sensualidade (como numa comédia do cinema mudo) com o aparecimento do ser de Saturno, Ixtlan, nome naturalmente inspirado pelo título de Castañeda

> *Viagem a Ixtlan*, que fazia furor no Rio àquela época. O cenário da trama, uma Londres "onde os fantasmas existem nos becos escuros", segundo a melhor tradição de uma certa narrativa de segundo time, de algum modo justifica e acolhe Ixtlan na construção ficcional, se não bastasse para tanto a elasticidade do cômico. (p.152)

O cômico, segundo nossa perspectiva, mostra-se como um dos efeitos resultantes do realismo encenado. Porém, não é o único. Caso se associe, simplesmente, esse texto à comicidade, ou, de certa maneira, à "narrativa de segundo time", a ambivalência constitutiva do texto não seria contemplada. A comicidade é, portanto, um dos elementos que revelam a construção auto-referencial do texto em seu realismo encenado, a atuação de narrador, personagens, texto no palco escritural.

A tensão resultante da relação fábula/fabulação pode ser notada, também, em outros textos do livro. Em "Mas vai chover" (p.95-100), a oscilação da posição do narrador e das posições das personagens é evidenciada pelo modo como se tece a história, como o narrar é abordado na relação entre o *dizer* e o *fazer*. O narrar é relacionado ao escrever/inscrever um texto, como apresentação de fatos da realidade, porém, de maneira (dis)simulada. Tem-se, novamente, um narrador em terceira pessoa que se incumbe de relatar, com suposta objetividade, o relacionamento dos protagonistas Maria Angélica e Alexandre. Logo nos primeiros parágrafos, lemos:

> Maria Angélica de Andrade tinha sessenta anos. E um amante, Alexandre, de dezenove anos.
>
> Todos sabiam que o menino se aproveitava da riqueza de Maria Angélica. Só Maria Angélica não suspeitava.
>
> Começou assim: Alexandre era entregador de produtos farmacêuticos e tocou a campainha da casa de Maria Angélica. Esta mesma abriu a porta. E deparou-se com um jovem forte, alto, de grande beleza. Em vez de receber o remédio que encomendara e pagar o preço, perguntou-lhe, meio assustada, com a própria ousadia, se não queria entrar para tomar um café. Alexandre espantou-se e disse que não, obrigado. Mas ela insistiu. Acrescentou que tinha bolo também.

> O rapaz hesitava, visivelmente constrangido. Mas disse:
> – Se for por pouco tempo, entro, porque tenho que trabalhar.
> Entrou. Maria Angélica não sabia que já estava apaixonada. Deu-lhe uma grossa fatia de bolo e café com leite. Enquanto ele comia pouco à vontade, ela embevecida o olhava. Ele era a força, a juventude, o sexo há muito tempo abandonado. O rapaz acabou de comer e de beber, e enxugou a boca com a manga da camisa. Maria Angélica não achou que fossem maus modos: ficou deliciada, achou-o natural, simples, encantador. (p.95-6)

Como em outros textos, o narrador apresenta-se como o responsável pela condução do ato narrativo, pela apresentação dos fatos, tal como (supostamente) aconteceram: "Começou assim". Todavia, a partir da fala do narrador, evidencia-se uma incongruência entre o "saber" da protagonista e o "saber" do narrador, e, assim, do leitor: "Todos sabiam que o menino se aproveitava da riqueza de Maria Angélica. Só Maria Angélica que não suspeitava". O "saber" do narrador, ao longo do texto, relacionado à apresentação do corpo grotesco, mostra-se índice de seu distanciamento em relação à personagem e, assim, à sua própria função: o narrar, o contar. Ao mesmo tempo que se constrói esse gradual distanciamento, o narrador apresenta-se, também, como escritor, conciliando, em seu discurso, fala e escrita. Essa oscilação da perspectiva do narrador pode ser mais bem observada no momento em que Maria Angélica tenta seduzir Alexandre:

> Convidou-o a percorrer o bem decorado apartamento deixando-o embasbacado. Levou-o a seu quarto. Não sabia como fazer para que ele a entendesse. Disse-lhe então:
> – Deixe eu lhe dar um beijinho!
> O rapaz se espantou, estendeu-lhe o rosto. Mas ela alcançou bem depressa a boca e quase a devorou.
> – Minha senhora, disse o menino nervoso, por favor se controle! A senhora está passando bem?
> – Não posso me controlar! Eu te amo! Venha para a cama comigo!
> – Tá doida?!
> – Não estou doida! Ou melhor: estou doida por você! gritou-lhe enquanto tirava a coberta roxa da grande cama de casal.

> E vendo que ele nunca entenderia, disse-lhe morta de vergonha:
> – Venha para a cama comigo...
> – Eu?!
> – Eu lhe dou um presente grande! Eu lhe dou um carro!
> Carro? Os olhos do rapaz faiscaram de cobiça. Um carro! Era tudo o que desejava na vida. Perguntou desconfiado:
> – Um karmann-ghia?
> – Sim, meu amor, o que você quiser!
> O que se passou em seguida foi horrível. Não é necessário saber. Maria Angélica – oh, meu Deus, tenha piedade de mim, me perdoe por ter que escrever isto! – Maria Angélica dava gritinhos na hora do amor. E Alexandre tendo que suportar com nojo, com revolta. Transformou-se num rebelado para o resto da vida. Tinha a impressão de que nunca mais ia poder dormir com uma mulher. O que aconteceria mesmo: aos vinte e sete anos ficou impotente. (p.97-8)

Os registros discursivos utilizados apontam, de certa maneira, para um posicionamento em se relatar "fielmente" os acontecimentos, tal como ocorreram "na realidade". Contudo, a partir do momento em que o narrador evidencia seu "saber", ou seja, sua posição como aquele que detém a palavra, há um desdobramento polifônico que relaciona esse narrador-escritor (ou narradora-escritora?) às instâncias autorais: autor textual e autor empírico. "Oh, meu Deus, tenha piedade de mim, me perdoe por ter que escrever isto!" é uma oração que, em sua auto-referencialidade, concatena um eixo de sentidos recorrente em *A via crucis do corpo*: a problematização do narrar e a função/posição do escritor no mercado, no sistema literário. Assim, ao mesmo tempo que o narrador se apresenta na função de relatar os acontecimentos, tem-se um desdobramento discursivo que se engenha a partir dos registros discursivos e da caracterização das personagens sob o prisma do realismo transbordado, grotesco.

A relação "saber"/"não-saber" molda a narrativa, à medida que o narrador apresenta os acontecimentos e utiliza-se, para sua caracterização, de vocábulos específicos ("Alex", "pimpão", "penosamente" etc.):

> Maria Angélica mal acreditava na sua sorte. Pouco se importava com as criadas que quase riam na sua cara.
>
> Uma amiga sua advertiu-lhe:
>
> – Maria Angélica, você não vê que o rapaz é um pilantra? que está explorando você?
>
> – Não admito que você chame Alex de pilantra! E ele me ama!
>
> Um dia Alex teve uma ousadia. Disse-lhe:
>
> – Vou passar uns dias fora do Rio com uma garota que conheci. Preciso de dinheiro.
>
> Foram dias horríveis para Maria Angélica. Não saiu de casa, não tomou banho, mal se alimentou. Era por teimosa que ainda acreditava em Deus. Porque Deus a abandonara. Ela era obrigada a ser penosamente ela mesma.
>
> Cinco dias depois ele voltou, todo pimpão, todo alegre. Trouxe-lhe de presente uma lata de goiabada-cascão. Ela foi comer e quebrou um dente. Teve que ir ao dentista para pôr um dente falso.
>
> E a vida corria. As contas aumentavam. Alexandre exigente. Maria Angélica aflita. Quando fez sessenta e um anos de idade ele não apareceu. Ela ficou sozinha diante do bolo de aniversário. (p.98-9)

A relação entre "saber" e "não-saber" tensiona a relação entre "verdade"/"mentira" que se instala no narrar. O narrador, em seu papel de relatar os acontecimentos, por um lado, manifesta o cuidado meticuloso na apresentação dos fatos e na caracterização das personagens ("E a vida corria. As contas aumentavam. Alexandre exigente. Maria Angélica aflita"), marcando suas ações temporal e espacialmente ("Cinco dias depois ele voltou"). Por outro, ao longo do texto, o narrador projeta um olhar irônico na focalização das personagens, no transbordamento grotesco. Permite que se visualizem, no texto como encenação, os distintos papéis que ele (narrador) assume: contar os fatos – simular um relato fiel dos fatos (parecer verdade) –; ironizar os fatos, instaurando uma tensão na voz narrativa, no engendramento do texto – descontar (ser mentira). Como exemplo desse jogo de (dis)simulação instalado na construção da história, têm-se os parágrafos finais do texto:

Então – então aconteceu.

Alexandre lhe disse:

– Preciso de um milhão de cruzeiros.

– Um milhão? espantou-se Maria Angélica.

– Sim!, respondeu irritado, um bilhão antigo!

– Mas... mas eu não tenho tanto dinheiro...

– Venda o apartamento, então, e venda o seu Mercedes, dispense o chofer.

– Mesmo assim não dava, meu amor, tenha piedade de mim!

O rapaz enfureceu-se:

– Sua velha desgraçada! sua porca, sua vagabunda! Sem um bilhão não me presto mais para as suas sem-vergonhices.

E num ímpeto de ódio, saiu batendo a porta de casa.

Maria Angélica ficou ali de pé. Doía-lhe o corpo todo.

Depois foi devagar sentar-se no sofá da sala. Parecia uma ferida de guerra. Mas não havia Cruz Vermelha que a socorresse. Estava quieta, muda. Sem palavra nenhuma a dizer.

– Parece – pensou – parece que vai chover. (p.99-100)

Em relação ao assunto do texto, podemos afirmar que se focalizam, de certo modo, o relacionamento amoroso, os desejos, o sexo, a velhice, as convenções sociais etc. Entretanto, esses assuntos são enredados a partir de uma construção textual encenada, em que, sob o molde de uma narrativa tradicional e linear, há a atuação de narrador, personagem e, inclusive, do próprio texto.

Considerando a trajetória da protagonista, notamos que há uma transformação desta em direção a uma situação distinta, em que parece se aflorar outra condição, outro conjunto de valores, e, até mesmo, outro saber: "Parecia uma ferida de guerra. Mas não havia Cruz Vermelha que a socorresse. Estava quieta, muda. Sem palavra nenhuma a dizer" (p.99-100). Instaura-se, portanto, a relação entre o "eu" e o "outro", acentuada na trajetória da protagonista, a partir do encontro com Alexandre. A mudez de Maria Angélica revela-se, de certa forma, num parâmetro para que uma mudança seja aparentemente visualizada. Se antes não possuía um saber ("Todos sabiam que o menino se aproveitava da riqueza de Maria Angélica. Só Maria Angélica não suspeitava.", p.95), nesse momento suscita-se a assunção de outra condição: a de saber e de compreender os fatos.

A última oração do texto permite que a trajetória de Maria Angélica seja visualizada de modo ambivalente. Mesmo havendo uma meticulosa apresentação dos fatos, com marcação de pessoa, tempo e espaço, o desfecho do conto não é fechado; é múltiplo. Representa, pois, um momento em que a fábula e a fabulação evidenciam o texto como uma construção estético-narrativa meticulosamente encenada sob os moldes de um sistema tradicional de representação. O texto, na qualidade de encenação, parece ser um conto tradicional – com situação inicial, complicação e desfecho, com marcação de pessoa, tempo e espaço. Porém, torna-se uma construção híbrida, ambivalente, na medida em que as vozes de narrador (autor textual e autor empírico) e personagens são tensionadas por meio da polifonia, dos registros discursivos, e do realismo transbordado que ressalta as características grotescas das personagens. Como resultado, tem-se um processo de auto-referencialidade discursiva, em que o texto se constrói e é construído, ao mesmo tempo que aponta sua construção.

Como temos observado, esses são recursos recorrentes em *A via crucis do corpo*, que corporificam a obra como projeto literário singular, instaurado no/por meio do procedimento de (dis)simulação. Os enredos, as histórias dos textos focalizados nesse "Terceiro Ato" simulam a adequação aos limites de uma narrativa linear e progressiva. E, a partir dessa mesma encenação, desestabilizam esses mesmos limites. Esse procedimento pode ser observado, também, em "Praça Mauá" (p.79-84).

Nesse texto, o narrador em terceira pessoa focaliza Luísa, cujo "nome de guerra era Carla" (p.79), e que trabalha num cabaré da Praça Mauá, chamado "Erótica":

> Carla era dançarina no "Erótica". Era casada com Joaquim que se matava de trabalhar como carpinteiro. E Carla "trabalhava" de dois modos: dançando meio nua e enganando o marido.
>
> Carla era linda. Tinha dentes miúdos e cintura fininha. Era toda frágil. Quase não tinha seios mas tinha quadris bem torneados. Levava

> uma hora para se maquilar: depois parecia uma boneca de louça. Tinha trinta anos mas parecia muito menos.
>
> Não tinha filhos. Joaquim e ela não se ligavam. Ele trabalhava até as dez horas da noite. Ela começava a trabalhar exatamente às dez. Dormia o dia inteiro. (p.79)

"Praça Mauá" pode ser relacionado a "Ele me bebeu", uma vez que as personagens se assemelham – assim como Aurélia, Carla (Luísa) é apresentada em seu corpo grotesco – e entram em conflito com "homem que não era homem" (p.81), respectivamente, Serjoca e Moleirão (Celsinho). Na focalização das personagens, evidenciam-se suas características relacionadas aos desejos, ao corpo. Porém, sob o prisma da tensão "parecer"/"ser", do fingimento:

> Era chamada a beber com os fregueses. Recebia comissão pela garrafa de bebida. Escolhia a mais cara. E fingia beber: não era de álcool. Fazia era o freguês se embebedar e gastar. Era tedioso conversar com eles. Eles a acariciavam, passavam a mão pelos seus mínimos seios. E ela de biquíni, cintilante. Linda.
>
> De vez em quando dormia com um freguês. Pegava o dinheiro, guardava-o bem guardadinho no sutiã e no dia seguinte ia comprar roupas. Tinha roupas que não acabavam mais. Comprava *blue-jeans*. E colares. Uma multidão de colares. E pulseiras, anéis.
>
> Às vezes, só para variar, dançava de *blue-jeans* e sem sutiã, os seios se balançando entre os colares faiscantes. Usava uma franjinha e pintava junto dos lábios delicados um sinal de beleza feito com lápis preto. Era uma graça. Usava longos brincos pendendes, às vezes de pérolas, às vezes de falso ouro. (p.80, grifo da autora)

Como Aurélia, Carla é focalizada em sua artificialidade, em seu "parecer". Assim como observamos em outras personagens, a descrição apresentada pelo narrador acerca de Carla utiliza-se de vocábulos que tangenciam o *kitsch* – conforme apresentado por Franco Junior (1999) –, acentuando, por conseqüência, a tensão "ser"/"parecer". Moleirão (Celsinho) também é focalizado da mesma forma:

> Celsinho era filho de família nobre. Abandonara tudo para seguir a sua vocação. Não dançava. Mas usava batom e cílios postiços. Os marinheiros da Praça Mauá adoravam-no. E ele se fazia de rogado. Só cedia em última instância. E recebia em dólares. Investia o dinheiro trocado no câmbio negro no Banco Halles. Tinha muito medo de envelhecer e de ficar ao desamparo. E mesmo porque travesti velho era uma tristeza. Para ter força tomava diariamente dois envelopes de proteína em pó. Tinha quadris largos e, de tanto tomar hormônio, adquirira um *fac-simile* de seios. O nome de guerra de Celsinho era Moleirão. (p.81, grifo da autora)

> Celsinho tinha adotado uma meninazinha de quatro anos. Era-lhe uma verdadeira mãe. Dormia pouco para cuidar da menina. A esta não faltava nada: tinha tudo do bom e do melhor. E uma babá portuguesa. Aos domingos Celsinho levava Claretinha ao Jardim Zoológico, na Quinta da Boa Vista. E ambos comiam pipocas. E davam comida aos macacos. (p.81-2)

A focalização de Celsinho denuncia a oposição que ronda Moleirão e Carla. Celsinho, no papel de mãe e de dona-de-casa, tem uma filha adotiva; Carla, não desempenha esse papel: em sua residência, tem um gato chamado Leléu, mas "mal tinha tempo para cuidar do bicho: ora estava dormindo, ora dançando, ora fazendo compras" (p.82). Joaquim, que "mal via Luísa" e "recusava-se a chamá-la de Carla" (p.82), parece saber do trabalho da esposa. Contudo, o narrador, ao apresentar a informação de que a empregada, Silvinha, "sabia de tudo mas mantinha bico calado" (p.83), instaura uma ambigüidade, oriunda da relação "parecer"/"ser", "mentira"/ "verdade", que atravessa todo o tecido ficcional. Essa relação, por sua vez, é intensificada no momento em que uma terceira personagem, "um homem alto e de ombros largos", "grandalhão" (p.83), é desejada por Carla e Moleirão:

> Quando a dança acabou e Carla voltou a sentar-se junto de Moleirão, este mal se continha de raiva. E Carla inocente. Não tinha culpa de ser atraente. E o homem grandalhão bem que lhe agradara. Disse para Celsinho:

– Com este eu ia para a cama sem cobrar nada.

Celsinho calado. Eram quase três horas da madrugada. O "Erótica" estava cheio de homens e de mulheres. Muita mãe de família ia lá para se divertir e ganhar um dinheirinho.

Então Carla disse:

– É bom dançar com um homem de verdade.

Celsinho pulou:

– Mas você não é mulher de verdade!

– Eu? como é que não sou? espantou-se a moça que nesta noite estava vestida de preto, um vestido longo e de mangas compridas, parecia uma freira. Fazia isso de propósito para excitar os homens que queriam mulher pura.

– Você, vociferou Celsinho, não é mulher coisa alguma! Nem ao menos sabe estalar um ovo! E eu sei! eu sei! eu sei! (p.83-4)

A oposição entre Moleirão (Celsinho) e Carla é apresentada a partir da desestabilização do "parecer" em direção ao "ser", de modo que Carla passe a se olhar de outro modo, virtualmente em outra função social – como Luísa: mulher, esposa, dona-de-casa, mãe –, sob a qual, contraditoriamente, Celsinho se manifestava: "Tinha adotado uma meninazinha de quatro anos. Era-lhe uma verdadeira mãe. Dormia pouco para cuidar da menina. A esta não faltava nada" (p.81-2). A tensão referente ao jogo entre "parecer" e "ser", assumido de distintas maneiras por Celsinho e Luísa, refrata-se na focalização desta, no vislumbre de sua condição:

Carla virou Luísa. Branca, perplexa. Tinha sido atingida na sua feminilidade mais íntima. Perplexa, olhando para Celsinho que estava com cara de megera.

Carla não disse uma palavra. Ergueu-se, esmagou o cigarro no cinzeiro e, sem explicar a ninguém, largando a festa no seu auge, foi embora.

Ficou de pé, de preto, na Praça Mauá, às três horas da madrugada. Como a mais vagabunda das prostitutas. Solitária. Sem remédio. Era verdade: não sabia fritar um ovo. E Celsinho era mais mulher que ela.

> A praça estava às escuras. E Luísa respirou profundamente. Olhava os postes. A praça vazia.
>
> E no céu as estrelas. (p.84)

A Praça Mauá corresponde tanto ao espaço físico em que se desenvolvem as ações cotidianas de Carla, no "Erótica", quanto a um espaço em que o vislumbrar da personagem se manifesta: "Como a mais vagabunda das prostitutas. Solitária. Sem remédio. Era verdade: não sabia fritar um ovo. E Celsinho era mais mulher que ela". O título do texto adquire a função de revelar a transformação da personagem, suscitada a partir da focalização da personagem em seu corpo grotesco, postiço, em sua solapada feminilidade.

A apresentação dos fatos também reforça as relações "ser"/"parecer", "verdade"/"mentira", à medida que o narrador se utiliza de frases curtas e enfáticas condizentes a uma aparente objetividade na apresentação dos fatos. A ambigüidade inerente à caracterização grotesca das personagens – Celsinho-Moleirão, Luísa-Carla – reforça a aparência delas, ao desempenharem/simularem seus papéis no cabaré "Erótica" e em suas residências. O desfecho da narrativa, com a frase pontual do narrador que encerra o texto ("E no céu as estrelas"), enfatiza o conflito da protagonista, de modo que projete o olhar desta em relação à sua própria condição. Pode-se afirmar que há um caráter disfórico nesse desfecho, na medida em que não há índice para efetiva, concreta modificação da personagem: não se sabe qual atitude Luísa-Carla irá tomar, qual papel irá desempenhar. É nesse sentido que podemos afirmar que textos de *A via crucis do corpo* se sustentam sob os moldes de uma narrativa tradicional – com marcação de pessoa, tempo e espaço, com enredo progressivamente apresentado. Porém, perturbando esses mesmos moldes: os desfechos desses textos, embora disfóricos, oferecem sentidos múltiplos; ficam em aberto, evidenciando, assim, o texto em processo.

A construção da história, o modo como as personagens são focalizadas nesses textos de *A via crucis do corpo* permite que visualizemos, da perspectiva de leitores-espectadores, o modo de narrar. Isto é, o *modo de escrever* de Clarice Lispector, que, por meio da (dis)simulação, "leva adiante o jogo de escrever como quem não quer, mas faz; que recusa, mas aceita" (Gotlib, 1995, p.417). Observar o modo como se engenha tanto a simulação de um "texto programado", quanto a desestabilização desse mesmo paradigma (dissimulação), a partir dos seus próprios pressupostos, implica, por conseqüência, a observação do modo como a palavra (fala-escrita) articula(m)-se em/por meio de um discurso híbrido, em que não somente o *dizer* e o *fazer*, mas o *dizer* e o *falar* se tensionam:

> Consciente da precariedade e finitude da condição humana, herdeiro de Nietzsche, ... o escritor procura dizer nos abismos da estrutura. E o que ele diz ultrapassa o nível da língua, que apenas fala. O que ele diz toma consciência da arbitrariedade dos signos da língua, mediadores entre o homem e a realidade. O que ele diz "adivinha" uma outra realidade e nela opera artisticamente.
>
> ... Sem deslocar-se da escrita poética para o discurso filosófico, Clarice trabalha a problemática da metafísica. Submetido a uma determinação condicionadora, o sistema de signos da língua, ao ser utilizado na literatura, manifesta as contradições e os dualismos que funcionam como sustentáculo do pensamento metafísico. Este é o nível em que a autora nos dá o "falar" (sem o sentido da "parole"). Mas, ao trabalhar a problemática metafísica em seu discurso poético, Clarice indica que a "verdadeira palavra", o "dizer" de sua obra, está oculto. (Helena, 1974, p.7)

O "falar", em *A via crucis do corpo*, manifesta-se como uma projeção simulada de valores e de estereótipos sociais, de estilo esperado. À medida que o texto se corporifica, por meio da (des)construção das noções de "sujeito", "escrita" e "história", o "dizer" é entoado: instaura-se o entrelugar discursivo em que a palavra é empenhada em sua impossibilidade de abarcar o real. O modo de escrever-dizer, traduz-se, então, em silêncio: na impossibilidade de apreender o real, tem-se a possibilidade de se reapresentar/representar o real como linguagem – uma realidade "inventada", "(dis)simulada". Assim,

> ... Se o homem de Clarice é aquele que fala, mas se, de sua fala, quase sempre escapa o dizer; se sua fala não constrói nem expressa a realidade que ele adivinha, é preciso usar de todos os sentidos para viver. Inesgotavelmente, o que lhe é dado viver: a via crucis do corpo. Se ele é condenado ao silêncio pelo desencontro com o outro, pela frustrada procura de ser *em si, com* e *no* outro, é preciso construir, na estória e na História, o espaço de sua existência ressentida. (Helena, 1974, p.7, grifo da autora)

O silêncio, índice do "fracasso da linguagem", perpassa a estruturação dos textos de *A via crucis do corpo*. Fala e escrita fundem-se, de modo que, ao final de cada texto, enrede-se uma "frase-síntese", que concatena a tensão entre o *falar* e o *dizer*, propiciando, por conseqüência, um caráter cíclico, de releitura, ao texto, à obra:

> A outra pessoa é um enigma. E seus olhos são de estátuas: cegos. ("Explicação", p.11)

> E Xavier não disse nada. Nada havia mesmo a dizer. ("O corpo", p.37)

> Não se sabe se essa criança teve que passar pela via crucis. Todos passam. ("Via crucis", p.44)

> Não há resposta para nada.
> Fui me deitar. Eu tinha morrido. ("O homem que apareceu", p.51)

> No espelho viu enfim um rosto humano, triste, delicado. Ela era Aurélia Nascimento. Acabara de nascer. Nas-ci-men-to. ("Ele me bebeu", p.58)

> Mas finalmente resolvi e vou ligar a televisão. A gente morre às vezes. ("Por enquanto", p.62)

> E agora acabei. ("Dia após dia", p.68)

> A morte.

Pareceu-lhe ouvir ruído de passos. Os passos de seu marido Antenor Raposo. ("Ruído de passos", p.71)

E é só. ("Antes da ponte Rio-Niterói", p.77)

E no céu as estrelas. ("Praça Mauá", p.84)

O destino é implacável. ("A língua do 'p'", p.89)

Tiveram quatro filhos, todos homens, todos cabeludos. ("Melhor do que arder", p.94)

– Parece – pensou – parece que vai chover. ("Mas vai chover", p.100)

Podemos afirmar, então, que o silêncio em *A via crucis do corpo*, como estratégia discursiva, acaba por problematizar o narrar, evidenciando a própria construção do texto. Direciona, assim, a atuação de narrador, personagem e, a partir do desdobramento polifônico, de autor empírico, autor textual e, também, de leitor. Além disso, o silêncio permite que se atribuam sentidos a dado enunciado, instaurando a multiplicidade de sentidos.

O silêncio constitui-se, assim, num dos elementos da construção da história no livro, indiciando tanto a impossibilidade de se abarcar a realidade, quanto a multiplicidade de sentidos que circundam a representação/reapresentação dessa mesma realidade. Como ressaltamos, a história dos textos de *A via crucis do corpo* instala(-se em) um espaço escritural – o palco do espetáculo – em que há a convergência de pólos tradicionalmente opostos e irreconciliáveis, por exemplo: "sagrado" e "profano", "transcendental" e "carnal", "verdade" e "mentira", "realidade" e "ficção", "escrever por vocação" e "escrever por encomenda". Assim, o modo como a história se apresenta corresponde a um modo de escrever que tipifica *A via crucis do corpo* como projeto literário singular – de texto programado a texto em processo. E, ainda, como uma obra condizente e coerente em relação ao que a autora tinha apresentado e apresentaria em outras produções. Portanto, o "outro" e o "mesmo".

A VIA CRUCIS DO CORPO: A ENCENAÇÃO DE UMA ESCRITURA

A via crucis do corpo mostra-se sob diversas faces. Instalada no e instaurando o entrelugar, a obra, em sua ambivalência, propicia que a interpretemos como um texto singular na produção de Clarice Lispector (outro) e como uma produção que reitera procedimentos narrativos típicos da prosa da autora (mesmo). Essa pluralidade – "confusão de escrituras" – enreda-se por meio do travestimento, da (dis)simulação, e permite que, da perspectiva de leitores-espectadores, visualizemos o trabalho *com a* linguagem realizado por Clarice Lispector: simular um texto erótico, escrito por encomenda, por dinheiro. A partir da observação da posição de Clarice como escritora que parece "sucumbir" às exigências do mercado literário, notamos como, na construção de seu texto, ao mesmo tempo que reproduz os parâmetros do sistema literário, Clarice perturba esse mesmo sistema, por meio da repetição com diferença. Ou seja, de uma escritura que se constrói, evidenciando sua própria tecedura, seu próprio encenar. Tem-se, então, o trabalho *da* linguagem, por meio do qual autor, narrador, personagem, texto e leitor dramatizam o espetáculo textual, instituindo, assim, uma profusão de escrituras e de leituras.

O trabalho *da* e *com a* linguagem evidencia o modo de narrar/escrever de Clarice Lispector, que se sustenta, paradoxalmente, na própria problematização do narrar/escrever, dada, sobretudo, pela consciência em relação à (sua) linguagem, à sua posição como grande autora, à dimensão de sua prosa na literatura brasileira. Essa desestabilização do narrar/escrever é enredada por meio da tensão entre o *dizer* e o *fazer*, ou seja, pelo (des)compasso entre a "aparência" de *A via crucis do corpo* (obra menor, "desvio", "lixo literário"), e o modo como o texto se constrói e é construído. Na relação de *A via crucis do corpo* com os demais textos de Lispector, observamos, ainda, em que medida a tensão entre o *dizer* e o *fazer* – a (dis)simulação – constitui-se num procedimento característico da prosa clariciana, que propicia a reavaliação de posições interpretativas cristalizadas.

O modo de escrever de Clarice Lispector sustenta-se, de certa maneira, nos parâmetros da narrativa tradicional, com a marcação de voz, tempo e pessoa e o encadeamento progressivo dos fatos. A consciência em relação à linguagem e, mesmo, aos parâmetros por que sua produção era lida, revela-se no modo como Clarice trama, tece os seus textos, ao desestabilizar, sob distintas ênfases, os moldes dessa narrativa tradicional. É nesse sentido que podemos investigar, ao longo da produção da autora, o modo com as noções de "sujeito", "escrita" e "história" são colocadas em cena e empenhadas em favor da instauração de um texto híbrido, em que as convenções são (re)apresentadas e representadas. Em *A via crucis do corpo*, a partir dos atos que constituem o espetáculo escritural, observamos que a obra se constrói tendo por base certos procedimentos típicos de uma estruturação narrativa tradicional, ao mesmo tempo que esses mesmos procedimentos são tensionados na camada enunciativa, por meio da polifonia – do embaralhamento das vozes de autor, narrador e personagens –, por meio do desdobramento em relação a outras instâncias narrativas, por meio do papel "frustrante" desempenhado por aquele que tem a função de apresentar os fatos, por meio da oscilação da perspectiva do narrador, bem como por meio da calculada construção da história. A consciência em relação ao narrar mostra-se, assim, em sua (im)possibilidade.

Além da polifonia, que implica a desconstrução da tradicional noção de "sujeito", o que caracteriza a tessitura de *A via crucis do corpo* é o modo como a escrita é empenhada. A repetição e o ludismo, elementos disseminadores de sentido, instauram um espaço discursivo ambivalente e paródico, em que se tem, ao mesmo tempo, o "outro" e o "mesmo". Configura-se o palco do espetáculo: um espaço discursivo híbrido, em que os atores da escritura – autor empírico, autor textual, narrador, personagem, leitor e texto – dramatizam os seus papéis. No diálogo entre textos e entre leituras, propiciado pela intertextualidade e pela intratextualidade resultantes desses recursos, a prosa de Clarice Lispector oferece-se como "eco-(dis)sonante", por meio da qual se entoam vozes e posições interpretativas (re)correntes. Assim, a partir do engendramento de um discurso híbrido, Clarice Lispector mostra-se não somente como escritora em nossa sociedade, mas também como um dos atores-personagens que, ao trilharem a *via crucis*, o percurso de palavra-corpo, encenam/inscrevem a escritura.

Essa encenação é tecida, ainda, pela auto-referencialidade, na medida em que os atores-personagens aludem aos seus papéis em re(a)presentar vida e texto, por meio do realismo transbordado, do erotismo (dis)simulado. Notam-se, então, atores-personagens grotescos, sagrados e profanos, profanos e sagrados, que trilham a *via crucis* da linguagem, da representação. Essa ambivalência, por sua vez, revela a recorrência, concomitante, de "outro" e "mesmo" na prosa de Lispector, de modo que instaure um apontamento reflexivo na estruturação do texto. É, pois, a escritora que indicia a sua consciência em relação à linguagem, vista como instrumento fracassado de apreensão do real; é o texto indiciando sua (im)possibilidade de representação, sua (im)possibilidade de/em narrar. Nesse sentido, *A via crucis do corpo* apresenta-se como a (dis)simulação de uma escritura: nos textos, ao se observarem apontamentos em relação à vida pessoal de Clarice Lispector, ao pedido do editor, à noção de erotismo etc. – "parecer" um livro de contos eróticos, um "desvio", uma obra menor –, tem-se a apresentação frustrada de um livro de contos eróticos, que instaura um apontamento em relação à sua própria construção e molda o texto como construção artística, (im)possibilidade narrativa – "ser" uma escritura encenada.

É, portanto, baseando-nos na noção de encenação, de travestimento, de (dis)simulação que devemos nos colocar perante a *A via crucis do corpo*, e, ainda, perante a produção de Clarice Lispector. O modo como se relacionam "vida" e "ficção", "verdade" e "mentira", "sagrado" e "profano", "escrever por vocação" e "escrever por encomenda" etc. deve ser investigado a fim de se (re)avaliarem posições cristalizadas acerca da prosa da autora, em especial das obras menos estudadas. Em *A via crucis do corpo*, o que se destaca, pois, é o paradoxo que a constitui como objeto artístico – a (im)possibilidade narrativa: no seu "fracasso" como obra encomendada e sujeita às convenções do mercado, tem-se o seu "sucesso" como escritura. É, portanto, a essa "terceira via", em que se tem a coexistência de pólos tradicionalmente opostos, que o texto clariciano nos convida a adentrar/atuar como leitores-espectadores-atores-autores: *a via crucis do corpo-linguagem*.

> a via crucis não é um descaminho, é a passagem única, não se chega senão através dela e com ela. (Lispector, 1988, p.113)

Referências Bibliográficas

De Clarice Lispector

LISPECTOR, C. *Onde estivestes de noite.* Rio de Janeiro: Rocco, 1999b.

_____. *A descoberta do mundo.* Rio de Janeiro: Rocco, 1999a.

_____. *A via crucis do corpo.* Rio de Janeiro: Rocco, 1998.

_____. *A via crucis do corpo.* 4.ed. Rio de Janeiro: Francisco Alves, 1991.

_____. *A paixão segundo G. H.* Ed. crítica. Coord. Benedito Nunes. Paris: Association Archives de la littérature latino-américaine, des Caraibes et africaine du XXème siècle. Brasília: CNPq, 1988.

_____. *A via crucis do corpo.* 2.ed. Rio de Janeiro: Nova Fronteira, 1984.

_____. *A cidade sitiada.* 5.ed. Rio de Janeiro: Nova Fronteira, 1982.

_____. *A hora da estrela.* 5.ed. Rio de Janeiro: José Olympio, 1979.

_____. *A via crucis do corpo.* Rio de Janeiro: Artenova, 1974.

_____. *A paixão segundo G. H.* Rio de Janeiro: Editora do Autor, 1964b.

_____. *A legião estrangeira.* Rio de Janeiro: Editora do Autor, 1964a.

Sobre Clarice Lispector

ABDALA JUNIOR, B., CAMPEDELLI, S. Y. Vozes da crítica. In: LISPECTOR, C. *A paixão segundo G. H.* Ed. crítica. Coord. Benedito Nunes. Paris: Association Archives de la littérature latinaméricaine, des Caraibes et africaine du XXème siècle. Brasília: CNPq, 1988. p.196-206.

ACERVO Clarice Lispector: banco de dados da Biblioteca Nacional. Disponível em: <http://www.bn.br/Script/FbnBuscaRetorno.asp>. Acesso em: 08 abr. 2003.

ARÊAS, V. Children's corner. *Revista USP*, São Paulo, n.36, p.144-53, dez. 1997.

______. Ave, Clarice ou o ovário do poema. *José*: literatura, crítica, arte. n.10, p.46-50, jul. 1978.

BORELLI, O. Clarice Lispector segundo Olga Borelli. *Suplemento Literário Minas Gerais*, Belo Horizonte, n.1091, p.8-9, 19 dez. 1987. Entrevista concedida a Arnaldo Franco Júnior.

______. *Clarice Lispector:* esboço para um possível retrato. Rio de Janeiro: Nova Fronteira, 1981.

BOSI, A. Clarice Lispector. In: ______. *História concisa da literatura brasileira*. 33.ed. rev. e aum. São Paulo: Cultrix, 1994. p.422-6.

CANDIDO, A. No raiar de Clarice Lispector. In: ______. *Vários escritos*. São Paulo: Duas Cidades, 1970. p.123-31.

______. No começo era de fato o verbo. In: LISPECTOR, C. *A paixão segundo G. H.* Ed. crítica. Coord. Benedito Nunes. Paris: Association Archives de la littérature latino-américaine, des Caraibes et africaine du XXème siècle. Brasília: CNPq, 1988. p.XVII-XXIII.

CHIARA, A. C. Cuidado, leitor, esse livro requer coragem (...). In: LISPECTOR, C. *A via crucis do corpo*. Rio de Janeiro: Rocco, 1998. Primeira orelha.

______. Clarice: essa grande e inumana galinha... In: Limites: 3º Congresso Abralic. *Anais*... São Paulo: Editora da Universidade de São Paulo, Abralic, 1992. p.65-8.

FERREIRA, T. C. M. *Eu sou uma pergunta*: uma biografia de Clarice Lispector. Rio de Janeiro: Rocco, 1999.

FRANCO JUNIOR, A. Clarice Lispector e o *kitsch*. *Stylos*, São José do Rio Preto, v. I, p.9-33, 2000.

______. *Mau gosto e* kitsch *nas obras de Clarice Lispector e Dalton Trevisan*. São Paulo, 1999. p.194-233. Tese (Doutorado em Literatura Brasileira), Faculdade de Filosofia, Letras e Ciências Humanas, Universidade de São Paulo.

GOTLIB, N. B. Um fio de voz: histórias de Clarice. In: LISPECTOR, C. *A paixão segundo G. H.* Ed. crítica. Coord. Benedito Nunes.

Paris: Association Archives de la littérature latino-américaine, des Caraibes et africaine du XXème siècle. Brasília: CNPq, 1988b. p.161-95.

_____. Três vezes Clarice. *Papéis avulsos*. Rio de Janeiro, n.7, p.1-36, 1988a.

_____. *Clarice: uma vida que se conta*. 2.ed. São Paulo: Ática, 1995.

HANSEN, J. A. Uma estrela de mil pontas. *Língua e Literatura*, São Paulo, p.107-22, 1989.

HELENA, L. *A vocação para o abismo*. s.d. p.1-7. (xerocopiado)

_____. *Nem musa, nem medusa*: itinerários da escrita em Clarice Lispector. Niterói: EDUFF, 1997.

_____. O discurso do silêncio. *O Estado de S. Paulo*. São Paulo, 11 ago. 1974. p.7.

IANNACE, R. *A leitora Clarice Lispector*. São Paulo: Editora da Universidade de São Paulo, 2001.

LINS, A. A experiência incompleta: Clarisse Lispector. In: _____. *Os mortos de sobrecasaca*: obras, autores e problemas da Literatura Brasileira. Rio de Janeiro: Civilização Brasileira, 1963. p.186-93.

_____. Romance lírico. In: _____. *Jornal de crítica*. 4. série. Rio de Janeiro: José Olympio, 1946. p.108-14.

LUCCHESI, I. A paixão do corpo entre os fantasmas e as fantasias do desejo. In: LISPECTOR, C. *A via crucis do corpo*. 4.ed. Rio de Janeiro: Francisco Alves, 1991. p.3-15.

MENDES, M. G. Nota prévia. In: LISPECTOR, C. *A via crucis do corpo*. Rio de Janeiro: Rocco, 1998. p.5-6.

MORAES, E. de. A via-crucis de Clarice. *Jornal do Brasil*, 17 ago. 1974, p.4 apud SÁ, O. de. *A escritura de Clarice Lispector*. Petrópolis: Vozes, Lorena: Faculdades Integradas Teresa D'Ávila (FATEA), 1979. p.242.

NOLASCO, E. C. *Clarice Lispector*: nas entrelinhas da escritura. São Paulo: Annablume, 2001. p.13-44.

NUNES, B. *O drama da linguagem*: uma leitura de Clarice Lispector. 2.ed. São Paulo: Ática, 1995.

_____. Clarice Lispector ou o naufrágio da introspecção. *Remate de Males*, n.9, p.63-70, 1989.

PACHECO, A. A mulher que amava um anjo... In: LISPECTOR, C. *A via crucis do corpo*. Rio de Janeiro: Artenova, 1974. Primeira e segunda orelhas.

PÓLVORA, H. A arte de mexer no lixo. *Jornal do Brasil*, 13 ago. 1974. Apud: FERREIRA, T. C. M. *Eu sou uma pergunta*: uma biografia de Clarice Lispector. Rio de Janeiro: Rocco, 1999. p.268.

REGUERA, N. M. de A. *A via crucis do corpo:* a encenação de uma escritura. São José do Rio Preto, 2003. Dissertação (Mestrado em Teoria da Literatura), Instituto de Biociências, Letras e Ciências Exatas, Universidade Estadual Paulista.

ROSENBAUM, Y. *Clarice Lispector*. São Paulo: Publifolha, 2002.

SÁ, O. de. *Clarice Lispector*: a travessia do oposto. São Paulo: Annablume, 1993.

_____. *A escritura de Clarice Lispector*. Petrópolis: Vozes, Lorena: Faculdades Integradas Teresa D'Ávila (FATEA), 1979.

SABINO, F., LISPECTOR, C. *Cartas perto do coração*: dois jovens escritores unidos ante o mistério da criação. Rio de Janeiro: Record, 2001.

SANTIAGO, S. A aula inaugural de Clarice Lispector. MAIS!, *Folha de S.Paulo*, p.12-4, 7 dez. 1997.

SANTOS, N. E. dos. *A crítica jornalística sobre Clarice Lispector (1943-1997)*. 1999. p.116-26. Dissertação (Mestrado em Teoria Literária), Instituto de Estudos da Linguagem, Universidade Estadual de Campinas, Campinas.

VIEIRA, N. H. Uma mulher de espírito. In: ZILBERMAN, R. et al. *Clarice Lispector*: a narração do indizível. Porto Alegre: Artes e Ofícios, Edipuc, Instituto Cultural Judaico Marc Chagal, 1998. p.17-34.

_____. The stations of the body, Clarice Lispector's abertura and renewal. *Remate de males*, n.9, p.71-84, 1989.

_____. A linguagem espiritual de Clarice Lispector. *Travessia*. Florianópolis, n.14, p.81-95, 1º sem. 1987.

Outras

AGUIAR E SILVA, V. M. de. *Teoria da literatura*. 8.ed. Coimbra: Almedina, 1993. p.671-786.

ALIGHIERI, D. *A divina comédia*. Tradução Cristiano Martins. Belo Horizonte: Itatiaia, 1984.

ARROJO, R. A desconstrução do logocentrismo e a origem do significado. In: _____. (Org.). *O signo desconstruído*: implicações para a tradução, a leitura e o ensino. Campinas: Pontes, 1992. p.35-9.

ARROJO, R., RAJAGOPALAN, K. A noção de literalidade: metáfora primordial. In: ARROJO, R. (Org.). *O signo desconstruído*: implicações para a tradução, a leitura e o ensino. Campinas: Pontes, 1992. p.47-55.

_____. *A cultura popular na Idade Média e no Renascimento*: o contexto de François Rabelais. Tradução Yara Frateschi Vieira. São Paulo, Brasília: Hucitec, Editora da Universidade Federal de Brasília, 1987. p.1-50.

BAKHTIN, M. M. *Problemas da poética de Dostoiévski*. Tradução Paulo Bezerra. 2.ed. rev. Rio de Janeiro: Forense Universitária, 1997. p.1-46.

BARROS, D. L. P. de, FIORIN, J. L. (Org.). *Dialogismo, polifonia, intertextualidade*: em torno de Bakhtin. São Paulo: Editora da Universidade de São Paulo, 1999.

BARTHES, R. *O rumor da língua*. Tradução Mario Laranjeira. São Paulo: Brasilense, 1988.

BAUDELAIRE, C. *As flores do mal*. Tradução Ivan Junqueira. Rio de Janeiro: Nova Fronteira, 1985.

BÍBLIA SAGRADA. Tradução Centro Bíblico Católico. 46.ed. São Paulo: Ave Maria, 1984.

CHKLOVSKI, V. A arte como procedimento. In: EIKHENBAUM, B. et al. *Teoria da literatura*: formalistas russos. Tradução Ana M. P. Filipouski. Porto Alegre: Globo, 1973. p.39-56.

CORTÁZAR, J. Alguns aspectos do conto. In: _____. *Valise de cronópio*. Tradução Davi Arrigucci Junior, João Alexandre Barbosa. São Paulo: Perspectiva, 1974. p.147-63.

DICIONÁRIO Eletrônico Houaiss da Língua Portuguesa. Rio de Janeiro: Objetiva, [2001]. 1 CD-ROM. Versão 1.0.

DURIGAN, J. *Erotismo e literatura*. 2.ed. São Paulo: Ática, 1986.

FIORIN, J. L. *As astúcias da enunciação*: as categorias de pessoa, espaço e tempo. 2.ed. São Paulo: Ática, 2001. p.9-58.

GENETTE, G. *Discurso da narrativa*. Tradução Fernando Cabral Martins. Lisboa: Vega, s.d.

HUTCHEON, L. *Uma teoria da paródia*: ensinamentos das formas de arte do século XX. Tradução Teresa Louro Pérez. Lisboa: Edições 70, 1985.

JUNG, C. G. et al. *O homem e seus símbolos*. Tradução Maria Lúcia Pinho. Rio de Janeiro: Nova Fronteira, s.d. p.105.

LAJOLO, M., ZILBERMAN, R. *O preço da leitura*: leis e números por detrás das letras. São Paulo: Ática, 2001.

MÉRIMÉE, P. *Carmem*. Tradução Francisco Peixoto. São Paulo: FTD, 1989.

MOTTA, S. V. *Engenho e arte da narrativa*: invenção e reinvenção de uma linguagem nas variações dos paradigmas do real e do ideal. São José do Rio Preto, 1998. 2v. Tese (Doutorado em Literatura Brasileira), Instituto de Biociências, Letras e Ciências Exatas, Universidade Estadual Paulista.

PESSOA, F. *O Eu profundo e os outros eus*: seleção poética. Rio de Janeiro: Nova Fronteira, 1980. p.104.

REIS, C., LOPES, A. C. M. *Dicionário de teoria da narrativa*. São Paulo: Ática, 1988.

REIS, R. Cânon. In: JOBIM, J. L. (Org.). *Palavras da crítica*: tendências e conceitos no estudo da literatura. Rio de Janeiro: Imago, 1992. p.65-92.

SANTIAGO, S. Análise e interpretação. In: ____. *Uma literatura nos trópicos*: ensaios sobre dependência cultural. São Paulo: Perspectiva, 1978. p.191-207.

WILLEMART, P. Do sentido ao corpo: a rasura. In: SILVA, I. A. (Org.). *Corpo e sentido*: a escuta do sensível. São Paulo: Editora da Universidade Estadual Paulista, 1996. p.155-62.

SOBRE O LIVRO

Formato: 14 x 21 cm
Mancha: 23,7 x 42,5 paicas
Tipologia: Iowan Old Style 10/14
Papel: Offset 75 g/m² (miolo)
Cartão Supremo 250 g/m² (capa)
1ª edição: 2006

EQUIPE DE REALIZAÇÃO

Edição de Texto
Rogério Jonck (Copidesque)
Sandra Garcia Cortés (Preparação de Original)
Ruth Mitzuie Kluska e
Angela Mora De Marco Gavioli (Revisão)

Editoração Eletrônica
Estúdio Bogari (Diagramação)

Impressão e acabamento
psi7
psi7.com.br
book7
book7.com.br